嬰幼兒評量、評鑑及課程計畫系統 第三冊

Diane Bricker & Kristie Pretti-Frontczak（編著）

第一社會福利基金會（譯）

AEPS **_Assessment, Evaluation, and Programming System for Infants and Children_**

VOLUME 3

AEPS Measurement for Three to Six Years

Edited by

Diane Bricker, Ph.D.

and

Kristie Pretti-Frontczak, Ph.D.

College of Education
University of Oregon

Content developed by

Ruth Kaminski, Ph.D., Kristine Slentz, Ph.D.,
Melinda Buhl, M.S., Lizann Hupp, M.S.P.A., Betsy Seth, M.S.
Susan Janko, Ph.D., and Susan Ryan, Ph.D.

Originally published in the United States of America by Paul H. Brookes Publishing Co., Inc. Copyright © 1996 by Paul H. Brookes Publishing Co., Inc.

目　錄

第一篇　認識嬰幼兒的評量、評鑑及課程計畫系統

第二篇　評量、評鑑及課程計畫系統測驗

第三篇 家庭參與評量、評鑑及課程計畫系統

作者簡介

編輯群

Dr. Diane Bricker

　　Bricker 博士是早療領域眾所皆知，且被高度尊崇的特殊教育學教授。她主持不少全國性的示範方案和研究，焦點放在審查早療的有效性；連結評量、介入和評鑑系統；以及研究一個周延的、以家長為中心的篩選工具。她目前是奧勒岡大學教育學院的學術計畫部門之副主任，並主持早期療育（早期介入）領域。

Dr. Kristie Pretti-Frontczak

　　Pretti-Frontczak 博士剛獲得奧勒岡大學教育學院的博士學位，專長於學前特殊教育。她協同主持檢視評量、評鑑及課程計畫系統的處遇效度之研究計畫，也進行了無數場評量、評鑑及課程計畫系統工作坊，以及培訓研究所層級的早期療育人員。她目前是奧勒岡大學教育學院的助理教授。

作者群

Ruth Kaminski, Ph.D., Assistant Professor, School Psychology Program, University of Oregon, Eugene, Oregon 97403

Kristine Slentz, Ph.D., Associate Professor, Early Childhood and Special Education Department, Western Washington University, 318B Mail Stop 9090, Bellingham, Washington 98225

Melinda Buhl, M.S., Special Educator, Developmental Disabilities Center, St. Luke's Roosevelt Hospital, 428 West 59th Street, New York, New York 10019

Lizann Hupp, M.S.P.A, Speech/Language Pathologist, Patina Design, 10256 Hyla Avenue NE, Bainbridge Island, Washington 98110

Betsy Seth, M.S., Learning Specialist, Mt. Angel School District, Mt. Angel, Oregon 97338

Susan Janko, Ph.D., Assistant Professor, College of Education, University of Washington, Miller Hall, Box 353600, Seattle, Washington 98195

Susan Ryan, Ph.D., Assistant Professor, Special Education Department, University of Alaska at Anchorage, 3211 Providence Drive, Anchorage, Alaska 99508

校閱者簡介

盧明

    學歷：美國南卡羅萊納大學哲學博士
    現任：國立台北教育大學幼兒教育學系副教授

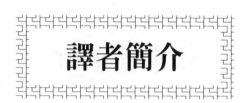

譯者簡介

易曼

學歷：美國 University of Texas at Austin 特殊教育碩士
美國 Columbia University 學前教育碩士

經歷：私立實踐大學進修推廣部兼任講師
私立中原大學特教系兼任講師
台北縣托兒所巡迴輔導老師
第一兒童發展中心早療老師

現任：第一社會福利基金會研發組副組長
國立台北教育大學進修推廣部兼任講師

袁秀鸞

學歷：美國加州 San Jose State University 特殊教育碩士
美國加州嬰幼兒及學前障礙兒童早期特殊教育檢定合格

經歷：美國舊金山 Friends of Children with Special Needs 創辦人暨董事（1992）
San Jose 自閉症兒居家服務方案治療師
San Jose 特殊教育諮詢顧問

席芸

學歷：美國 Texas Woman's University 學前特殊教育碩士

經歷：台北縣愛智發展中心副主任
台北縣中和兒童發展中心教學副組長
國立台北師範學院進修推廣部兼任講師
玄奘大學進修推廣部兼任講師

現任：第一社會福利基金會研發組副組長
國立台北教育大學幼教系兼任講師

陳怡聿

學歷：陽明大學物理治療學系
經歷：彰化基督教醫院物理治療師
台北縣愛智發展中心物理治療師
現任：彰化基督教醫院物理治療師

許寶玉

學歷：國立政治大學心理學碩士
經歷：台北市發展遲緩兒童評量鑑定中心語言治療師
現任：中原大學特教系兼任講師
台北縣市國小、幼稚園、托兒所巡迴輔導語言治療師

張嘉純

學歷：美國 University of Southern California 職能治療碩士
經歷：高雄醫學院復健醫學系助教
高雄醫學院附設中和紀念醫院職能治療師
現任：第一社會福利基金會復健組組長兼輔具中心總幹事

賴美智

學歷：美國 Lesley College, Massachusetts 特殊教育碩士
經歷：新竹女中、衛理女中英語教師
國立台灣師範大學特教中心秘書
私立實踐大學生活應用系兼任講師
第一兒童發展中心創辦人之一
現任：財團法人第一社會福利基金會專業總監
國立台北教育大學幼教系兼任講師

指導專家

張顯達

學歷：美國 Kansas University 兒童語言學博士
現任：國立台灣大學語言學研究所暨外文系副教授兼視聽教育館主任

鳴 謝

　　本書和評量、評鑑及課程計畫系統第一冊一樣花費數年才完成撰寫、測試及修改。三至六歲評量、評鑑及課程計畫系統測驗是許多人多年心血的結晶。這些綜合的努力有其優點和缺點，優點是多數的專家參與促使此測驗廣泛周詳及實用；但是相對的，多人參與也導致為了協調多方觀點和建議的改變，而必須進行商討和妥協，我們常常發現自己陷在死胡同裡。

　　除了三至六歲評量、評鑑及課程計畫系統測驗的作者外，還有三個人是要特別提到的。Ms. Summer Hsia 為了建立測驗的心理衡鑑方法，為測驗項目進行完整的研究；同時也要感謝 Karen Lawrence 及 Casie Givens 兩位，她們負責為評量、評鑑及課程計畫系統測驗的許多版本打字，並且還完成許多其他大大小小的工作，終於讓這本書得以付梓問世。

　　倘若沒有聯邦政府的持續給予獎助支持，也不可能完成《嬰幼兒評量、評鑑及課程計畫系統——3 歲至 6 歲的 AEPS 測量》。此外，沒有數百位學前特教老師和早期療育人員的試用和測驗，以及提供建設性的回饋，這本書也不可能完成。

作者序

　　一九七四年十月美國重度和極重度障礙者協會（現已改稱重度障礙人士協會）的團體會中，有一群受挫人士聚集在一起，我印象中這個會議並不是事先計畫好的，但是早餐後很自然地形成，會議的討論主題是以發展一套可供重度障礙幼兒使用的功能性、精確性測驗工具。會議內容有如磁鐵般吸引鄰近餐桌和經過的人來加入，似乎每個從事幼兒工作者都深覺迫切需要發展一套可替代標準化的常模參照測驗，或信效度可疑的自編測驗。對我和其他現場的人而言，在進行這個方案的長時間裡，大家的興趣始終十分強烈。

　　從一九七四到一九七六年，一群有高度追求衡鑑需求的動機者，不斷定期對話。一九七六年春天，六個大學的專家在新奧爾良相聚，討論發展一個為出生到兩歲幼兒特別設計的工具。此外，我們也討論藉集體努力來設計工具，其中有五間大學同意一起努力來填滿這個衡鑑的缺口。當中的參與者包含邁阿密大學的 Diane Bricker；華盛頓大學的 Dale Gentry、Owen White 和 Robin Beck；從威斯康辛大學來的 Lizbeth Vincent；從匹茲堡大學來的 Verna Hart；從印地安大學來的 Evelyn Brown-Lynch 等。

　　第二次籌備會是在一九七六年六月在威斯康辛州的麥迪遜，小組成員也稍有變動，而且正式成立為「適應表現的評鑑工作小組」（Consortium on Adaptive Performance Evaluation, CAPE）。另外有工作聚會是在一九七六年舉行，一次是十月在堪薩斯城，一次是十一月在匹茲堡。聚會中決定完成一份計畫書遞給殘障兒教育局（現在的特殊教育計畫機關）的創意發展組的研究股。申請計畫主要由 Dale Gentry 和 Owen White 書寫，在十二月由主辦單位重度障礙者協會呈交出去。

　　申請計畫通過了，獎助金工作小組正式展開工作。獎助金為期三年，五個參與的大學有不少人加入分攤設計工具。主要的成員是 Dale Gentry、Diane Bricker、Owen White、Lizbeth Vincent、Evelyn Brown-Lynch 及 Verna Hart，但也有其他人貢獻良多，特別是 Gene Edgar、Margaret Bendersky 及 Jeff Seibert。

　　在此期間，概念性和實驗性工作同時進行修正工具背後的原理，蒐集一批初步

測驗的資料，這時工作小組成員才體會到他們眼前的工作有多艱巨。我還記得 Owen White 爭論我們應該先發展一個領域，測驗過，做了修正後再發展另一領域。雖然大家沒有認同他，後來還是有人認為他可能是對的，如果照他的意見，測驗會發展得更快，但工作進行相對有阻力，因為當時主要成員沒人可以撥出充分時間給本計畫，因為每個人都有其他要務。此外，雖然大家都同意發展一套工具的需要，然而又經常對這一套的內容和形式有不同意見，要協調發展主義學者和行為分析學者真是曠日費時，經常導致會議變成辯論場；然而，後來證明本工具的優點是小組成員不同觀點的產物。

　　一九八○年，在 Dale Gentry 及其能幹的助理 Katie McCarton 的領導下，頒給愛達荷大學的殘障兒童早期教育方案之獎助金繼續支持本計畫（此時 Gentry 搬去愛達荷州，Bricker 去奧勒岡州），第一套完整又實用的評量／評鑑工具誕生了，可供臨床測驗，這套工具叫作「適應行為表現工具」（Adaptive Performance Instrument, API）。API 的資料和非正式的回饋相當有趣但又有許多麻煩；本工具針對出生到兩歲幼兒，有六百項以上的題目，測驗的深度提供詳細且有用的兒童行為之描述，且需要花掉八至十小時做測驗。所以本測驗的優點──產生詳細的行為側面圖，同時也成為本測驗的致命傷──過長的測驗執行或實施時間。

　　在聯邦政府補助結束時，工作小組成員考慮找尋一企業出版商來發表 API。但當時有成員認為蒐集到的測驗資料還不夠，因此應繼續進行。此外，也有人抱怨測驗時間長。我們將一份完整的 API 給殘障兒教育局，當本計畫的最後報告。此外，也印製不少份給獎助期間對測驗有興趣者。

　　隨著獎助金的結束，無法支持工作小組成員聚會，來延續這一個協調良好且有組織的研究。十年後，由於缺乏一個紮實的、可信賴的工具，有不少初期成員已失去原先對該計畫的熱忱，但誰能責難他們呢？

　　愛達荷州和奧勒岡州的成員恢復興趣，而且還發現創意方法來維持對本計畫的支援。一九八三至一九八四年間，API 有大幅修改。測驗項目從六百項銳減為三百項，而發展範圍也延伸到三十六個月大。大部分的項目重新書寫及改變形式。修改的幅度大到只好改名為「完整的早期評鑑和課程計畫系統」（Comprehensive Early Evaluation and Programming System, CEEPS）。一九八三年八月，在奧勒岡大學的一場由 E.J. Bailey（Ayres）博士主持的論文審查會，通過 CEEPS 的心理評量性。

　　運用 Bailey-Ayres 的論文資料為基礎，並寫了一份研究計畫給特殊教育機關的

創意發展組之研究股，申請做臨床研究。一九八四年十月，奧勒岡大學取得一份為期三年的獎助金，隨後的三年中針對內容廣泛性的修改，而且名稱也改為「評鑑和課程計畫系統：嬰幼兒適用」（Evaluation and Programming System: For Infants and Young Children, EPS），同時發展及實驗了一套相關聯的課程。

　　從一九八四至一九八九年，「EPS——從出生到三歲」蒐集了廣泛的資料，也在其他地方出版（Bailey & Bricker, 1986; Bricker, Bailey, & Slentz, 1990; Cripe, 1990; Notari & Bricker, 1990）。一九九三年，「EPS——從出生到三歲」以及相關課程也由 Paul H. Brookes 出版公司出版，名稱則改為「嬰幼兒評量、評鑑及課程計畫系統」〔Assessment, Evaluation, and Programming System（AEPS）for Infants and Children〕，正確反映出其宗旨和使用方法。出生到三歲的評量、評鑑及課程計畫系統包含一個測驗（AEPS Measurement for Birth to Three Years），以及一份相關的課程（APES Curriculum for Birth to Three Years）。測驗和課程的成就大為影響評量、評鑑及課程計畫系統擴及三至六歲發展範圍之編纂。

　　從出生至三歲用 EPS 題本在進行臨床實驗時，就存在一股壓力，希望能將此系統涵蓋到學前階段。一九八五年，開始著手擴及三至六歲。第一個版本由 Slentz（1986）測驗，其結果成為大幅度修改的依據。此修正測驗版本稱作「幼兒評鑑和課程計畫系統——評量 Level II：三至六歲」（Bricker, Janko, Cripe, Bailey, & Kaminski, 1989）。Ms. Hsia（1993）又檢視修改的版本之特殊心理評量性。其結果令人欣慰，建議在第三版只做稍微修改即可，並且重新定名為《嬰幼兒評量、評鑑及課程計畫系統——3 歲至 6 歲的 AEPS 測驗》（Assessment, Evaluation, and Programming System Test for Three to Six Years）（Bricker, Ayres, Slentz, & Kaminski, 1992）。三至六歲用評量、評鑑及課程計畫系統的測驗之心理評量資料附在附錄 A。

　　誠如 AEPS 出生至三歲之前，AEPS 三至六歲測驗也能透過未來持續的研究而受益，不過，為了滿足相關領域人員能夠容易取用這套測驗和課程的重大需求，本書由 Pual H. Brookes 出版社於市面上發行。我們仍期待並鼓勵對 AEPS 持續的研究。最近奧勒岡大學人類發展中心獲得由全國性之障礙與復健研究單位所提撥的經費，來審視 AEPS 三至六歲測驗之信度與效度。

　　雖然我和同僚將繼續研究並改進這套 AEPS 測驗與課程，但我們仍滿心感謝整個作品的重要發展階段，前段簡要描述 AEPS 之發展過程，係為了彰顯這些年來致力於此工作之夥伴們所花費的心力。近來，我們還收到教師和治療師希望能將 AEPS

的發展年齡範圍延伸到六至九歲的需求，不過，這項工作若付諸實踐，應該會另由他人來主導。

即使這套工具仍有其問題和不足之處，大致來說，我還是相當滿意我們對AEPS所付出的努力，現在是該繼續進行其他議題和計畫的時候。對我來說，這像是一個階段的結束，並畫上了滿意而有成就感的句點。同時，也希望我們的作品能夠作為基石，有助於其他人擴展此系統，或為發展障礙和高危險群嬰幼兒研發更有效率、實用性和成效的測驗工具與課程。

Diane Bricker

一九九六年八月

⯈ 參考文獻

Bailey, E., & Bricker, D. (1986). A psychometric study of a criterion-referenced assessment instrument designed for infants and young children. *Journal of the Division of Early Childhood, 10*(2), 124–134.

Bricker, D., Ayres, E.J., Slentz, K., & Kaminski, R. (1992). *Assessment, Evaluation, and Programming System Test for Three to Six Years.* **Eugene:** University of Oregon, Center on Human Development.

Bricker, D., Bailey, E., & Slentz, K. (1990). Reliability, validity, and utility of the Evaluation and Programming System: For Infants and Young Children (EPS-I). *Journal of Early Intervention, 14*(2), 147–160.

Bricker, D., Janko, S., Cripe, J., Bailey, E.J., & Kaminski, R. (1989). *Evaluation and programming system: For infants and young children.* Eugene: University of Oregon, Center on Human Development.

Cripe, J. (1990). *Evaluating the effectiveness of training procedures in a linked system approach to individual family service plan development.* Unpublished doctoral dissertation, University of Oregon, Eugene.

Hsia, T. (1993). *Evaluating the psychometric properties of the Assessment, Evaluation, and Programming System for Three to Six Years: AEPS Test.* Unpublished doctoral dissertation, University of Oregon, Eugene.

Notari, A., & Bricker, D. (1990). The utility of a curriculum-based assessment instrument in the development of individualized education plans for infants and young children. *Journal of Early Intervention, 14*(2), 117–132.

Slentz, K. (1986). *Evaluating the instructional needs of young children with handicaps: Psychometric adequacy of the Evaluation and Programming System—Assessment Level II (EPS-II).* Unpublished doctoral dissertation, University of Oregon, Eugene.

譯　序

　　忙忙碌碌的度過這兩年，我們這一群在發展遲緩及身心障礙兒早期療育界工作的夥伴，從很樂意接下出版社的委託，翻譯三至六歲評量、評鑑及課程計畫系統測量和課程兩冊，到很害怕接到出版社的電話，因為翻譯者大都來自第一社會福利基金會的朋友，而基金會這兩年也增加三本書籍的出版工作，加上原本的許多教學實務、管理、參與社區和政府的方案等，喘不過氣之餘，一直感嘆自我時間管理能力不佳，導致把翻譯本書之事拖延太久，只有誠摯地向心理出版社及期待的朋友致上無比的歉意。

　　譯者在翻譯時盡量保持一些專有名詞一致化和口語化，但限於時間，仍有令人不滿意之處。最傷腦筋的是「社會溝通領域」的長、短期目標，因為中英文法結構和拼音系統之差異，必須修改成符合中文語法結構及一般幼兒學習口語和文字的過程。還好有台灣大學張顯達教授慷慨支援，與許寶玉治療師合作改寫目標與評量、評鑑方式。此外，我們也將「生活適應領域」之短期目標修改一些，以符合我國的文化習俗。

　　大部分的譯者都是自己打字，唯獨我和衷秀鑾小姐兩人打字速度慢，只好麻煩第一社會福利基金會的王子美小姐設法辨識我的鬼畫符式書寫，在此謹向她致謝。本書最後得以順利完成，易曼老師居功最大。她中途臨危受命翻譯多章之外，還負責催稿，召開會議討論專有名詞和取得譯文之共識及修稿等工作。也感激席芸、張嘉純、陳怡年、衷秀鑾、許寶玉、張顯達教授等人，在百忙中完成譯文。對於心理出版社的編輯群耐心的等候、溫柔的催詢，也要一併致謝。

　　本書原作者們實在是細心無比的人，她們將很繁瑣的發展指標之評量方式用條理分明的話解釋，而且在第一章到第七章中將測驗與教學的連結運用關係解釋得淋漓盡致，令譯者佩服不已，也擔心自己未能將其用心翻譯得清楚易懂。

　　無論如何，能將這本有清晰的發展指標及評量程序的巨著譯出，供國內愈來愈

蓬勃的早療界朋友應用乃是一大樂事。由於匆忙及不學，譯筆的缺失尚祈先進們見諒。

第一社會福利基金會
專業總監　賴美智
二〇〇五年二月

導　言

　　幼兒早期經驗的重要性早已獲得認同，而且已經成為設計身心障礙或高危險群幼兒早期療育方案的基礎。從初期的不明確之期待值和狹隘的焦點，早期療育方案已經演變成一組廣泛性的方法，並且對於參與其中的兒童和其家庭的生活產生了正向的變化。大體而言，早期療育方案所產生的正向成果漸增，主要歸因於介入成員、課程教材和評量／評鑑工具逐漸精熟了。在本冊及其他書籍所介紹的評量及評鑑系統即為代表漸臻精熟的範例，也因此可強化未來針對需要服務之兒童所要給予的介入品質。

　　品質提高以外，早期療育方案在數量上也相對成長。成長情形是因為受到一系列重大聯邦立法通過之刺激導致。首先是公法94-142「所有殘障兒童教育法案」（Education for All Handicapped Children Act）在一九七五年正式立法，這劃時代的法案要求公立學校接受所有的學齡兒童，不論其障礙程度有多嚴重；並且引進個別化教育計畫（IEP）的概念，一九九〇年公法 101-476 再度認可「所有殘障兒童教育法案」，並且更名為「身心障礙者教育法案」（Individuals with Disabilities Education Act, IDEA）。在實施公法 94-142 的十一年後，一九八六年透過公法 99-457「殘障兒童教育法案修正條文」，將公立學校義務教育對象向下延伸到三至五歲身心障礙幼兒，並且誘發各種服務出生至兩歲的嬰幼兒方案之動機。公法 99-457 大力鼓勵將家人納為夥伴，共同發展介入計畫（稱為個別化家庭服務計畫，IFSP），以及供應其兒童服務的程序。最新的修正條款，即一九九一年公法 102-119「身心障礙者教育法案修正條文」中，更進一步鼓勵家庭參與、同意州政府撤除對學前幼兒使用分類標記，並鼓勵各州把高危險群幼兒納入早期療育方案中。緊隨著這一連串的聯邦法案，各州強制要求提供身心障礙嬰幼兒及其家庭的服務方案也大量增加了。

　　除了早期療育方案增加外，也發現到服務輸送系統逐漸複雜化，人員準備也更加妥善了。課程內容獲得改善，介入技巧更為有效，評量和評鑑方法更加適切和實用。尤其重要的是，大家已經著手發展出一些具有一致性、協調性和完整性的模式，

嬰幼兒評量、評鑑及課程計畫系統

出生至三歲發展範圍 ｜ 三至六歲發展範圍

| 第一冊
評量、評鑑及課程計畫系統的測量
• 測驗和資料紀錄格式
• 家庭報告
• 家庭關心事項調查表
• 幼兒進展紀錄 | 第二冊
評量、評鑑及課程計畫系統的課程
第一部分
　認識評量、評鑑及課程計畫系統課程
第二部分
　課程使用指引
第三部分
　評量、評鑑及課程計畫系統課程內容 | 第三冊
評量、評鑑及課程計畫系統的測量
• 測驗和資料紀錄格式
• 家庭報告
• 家庭關心事項調查表
• 幼兒進展紀錄 | 第四冊
評量、評鑑及課程計畫系統的課程
第一部分
　認識評量、評鑑及課程計畫系統課程
第二部分
　課程使用指引
第三部分
　使用評量、評鑑及課程計畫系統課程
第四部分
　評量、評鑑及課程計畫系統課程內容
第五部分
　有計畫的活動 |

圖 1　嬰幼兒的評量、評鑑及課程計畫系統要素

將過去分離的、不相關聯的方案要素剔除，改由其他方法取代，這些方法能夠有系統的連結評量、介入和評鑑過程中的重大要素。本書所述之評量、評鑑及課程計畫系統，即屬此類連結模式。這個系統的要素呈現在圖 1。

➠何謂評量、評鑑及課程計畫系統？

　　評量、評鑑及課程計畫系統是一個與課程內容緊密連結的評量和評鑑系統；它不僅是一個評量標準，同時也是一個涵蓋評量／評鑑、課程規劃和家庭參與等要素

的完整連結系統。如圖 1 所示，評量、評鑑及課程計畫系統分為兩個發展範圍：出生至三歲（第一、二冊）及三至六歲（第三、四冊），每一個發展範圍都有兩冊介紹，其中一冊包含測量的資訊，另一冊則包含相關課程的資訊，測量和相關的資訊內容在第一、三冊，課程教材則由第二、四冊涵蓋。

　　第一冊《嬰幼兒評量、評鑑及課程計畫系統——出生至 3 歲的 AEPS 測量》分為三篇，第一篇充分詳盡的介紹評量、評鑑和課程計畫系統。第二篇介紹評量、評鑑及課程計畫系統測驗題目，包含從一個月至三歲的發展階段中之六個領域內容。第三篇描述如何讓家庭參與評量和評鑑程序，以及進行評量、評鑑的特殊策略和指導方針。

　　第一冊也提供實用的附錄來支援評量、評鑑及課程計畫系統的執行。附錄 A 蒐集了自一九八○年代初期迄今所做有關評量、評鑑及課程計畫系統測驗的心理測量資料，讀者如果需要更詳細的資料可參考一些已出版的文章。附錄 B 則包含與評量、評鑑及課程計畫系統測量題目相關的一系列作為 IEP/IFSP 的長期與短期目標。附錄 C 包含一套評量活動計畫。附錄 D 包含評量、評鑑及課程計畫系統資料紀錄表格、家庭報告、家庭關切事項調查表、兒童進展紀錄的範例。

　　第二冊《嬰幼兒評量、評鑑及課程計畫系統——出生至 3 歲的 AEPS 課程》也分為三篇，第一篇敘述第一冊的測驗和課程內容的關係。評量、評鑑及課程計畫系統測量和課程內容的數序列系統促使讀者在兩者之間有效的移轉。使用評量、評鑑及課程計畫系統課程內容的一般程序在第一篇有所著墨。第二篇則詳細的解釋如何單獨，或與評量、評鑑及課程計畫系統測驗連結運用的課程內容。第三篇則介紹評量、評鑑及課程計畫系統課程活動，涵蓋了精細動作、粗大動作、生活適應、認知、社會溝通和社會等領域。針對評量、評鑑及課程計畫系統測驗的每個題項都有介紹一套課程教材，包括評量、評鑑及課程計畫系統測量的交互參照資料，該題項對兒童發展的重要性，運用活動本位介入法的流程，以及更結構化的方法、注意事項和教學建議。

　　第三冊的內容將在下面描述。第四冊《嬰幼兒評量、評鑑及課程計畫系統——3 歲至 6 歲的 AEPS 課程》的內容，分為五篇，第一篇說明評量、評鑑及課程計畫系統測量和課程內容的關係，評量、評鑑及課程計畫系統測量和課程的數序列系統促使讀者在兩者之間做有效的移轉。第二篇則詳盡解釋如何單獨或與評量、評鑑及課程計畫系統測驗連結的運用評量、評鑑及課程計畫系統課程內容。第三篇則說明如

何透過活動本位的介入法來使用評量、評鑑及課程計畫系統課程。第四篇介紹評量、評鑑及課程計畫系統課程活動，涵蓋了精細動作、粗大動作、生活適應、認知、社會溝通和社會領域，針對評量、評鑑及課程計畫系統測驗的每個題項都有一套課程教材，包括評量、評鑑及課程計畫系統測驗的交互參照資料，該題項對兒童發展的重要性，運用活動本位介入法的流程以及更結構化的方法、注意事項和教學建議。最後，第五篇則介紹一系列教學活動計畫，這些活動是大多數兒童喜歡的，老師可以運用來達成個別兒童的長短期目標。

➡ 第三冊的導論

第三冊《嬰幼兒評量、評鑑及課程計畫系統——3 歲至 6 歲的 AEPS 測量》分為三篇，第一篇提供充分詳盡的介紹評量、評鑑及課程計畫系統。第二篇介紹評量、評鑑及課程計畫系統測量項目，包含三至六歲發展階段中之六個領域內容。第三篇描述如何讓家庭參與評量和評鑑過程，以及進行評量、評鑑的特殊策略和指導方針。

第三冊也提供一些實用的附錄來支持評量、評鑑及課程計畫系統的執行。附錄 A 蒐集了自一九八五年迄今所做有關評量、評鑑及課程計畫系統測驗的心理測量資料。附錄 B 包含一系列和評量、評鑑及課程計畫系統測量題目有關的 IEP/IFSP 長短期目標。附錄 C 包含一套評量活動計畫。附錄 D 包含評量、評鑑及課程計畫系統資料紀錄表格、家庭報告、家庭關心事項調查表及兒童進展紀錄。

第三冊的內容著重在輔助介入專業人員和照顧人員做評量和評鑑工作。也設計了一個與服務方案相關的評量和評鑑系統，供介入專業人員定期的運用。運用本系統將有助於保障高危險或身心障礙嬰幼兒及其家庭獲得適切的評量和評鑑。

評量、評鑑及課程計畫系統研發者極為鼓勵使用者先熟稔評量、評鑑及課程計畫系統蘊含的原理，理解這套測量系統的宗旨和操作方法以便妥善運用。因之，如果讀者想讓第二、三篇對介入者、照顧者及兒童發揮最大實效，則有必要閱讀及理解本書的第一篇。

Ⅲ➡ 參考文獻

Education for All Handicapped Children Act of 1975, PL 94-142. (August 23, 1977). 20 U.S.C. §1401 *et seq.*

Education of the Handicapped Act Amendments of 1986, PL 99-457. (October 8, 1986). 20 U.S.C. §1400 *et seq.*

Individuals with Disabilities Education Act (IDEA) of 1990, PL 101-476. (October 30, 1990). 20 U.S.C. §1400 *et seq.*

Individuals with Disabilities Education Act Amendments of 1991, PL 102-119. (October 7, 1991). 20 U.S.C. §1400 *et seq.*

第一篇

認識嬰幼兒的評量、評鑑及課程計畫系統

第一篇內容是將 Bricker, D.、Janko, S.、Cripe, J.、Bailey, E.J.及 Kaminski, R.（1989）在奧勒岡州尤金市的奧勒岡大學人類發展中心所出版的《評鑑和課程計畫系統：嬰幼兒適用》（*Evaluation and programming system: For infants and young children*）一書加以修改。

評量、評鑑的
宗旨和價值

評量、評鑑的宗旨和價值是有效介入的基礎。缺乏有系統的評量與評鑑活動，則早期療育人員將無法為兒童及其家人服務，浪費他們的寶貴時間與心血。

➡ 評量與評鑑的宗旨

欲了解嬰幼兒的評量、評鑑及課程計畫系統（AEPS），就必須先討論實施評量與評鑑活動之目的。雖然很多人交替使用這兩個名詞，但我們仍然將其加以區辨。

> 「評量」是指一個過程中對於兒童的能力及家庭期待的成果建立基準線或起點的測量。「評鑑」則是指比較兒童在介入前後針對其療育目標的表現，並比較家庭期待成果的進展。（Bricker, 1989, p. 236）

「評量」是決定當前的表現狀況，「評鑑」是在一段時間後做比較。

根據這些定義與課程關聯的評量，就是要決定兒童目前在橫跨各重要發展領域中的表現水準，特別是用在決定兒童所擁有的以及在什麼情況下運用這些技能與知識時。此外，評量程

序應該決定兒童進一步需要獲得的技能和資訊。這些資料對於判斷介入目標是有關鍵性的。在發展適當的個別化教育計畫或個別化家庭服務計畫（IEP/IFSP）時，所需要的資料應該都是來自於評量活動。

評鑑之目的則是比較介入後，在不同時間點中兒童的行為功能表現或是監控家庭成果的進度；例如：介入三個月後，介入人員測量兒童在某些目標方面有哪些改變，以及與前次測量時的表現做比較。適宜的評鑑要求至少每季要測量和比較兒童在某領域的功能，以確保充分朝向目標邁進。

⯈ 評量與評鑑的價值

討論評量與評鑑的價值是重要的，因為許多早期療育人員沒有系統化的使用客觀方法來評量兒童的起點行為，以及完整地評鑑進展。沒有進行客觀評量與評鑑的理由包括：時間不夠、缺乏適當的測量工具、人員受訓不足、缺少必要的教職員、財源不足或非方案中的首要工作等。但我們要強調這些理由皆未能當作排除進行與課程關聯的評量和評鑑之藉口。

舉個例子來說明我們的論點。假設你剛發現你的彩券中了百萬大獎，不過為了去領取大獎，你必須在兩週內到達位於科羅拉多州丹佛市的一個辦公室；然後你發現自己深處叢林中，沒有任何指標來指示目前的位置，搞不清楚是在哪一州或哪一郡；因為不知道現在的位置，你只剩兩個選擇，一個是留在原地等待被發現，或者是開始朝著某個方向走。讓我們假設你開始向北走，如果你是在亞利桑那州，或許你會抵達丹佛市；可是如果你是在明尼蘇達州，你就完完全全錯過丹佛市。而如果你是在奧勒岡州而且朝東方走，就有可能到丹佛市；但是如果你是在密蘇里州，同樣的可能完全錯過丹佛市。然而即使你一旦朝正確方向前進，也可能因為缺乏精準資料判悉所在位置，而繞道多次。最後，終於抵達丹佛市，但是彩券公司早已下班，而你的獎金也被另一個人花掉，因為他／她能夠掌握自己的位置，並且有一套系統（如：地圖）測量自己距離丹佛市目標之進度。

如果無法先建立兒童的行為基準線，選對目標以及達成目標的地圖（即計畫），可能陷兒童及家人宛如深處叢林中，幾乎沒有機會逃出。如果不知道兒童能夠與不能夠做的，以及什麼是家庭視為需要補救的問題，早期療育人員如何能為他們選擇適當的長期與短期目標？此外，如果沒有對進度加以評量，經過一段時間後，介入

人員如何能判定兒童及其家人針對選定的目標已經在做有系統的進展呢？這些當然都是不答自明的疑問，也就是我們一再強調評量與評鑑在早期療育方案中的目的。

我們認為沒有理由不就兒童的起點行為做決定，因為缺乏這些資料，工作人員根本無法了解兒童的發展水準或者決定介入的重點。假如一開始就缺少充分評量，很可能形成朝錯誤方向前進，並且造成許多不必要的迂迴，導致造成浪費兒童、其家人及介入人員的資源和時間。因之時間、人力和資源不足的藉口根本無法被接受。兒童必須被評量。

同等重要的就是一段時間後要對兒童及其家人進行系統化的評鑑，對長短期目標和進度若不加以監控，介入人員及照顧者將無法決定介入是否有效，以及改變是否循序漸進。同樣的，不隔一段時間評鑑可能造成白費力氣和不當運用有限的資源。

⫸ 參考文獻

Bricker, D. (1989). *Early intervention for at-risk and handicapped infants, toddlers, and preschool children.* Palo Alto, CA: VORT Corp.

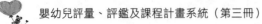

連貫評量、介入
與評鑑系統於
早期療育的方法

　　一個介入模式如果要連貫評量、介入與評鑑程序，採用評量、評鑑及課程計畫系統測量的要素或其他類似課程本位之評量／評鑑工具，就成為很重要的事情。這種連貫介入模式是目前早期療育人員能取得之最適宜且有效的方法。本章將介紹如何連貫評量、介入與評鑑方式於早期療育中；讀者可期待兩個成果：(1)了解連貫模式；(2)了解在連貫模式中運用課程本位評量／評鑑工具之重要性。

　　針對連貫評量―介入―評鑑系統於早期療育方案中的重要性，至少可從三個理由來解釋。首先，不少執行方案人員尚未接受過有關評量和評鑑或連貫評量、介入與評鑑主題方面的準備。其次，有關連貫系統的說明鮮少出現在文獻中，除了少數例外（如：Bagnato & Neisworth, 1991; Bagnato, Neisworth, & Munson, 1997; Bricker, 1989; Bricker & Cripe, 1992），一般文章都只談一個要素（如：評量），卻無法從理論層次來將連貫性延伸到其他的方案要素，更無法提供執行這三個要素的實用策略。最後，許多現存的常模和效標參照工具產生結果，對於高

本章資料摘自 Bricker, D., Janko, S., Cripe, J., Bailey, E., & Kaminski, R. (1989). *Evaluation and programming system: For infants and young children.* Eugene: University of Oregon, Center on Human Development.

危險群或身心障礙幼兒的方案計畫無助於事。常見存在於評量、介入和評鑑之間的差異性部分成因，是運用的工具題項與計畫的長短期目標關聯性太小之故。

評量與評鑑個體的變化和計畫的影響時，必須有供評鑑其效率的適當程序來支持介入方法和系統。評量和評鑑應可判定個別幼兒的介入架構和成就，並供判斷計畫對於各群幼兒的影響。上述目的要求有評量和評鑑程序符合三項有所區別但又相互輔助的功能：(1)指引個別化計畫的發展；(2)監控個別化課程的成就；(3)決定各類群兒童（如：高危險群，輕、中、重度障礙兒）的介入計畫之價值。這三項功能中潛存著一個重要概念：一各自為政之評量／評鑑目的確實相互連貫成為一氣呵成的方法。

這個連貫方法是由三個過程所組成：評量、介入與評鑑。評量（assessment）是指對兒童的現有技能及家庭期待成果，建立一個基準線或測量起點水準的過程；評量過程應該產生一些資料以供選擇適合且相關的介入長短期目標。介入（intervention）的意思是指安排物理與社會環境，以利產生兒童及其家人在介入計畫中所期待的成長和發展成果。評鑑（evaluation）則指比較兒童就某些長短期目標在介入以前和以後之績效，同時也比較家人所預期的成果進展狀況。

圖 2.1 說明評量、介入與評鑑的連貫方法；主要的過程用方格代表，箭頭代表過程發生的順序。此外，垂直箭頭指示專業人員和家庭在每個過程應有之參與。

此評量、介入和評鑑系統可分為六個階段：

階段一：初步評量。

階段二：形成個別化教育計畫（IEP）或個別化家庭服務計畫（IFSP）。

階段三：介入。

階段四：持續監控個別介入程序，並即時提供回饋。

階段五：對兒童及家庭做季評鑑。

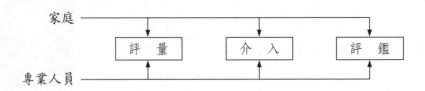

圖 2.1　專業人員與家庭共同參與早期療育之連貫性評量—介入—評鑑方法的圖解說明

階段六：年度或半年度評鑑，評鑑個別兒童及家庭的進展及計畫對各類群兒童，如高危險群或輕、中、重度障礙者的成效。

如圖 2.1 所示，家庭的付出及參與在三個階段中必須加以鼓勵，家庭的參與愈多，兒童進步的成果可能愈大。

☆ 階段一：初步評量

評量、介入與評鑑的連貫性是從兒童進入一個方案之初就開始。初步評量的主旨是為了形成一個實際且合宜的 IEP/IFSP，以及其伴隨的個別化評鑑計畫，可惜大家對初步評量的目的有所混淆。在既有的方法中，初步評量過程是事前對兒童的診斷和符合接受方案服務資格的預測，如圖 2.2 所示：

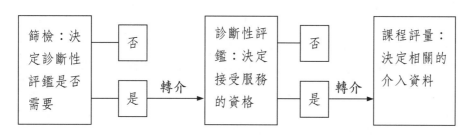

圖 2.2　篩檢、診斷性評鑑及課程評量過程之三步驟

進行篩檢（對兒童快速的評量）是為了決定兒童是否需要進一步更完整的診斷性鑑定，通常這個工作是由一個專業團隊來執行診斷鑑定中經常使用常模參照的測驗，以決定該兒童是否與同齡兒童有相類似的表現；此外，也藉特殊測驗來佐證他可能存在的特殊缺陷。診斷鑑定之目的是要決定兒童是否符合接受早期療育服務的資格，以及有所選擇時，轉介其到最適合的介入方案。一旦決定兒童符合服務的資格，最後步驟是為他進行方案相關（如：課程本位）的評量，來決定他的 IEP/IFSP 的內容。IEP/IFSP 內容提供兒童一個路線圖，促使其從初期的技能行進到獲得 IEP/IFSP 中列出的年度目標技能（Benner, 1992）。針對家庭而言，初步評量應該有助於決定他們關心的事項之優先順序，然後將之發展為家庭期待成果。

IEP/IFSP 的形成非常仰賴對兒童的初期能力水準做精確評量，如此才能發展出一個介入計畫，朝著兒童有缺陷的領域改進。此外，所使用的評量策略應該用產生

第二章　連貫評量、介入與評鑑系統於早期療育的方法

足以精確描述兒童的資料。包含：第一，評量必須包括兒童在待介入目標技能中表現的資訊；一般常模參照測驗內容對於設計介入計畫並不適宜或有用。第二，評量應該包括計分制度，該制度能夠敏感的反映出兒童的技能表現，以及該技能是否在不同情境中，或與不同人在一起可獨立操作。一般標準的二元計分制僅能提供兒童「正確反應」或「不正確反應」的資訊，以至於可能喪失了有助發展教育計畫的重要資訊（Cole, Swisher, Thompson, & Fewell, 1985）。第三，評量方法應該為兒童日常環境中的介入人員設計成可執行的方式，每日與兒童在一起的工作人員要能在兒童家裡或其他環境中順利的使用測驗。第四，評量時應該在一些程序中正式將家長或照顧者的參與納入。最後，也是最重要的，測驗所得資料必須能直接應用在 IEP/IFSP 的設計中。

如果能夠測量出功能性技能，而且很敏銳的反映兒童最可能表現這些技能的情境，確實可引導發展出合宜且務實的 IEP/IFSP。當然，相對的也會促進兒童的成熟與發展，並且在介入過程中可能敏銳的測量出兒童之進展。

形成一份 IFSP 需要明確列出家人期待成果和兒童的目標。家庭的評量所衍生出來計畫相關的資訊，有助於擬定實用的成果指標，但是這個評量過程不應被家人視為有侵犯性。我們建議採用「家庭關切事項調查表」及有結構的家庭晤談，來幫助家人發展出他們認為對兒童與家人皆相關的成果指標。

☆ 階段二：形成 IEP/IFSP

擬訂 IEP/IFSP 初期應該以初步評量階段中累積的資料為主要依據，雖然這份評量報告應該在第一季的評鑑或更早時就予以驗證。相關的資料應該得自於家長對其兒童的了解，以及專業人員的觀察與測驗。初步的資料應該用來發展介入人員與家庭的行動計畫，以確認 IEP/IFSP 所述之領域內容。IEP/IFSP 關於兒童的部分，應該包含長期目標、短期目標、達到短期目標的策略，以及達成某些長期目標的時間表。IEP/IFSP 應該簡潔扼要，才可以作為介入人員及照顧者的工作指引，同時也可以作為評鑑介入成就的標準。

IFSP 的家庭部分應該敘述家庭在促進兒童發展方面之優勢與需求；這個敘述是根據從家庭關心事項和需求的評量中所得到的資料衍生，經由結構化的晤談共同決定優先介入重點。結構化晤談是指介入人員先設計一組開放性問題來由照顧者回答（如：你認為本方案人員怎樣才能對你和你的兒童最有用？），然後從這些優先介

入重點，形成成果指標的必要活動和資源，而且時間的安排與考量也必須加以敘明（Zeitlin & Williamson, 1994）。

☆ 階段三：介入

IEP/IFSP 一旦經由家庭成員及介入人員共同形成，實際的介入活動就可以展開了。兒童在課程評量中的表現反映出教學的起始之處。兒童無法表現的項目就成為長期與短期目標，但是通常需要加以排定優先順序。如果評量工具直接與課程連貫，介入人員就很容易找出介入活動，活動將可促進學習某些長期與短期目標。被認定為長期與短期目標的評量項目（技能），以及相關聯的課程中介入的內容與策略之間，存在著直接的對應性。

☆ 階段四：持續監控

一個有用的 IEP/IFSP 可以同時列出待進行的工作以及評鑑成敗的方法。每日或每週可以用不同策略來監控兒童進展（如：每次試做的資料，介入活動進行中或之後的簡短測試）。選擇策略時應該依據長期或短期目標的特性、方案的資源，以及到底需要每日或每週的監控作為回饋來源（以維持正確介入方式）。每週監控在季或年度評鑑時，可因為提供持續性的回饋，供介入人員即時察知及補救阻礙兒童進步的無效課程目標與策略，以適時加強表現出個別進步及課程成效。持續性監控還能夠適時地確認兒童的進步（如：達到某個目標的標準），讓兒童可以用最有效的方法朝後續目標前進。

IFSP 針對家庭及兒童所須進行的活動和相關評鑑程序皆有詳細說明。家長和工作人員對於監控選定成果的方式必須達成共識，持續不斷的監控這些成果的進展相當重要。至於家庭關切的事情不是一成不變的，因之也必須定期檢閱和更新，以確保其合適性。

☆ 階段五：季評鑑

季評鑑應該強調決定 IEP/IFSP 中兒童的短期目標介入的成效。可以經由使用初步評量連同每週的監控資料來完成。季評鑑應該用一些進度標準或期待值來比較兒童的進步。如果沒有設定完成短期目標的預定日期，就可能沒有辦法決定兒童的進展是否可以被接受。例如：IEP/IFSP 的每季短期目標應該伴隨時間表（如：兒童被

期望在三個月內達到短期目標的標準）。

　　透過經常標示出兒童在既定短期目標上的進展，介入者可建立更實際的目標。此外，如能將預期及實際達到的成果加以比較，則會產生一些可能對高危險群及障礙的亞群兒童相關及有用的常模資料。

　　季評鑑也提供修訂 IEP/IFSP 課程的資料，如果所有兒童無法達到粗大動作領域所設定的短期目標，表示課程工作人員或照顧者可能在這方面沒有提供足夠的介入時間，或者是教學可能無效率。任何一個情形下，季評鑑可能會建議課程需要做適當修正。季評鑑資料提供兒童進展的回饋，並且指出 IEP/IFSP 需要修改或修正的地方。

　　類似的程序可用來監控家庭的進展。長期目標達成計分表（Goal Attainment Scaling, GAS）是幫助家庭及專業人員監控預定成果進度的有效策略。GAS 有助於決定進展是否比預期好、如同預期一般或未達成預期。使用 GAS 的步驟可見於 Bailey 等人（1986）的文獻中。Dunst、Trivette 及 Deal（1988）提倡使用六點評分法來評定進展，或決定在家庭成果方面是否需要修改。採用的系統必須對監控變化有所助益，但也應該對家庭的參與或進展不具批判性。

☆ 階段六：年度或半年度評鑑

　　雖然聯邦政府在法令政策及綱領方面的努力令人振奮，但地方政府和方案負責人則出現對執行適當評鑑方面用心不足。如何能產生客觀驗證課程效益的方法，一直困擾以高危險群或身心障礙嬰幼兒為工作對象的專業人員（Dunst & Rheingrover, 1981; Guralnick & Bennett, 1987; Hauser-Cram, 1990; Odom & Fewell, 1983; Sheehan & Keogh, 1982; Strain, 1984）。很多概念上及方法學的問題都存在著，例如：課程理念及介入程序之間的不一致性、族群差異性、工具不足性、不當的統計分析法，以及使用無法反映課程重點的評量與評鑑系統（Bricker, Bailey, & Bruder, 1984）。

　　為了妥善判定介入內容與程序的影響，應該使用能將兒童介入前的行為列入考量的比較方法。為了做出有意義的比較，介入的課程內容在評鑑過程中有所檢討則是一件重要的事情。而做這件事情則需要在評量、IEP/IFSP 的發展、課程重點及評鑑之間有一個強烈而持續的連結（Bagnato et al., 1997）。

　　年度或半年度評鑑可以用來評定個別兒童、家庭的進步，以及方案對群體的影響（即亞群的分析）。沒有這些亞群的比較，很難知道如何針對亞群兒童及家庭的

介入策略加以改善。早期療育在面對方法學的設計和測量的問題時，造成亞群評鑑之困難；然而亞群分析可能產生對某些兒童及家庭的影響果效之類化方面則獲致重大的發現。

⫸ 總結

　　研討早期療育的連貫法的六個階段，驗證出有必要將評量、介入及評鑑的過程直接連結在一起。使用這種方法可促使努力奏效、資源獲得善用、反映服務方案影響之信賴度，以及透過針對兒童及其家庭需求設計的計畫獲得個別考量。操作這種的根本是一個評量、評鑑工具，此工具須能提供設計適當的介入計畫必要的資訊。這工具就是評量、評鑑及課程計畫系統測驗，將於下一章介紹。

⫸ 參考文獻

Bagnato, S., & Neisworth, J. (1991). *Assessment for early intervention: Best practices for professionals.* New York: Guilford Press.

Bagnato, S.J., Neisworth, J.T., & Munson, S.M. (1997). *LINKing assessment and early intervention: An authentic curriculum-based approach.* Baltimore: Paul H. Brookes Publishing Co.

Bailey, D., Simeonsson, R., Winton, P., Huntington, G., Comfort, M., Isbell, P., O'Donnell, K., & Helm, J. (1986). Family-focused intervention: A functional model for planning, implementing, and evaluating individualized family services in early intervention. *Journal of the Division for Early Childhood, 10*(2), 156–171.

Benner, S. (1992). *Assessing young children with special needs: An ecological perspective.* White Plains, NY: Longman.

Bricker, D. (1989). *Early intervention for at-risk and handicapped infants, toddlers, and preschool children.* Palo Alto, CA: VORT Corp.

Bricker, D., Bailey, E., & Bruder, M. (1984). The efficacy of early intervention and the handicapped infant: A wise or wasted resource. In *Advances in developmental and behavioral pediatrics* (Vol. V, pp. 373–423). Greenwich, CT: JAI Press.

Bricker, D., & Cripe, J. (1992). *An activity-based approach to early intervention.* Baltimore: Paul H. Brookes Publishing Co.

Bricker, D., Janko, S., Cripe, J., Bailey, E., & Kaminski, R. (1989). *Evaluation and programming system: For infants and young children.* Eugene: University of Oregon, Center on Human Development.

Cole, K., Swisher, M., Thompson, M., & Fewell, R. (1985). Enhancing sensitivity of assessment instruments for children: Graded multidimensional scoring. *Journal of The Association for Persons with Severe Handicaps, 10*(4), 209–213.

Dunst, C., & Rheingrover, R. (1981). An analysis of the efficacy of infant intervention programs with organically handicapped children. *Evaluation and Program Planning, 4,* 287–323.

Dunst, C., Trivette, C., & Deal, A. (1988). *Enabling and empowering families: Principles and guidelines for practice.* Cambridge, MA: Brookline Books.

Guralnick, M., & Bennett, F. (1987). *The effectiveness of early intervention for at-risk and handicapped children.* New York: Academic Press.

Hauser-Cram, P. (1990). Designing meaningful evaluations of early intervention services. In S.J. Meisels & J.P. Shonkoff (Eds.), *Handbook of early childhood intervention* (pp. 583–602). New York: Cambridge University Press.

Odom, S., & Fewell, R. (1983). Program evaluation in early childhood special education: A meta-evaluation. *Educational Evaluation and Policy Analysis, 5,* 445–460.

Sheehan, R., & Keogh, B. (1982). Strategies for documenting progress of handicapped children in early education programs. *Educational Evaluation and Policy Analysis, 3(6),* 59–67.

Strain, P. (1984). Efficacy research with young handicapped children: A critique of the status quo. *Journal of the Division for Early Childhood, 9(1),* 4–10.

Zeitlin, S., & Williamson, G.G. (1994). *Coping in young children: Early intervention practices to enhance adaptive behavior and resilience.* Baltimore: Paul H. Brookes Publishing Co.

使用評量、評鑑及
課程計畫系統測驗

一個連貫評量—介入—評鑑的模式，必須確定有一個可供蒐集兒童在方案相關方面的表現資料之測量工具，而且這些資料能夠用來形成 IEP/IFSP 和導引介入的方向。此工具扮演監測兒童後續的進展之功能也是重要的。

為了適用於高危險群和發展障礙的學前兒童，同時也為了提供實用的計畫和評鑑資訊，此評量／評鑑工具應該符合某些標準（Bricker, 1989; McLean & McCormick, 1993），可專為評量、監測兒童進展，並且有助方案評鑑而設計的工具應該：

1.由定期和兒童在熟悉環境（如：家庭、教室）中相處的人（如：介入成員、助理、父母）來使用。

2.反映介入方案的課程內容。

3.提供合乎邏輯發展順序的項目或短期目標，以作為訓練指南。

4.適應各種障礙的程度。

5.明訂績效標準作為兒童獲得某項技能，以及該技能是否成為兒童日常功能性的行為的一部分。

評量、評鑑及課程計畫系統測驗其中一部分是從《適應行為表現工具》（*Adaptive Performance Instrument, API*）（CAPE, 1978）演變而成。

6.是一份可靠又有效的衡量。

評量、評鑑及課程計畫系統是一種效標參照的工具，它為直接服務人員（如：教室介入人員、家庭訪視員）和專業人員（如：溝通專家、職能和物理治療師、心理師）設計，供評量及評鑑高危險群和發展障礙幼兒擁有的技巧和能力。評量、評鑑及課程計畫系統測驗之設計係為了蒐集適當的資訊來擬定幼兒的 IEP/IFSP 和介入方案，以及評鑑方案之成效。本工具也同時規劃與評量、評鑑及課程計畫系統課程或其他類似課程連結運用（如：*The Carolina Curriculum for Preschoolers with Special Needs,* Johnson-Martin, Attermeier, & Hacker, 1990）。

評量、評鑑及課程計畫系統測驗項目涵蓋了三至六歲的發展階段，項目著重於決定兒童在早期關鍵階段中的技能水準。一般而言，它適用於三至九歲的兒童。但是對於實齡超過六歲者，可能必須將一些項目、標準和測驗程序的措詞做重大的修改。

除了評量／評鑑的功能外，也隨附一組資料以加強評量、評鑑及課程計畫系統測驗的功能。這些資料包括：(1)一套 IEP/IFSP 的長期與短期目標（附錄 B）；(2)評量、評鑑及課程計畫系統測驗紀錄表（附錄 D）；(3)一套完整的課程步驟及建議的介入活動（*AEPS Curriculum for Three to Six Years,* Bricker & Waddell, 1996）；(4)供家庭成員填寫的評量表（評量、評鑑及課程計畫系統家庭報告，附錄 D）；(5)評量家人關切事項（評量、評鑑及課程計畫系統家庭關切事項調查表，附錄 D）；(6)兒童進展紀錄（評量、評鑑及課程計畫系統兒童進展紀錄，附錄 D）。

⮕ 評量、評鑑及課程計畫系統測驗的優點

服務高危險群或障礙嬰幼兒的工作人員，常會因為嘗試使用傳統工具來評量及衡量兒童進展而感到挫敗。因為通常直接測驗或標準化測量的結果，均無法反映兒童的實際能力或進展，同時在選擇適當的（介入）長短期目標方面也無所助益。再者，障礙兒童的進展可能是緩慢且漸進式的，而傳統評量工具中的項目經常無法反映他們行為上微小的變化。此外，傳統標準化的評量工具常常因為僅能做單一正確的反應，故兒童若有溝通、感覺或動作上的障礙就會處於不利處境。針對這些有興趣評量高危險群或障礙兒童的工作人員所遭遇的問題，評量、評鑑及課程計畫系統測驗和其他現存的工具有若干差異點：

1.評量、評鑑及課程計畫系統測驗是用來測量兒童的獨立性，及應付環境需求時所不可缺少的功能性技巧和能力。由於重視功能性技巧及能力，可確保每個測驗題項都可能成為適當的介入目標。

2.評量、評鑑及課程計畫系統有完整的特性。評量、評鑑及課程計畫系統測驗的內容涵蓋精細動作、粗大動作、生活適應、認知、社會溝通及社會發展主要領域。這個工具的完整特性本質，使其就初步評量及在監測兒童後續進展方面都是有價值的工具。

3.取得評量／評鑑資料的主要和較佳之方法，是經由在熟悉及尋常環境中觀察兒童。評量、評鑑及課程計畫系統的這個特點提供了評量者有關兒童的反應方式，以及何時與如何應用這些反應的重要資訊。

4.為避免干擾兒童的表現，評量、評鑑及課程計畫系統測驗容許施測者為障礙兒童改編項目的呈現方式，或為兒童修改制定的標準；尤其是鼓勵施測者因應感官或動作系統受損的幼兒而修訂，例如：施測者對聽障兒童容許使用手語，也可以讓動作受損兒童使用輔具來完成項目，如「用湯匙和叉子吃東西」。可自由和彈性修改呈現方式或兒童的反應，其理由是因為測驗結果並非為了做比較，而是為了衍生出適合兒童的介入目標。

5.評量、評鑑及課程計畫系統測驗的題項是用來反映概念或反應的類別，而非反映單一及特定的反應。例如：有問及手眼協調的題項，而不是問及兒童將插棒插入板子的能力。

6.評量、評鑑及課程計畫系統測驗有一個連結的課程（*APES Curriculum for Three to Six Years,* Bricker & Waddell, 1996）。評量的結果可供找出及選擇兒童的介入內容。評量、評鑑及課程計畫系統測驗項目與課程教材之間有直接的關係。

7.家庭評量／評鑑表格（評量、評鑑及課程計畫系統家庭報告）讓照顧者評量自己的兒童，並有助於促進他們對 IEP/IFSP 的參與。此外，填寫家庭表格（IEP/IFSP計畫指南）幫助家庭準備在 IEP/IFSP 會議中提供意見。在要求照顧者填寫對他們兒童的評量表時，清楚的傳達了照顧者對兒童的認識及在 IEP/IFSP 過程中重要的貢獻；另外，還有一個表格是用來協助家庭監測他們的兒童定期的進展（評量、評鑑及課程計畫系統兒童進展紀錄）。

8.針對兒童在評量、評鑑及課程計畫系統測驗的每個評量／評鑑題項都有一組聯結的 IEP/IFSP 長短期目標。這些長短期目標可供指引 IEP/IFSP 的設計和介入計畫。

9.也有一份聯結的評量表來決定家庭關心事項（評量、評鑑及課程計畫系統家庭關切事項調查表）。家長或照顧者利用這一份不具冒犯性的表格表達其子女、家庭及社區有關的議題或領域，並且可以指出每個議題的優先重要性。

這些優點造成評量、評鑑及課程計畫系統測驗，成為介入人員及專家在取得完整的兒童行為能力資訊時吸引人的選擇。

➡ 對評量者的提醒

仔細檢視評量、評鑑及課程計畫系統測驗會發現若干個乍看類似限制的特點。這些特點是執行以及詮釋評量、評鑑及課程計畫系統測驗成果時可能會產生出來的：

1.評量、評鑑及課程計畫系統測驗結果沒有常模。雖然這看起來是個缺點，然而沒有提供常模，可讓介入者將焦點放在協助兒童獲得有功能的技巧及邏輯順序的資訊，而不在於讓題項反映出兒童的生理年齡。對障礙兒童而言，與發展常模做比較的意義是令人質疑的。判定兒童在目前的表現功能水準，然後努力加強預定的發展目標技能，才是更務實的事。

2.進行評量、評鑑及課程計畫系統測驗需要投入初期時間成本。評量、評鑑及課程計畫系統測驗使用者已經發展下列因素，導致時間上的差別：(1)對測驗的熟悉度（如：評量者對評量、評鑑及課程計畫系統測驗愈熟悉，會愈快完成評量）。(2)對兒童的熟悉度（如：評量者對兒童行為模式愈熟悉，會愈快完成評量）。(3)兒童的功能程度（如：能力限制愈多者比擁有較多能力者愈快完成評量）。這些差異造成不易精確的說明評量、評鑑及課程計畫系統測驗可以在多久時間內執行完畢；不過，根據熟悉這測驗及兒童的介入人員報告，初步評量需要一至二小時，而後續的評量需要初期的四分之一時間。對不熟悉測驗的使用者可以預期會花較長時間，不過隨著熟悉度增加，執行時間會縮短。

有些介入人員指出，在其方案所給的有限資源下，對一個兒童花費一至二小時，甚至更多的時間做評量或評鑑，是不切實際的。我們則強調評量／評鑑不應該被視為一個在預定時期內完成的獨立活動；反之，應被視為一個可以跨越時間和情境，而且還能讓兒童獲致完整發展描述的持續過程。輕率完成的評量或評鑑無法包含兒童就不同活動之材料、人物及環境的資料，將會產生不完全且經常不正確的結果。完整及詳細的評量是發展適當的 IEP/IFSP 以及後續介入品質的基礎。假如不是根據

完整及正確的評量資料，IEP/IFSP 對兒童的價值與相關性就會令人懷疑。

　　3.與一些評量／評鑑工具不同的是，欲正確使用評量、評鑑及課程計畫系統測驗者，其對一般發展模式的認知是必備的基礎。例如：評量者對因果關係的概念及其對兒童發展的重要性沒有充分理解的話，評量就可能無法適當的評分與解釋。對早期發展沒有足夠基礎或了解者，如果沒有接受嚴謹的監督，就不應該執行評量、評鑑及課程計畫系統測驗。具有早期發展知識的人將會發現，評量、評鑑及課程計畫系統測驗有一個架構准許他們充分發揮專業知識，並把它運用在設計健全的方案上。

　　4.除了對早期發展熟悉外，評量、評鑑及課程計畫系統測驗使用者應該熟悉此工具的組織方式內容。評量、評鑑及課程計畫系統測驗並不是一份可以在使用前簡短檢查就可使用的檢核表，評量者應先讀過每一題目其相關的標準及注意事項。除此之外，使用者應該熟悉資料紀錄表，包括評分程序及品質方面的備註。在沒有正確準備下使用評量、評鑑及課程計畫系統測驗，可能產生不正確且誤導的結果。

　　5.評量、評鑑及課程計畫系統測驗可以由個別介入人員使用；然而，如果專業人員（如：語言治療師、職能治療師、物理治療師）也參與評量及後續的評鑑，則可提高測驗結果的準確性與品質。如果兒童有動作障礙，則應有動作方面的專業人員參與；如果兒童有感官障礙（如：聽覺或視覺損傷），則應有感官方面的專業人員參與；如果兒童有溝通發展遲緩或異常，則應有溝通專業人員參與。

　　適當的 IEP/IFSP 及後續介入計畫的形成是有效介入的基礎。為達成目的，投入時間和心力在兒童熟悉的情境中蒐集正確、可靠的行為表現資料，才能產生設計。

➠ 使用對象

　　評量、評鑑及課程計畫系統測驗是針對高危險群及有障礙的兒童所設計的。測驗項目包括從三至六歲的發展範圍。評量、評鑑及課程計畫系統測驗已經成功運用在唐氏症、腦性麻痺、中樞神經系統異常、癲癇、感官損傷，以及一般發展遲緩的兒童身上。此外，針對環境高危險群的幼兒（如：父母未成年或濫用毒物），也成功的執行了評量、評鑑及課程計畫系統測驗。

　　介入及專業人員也對重度損傷的兒童使用評量、評鑑及課程計畫系統測驗。針對這群兒童需要做一些一般性的修改；對年紀超過六歲的兒童，則須仔細評鑑題目

內容以確保其對小學生的適當性。我們不贊同用本測驗評量發展水準小於三歲者，他們最好用《嬰幼兒評量、評鑑及課程計畫系統──出生至 3 歲的 AEPS 測驗》。

一般而言，重度障礙兒童在學習新技能或資訊方面非常緩慢，因此介入人員可能會希望用評量、評鑑及課程計畫系統測驗的短期目標作為長期目標，並且設計用新的及更簡單的短期目標來配合長期目標，這些改變有助於重度障礙兒因應其較緩慢的發展進度。

➠ 評量、評鑑及課程計畫系統測驗的內容與組織

用評量、評鑑及課程計畫系統測驗進行評量與評鑑，可供介入人員產生一份完整的、有關兒童在熟悉環境中的行為表現資料，而不是兒童僅在單一方面行為的有限描述，其所涵蓋的發展範圍從三至六歲。為了全面蒐集兒童發展現況的資料，共涵蓋了六個課程範圍──即所謂領域（domains）：精細動作、粗大動作、生活適應、認知、社會溝通及社會領域。每個領域又分為若干個綱目（strands）；綱目是由屬於共同類型的行為組合而成。例如：站立時的動作和走路被列入粗大動作領域的「站立及行走的平衡和移位」綱目中。表 3.1 提供六個領域及其相關綱目。

評量、評鑑及課程計畫系統測驗項目已經過排序，以便幫助評量兒童在具發展順序的技能中表現某個行為的能力，每一個綱目包含一系列稱為長期與短期目標的測驗項目。這些長期目標（goals）被發展來作為兒童 IEP/IFSP 的年度目標。短期目標（objectives）代表更有區別性的技能，可以幫助測驗人員更精確的指出兒童在某一個技能順序中的表現程度。短期目標可作為兒童的 IEP/IFSP 中之季目標或較短期的目標。

如表 3.1 所示，每一個領域所包含的綱目數量不同。綱目與長期目標盡量由較簡單或發展上較早期出現的技能，依序排入較困難或發展上更高層次的技能。列在每一長期目標下的短期目標則以相反順序排列──最困難的項目首先列出，而較不困難者依序列出。這樣的安排有助於測驗的施行。如果兒童在短期目標序列中較高層次項目通過了（如：遊戲技能中的「原地跳躍」），就不需要再評量本序列中較早期的目標（如：單腳平衡、維持走路的平衡）。此流程讓評量更有效率，而且大致上是不會有錯誤的，除非這個兒童的行為表現相當不均衡（即兒童不一致表現，會出現各種特殊技能）。如果是這樣，則要評量廣泛範疇的項目。由簡到難的綱目、

長期目標、短期目標有階層的安排，可見圖 3.1。

《嬰幼兒評量、評鑑及課程計畫系統——3 歲至 6 歲的 AEPS 測驗》的內容與
《嬰幼兒評量、評鑑及課程計畫系統——出生至 3 歲的 AEPS 測驗》相較，顯得較
不具階層性，這點反映出個體的經驗和環境要素對學前兒童發展的影響與日俱增。
兒童愈接近學齡階段，學習新技能時愈會凸顯其個別化及差異性。

表 3.1　三至六歲兒童評量、評鑑及課程計畫系統測驗領域、綱目一覽表

領　　域	綱　　目
精細動作	A：操弄物品 B：寫前技能
粗大動作	A：站立及行走的平衡和移位 B：遊戲技能
生活適應	A：飲食 B：個人衛生 C：穿脫衣物
認知	A：參與 B：概念理解 C：分類 D：序列 E：回憶事件 F：問題解決能力 G：遊戲 H：數學前備技能 I：閱讀前備技能
社會溝通	A：社會互動性溝通 B：詞彙、片語及句子表達
社會	A：與他人互動 B：與環境互動 C：認識自我和他人

綱目 A ⟶ 綱目 B ⟶ 綱目 C
　　　　容易 ⟶ 較難

長期目標 G1 ⟶ 長期目標 G2 ⟶ 長期目標 G3
　　　　容易 ⟶ 較難

短期目標 1.1 ⟵ 短期目標 1.2 ⟵ 短期目標 1.3
　　　　較難 ⟵ 容易

圖 3.1　評量、評鑑及課程計畫系統測驗中綱目、長期目標與短期目標的階層性安排

　　綱目（如：A、B、C）、長期目標（如：G1、G2、G3）及短期目標（如：1.1、1.2、1.3）之識別系統反映安排的順序性，以及協助施測者找到項目，這些綱目、長、短期目標的組織架構請見圖 3.2。

⫸ 跨專業團隊的評量

　　早期療育和學前特教方案中有各式各樣的人力組織模式。許多方案有定期服務兒童和家庭的跨專業團隊的專家，這些專家參與實施評量、評鑑及課程計畫系統測驗是很好的事情，因為將專家納入，可確保為兒童所做的課程本位之評量的有效性和完整性。團隊人員可以選擇在小組式、中心本位式的不同活動中觀察和兒童互動來進行評量。例如：溝通專家可能在社會溝通紀錄表中記錄語言樣本，而物理或職能治療師在同時間內完成精細和粗大動作測驗部分。另一個方法是當介入人員讓兒童在進行一系列評量活動中活動時，對兒童在各發展領域進行觀察與評分。為了增進察覺兒童在各發展領域中的優勢與需求，最好與團員分享和整理結果。這種分享也有助於消除專業人員完成個別評量時所發生的重複與不一致性。將專家與介入人員的觀察結合成一份評量報告書，可以產生更有效率且更具功能性的課程規劃。

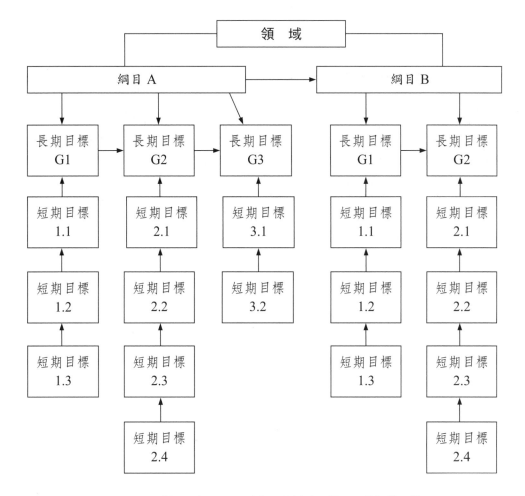

圖 3.2　評量、評鑑及課程計畫系統測驗評量項目的組織結構

⫸總結

　　本章可以協助使用者認識評量、評鑑及課程計畫系統測驗與其他工具不同的特色。此一測驗的整體組織與內容敘述可以協助使用者認識其結構與涵蓋範圍。特殊的實施指南則包含於本書測驗項目之前的第六章。

ⅢⅢ➡ 參考文獻

Bricker, D. (1989). *Psychometric and utility study of a comprehensive early assessment instrument for handicapped infants and children.* Final Report submitted to the U.S. Office of Education, Office of Special Education Programs, Washington, DC.

Bricker, D., & Waddell, M. (Eds.). (1996). *Assessment, evaluation, and programming system for infants and children: Vol. 4. AEPS curriculum for three to six years.* Baltimore: Paul H. Brookes Publishing Co.

CAPE. (1978). *Adaptive performance instrument (API).* Seattle, WA: The Consortium on Adaptive Performance Evaluation.

Johnson-Martin, N.M., Attermeier, S.M., & Hacker, B.J. (1990). *The Carolina curriculum for preschoolers with special needs.* Baltimore: Paul H. Brookes Publishing Co.

McLean, M., & McCormick, K. (1993). Assessment and evaluation in early intervention. In W. Brown, S.K. Thurman, & L.F. Pearl (Eds.), *Family-centered early intervention with infants and toddlers: Innovative cross-disciplinary approaches* (pp. 43–79). Baltimore: Paul H. Brookes Publishing Co.

家庭參與
評量及評鑑

第四章

　　家庭對評量、介入與評鑑的付出以及參與應受到鼓勵。一般而言，參與愈多愈可能改善對兒童及家庭的服務成果。為了促進及幫助家庭確實的參與，評量、評鑑及課程計畫系統包含了一套用來協助家長與照顧者對其兒童做評量／評鑑，以及發現家庭關切事項的材料。這些以家庭為中心的材料可與其他評量、評鑑及課程計畫系統教材併用，它包括：

評量、評鑑及課程計畫系統家庭報告
IEP/IFSP 計畫指南
評量、評鑑及課程計畫系統兒童進展紀錄
評量、評鑑及課程計畫系統家庭關切事項調查表

　　本章簡要介紹這些資料的宗旨與設計概念。評量、評鑑及課程計畫系統家庭報告、兒童進展紀錄及家庭關切事項調查表的樣本見於本書附錄 D。

本章的部分資料摘自 Bricker, D.、Bailey, E.、Gumerlock, S.、Buhl, M.及 Slentz K. (1986)。*Administration guide: Experimental edition—I. Parent form level I: For infants and young children.* Eugene: University of Oregon, Center on Human Development.

⇒ 評量、評鑑及課程計畫系統家庭報告

　　評量、評鑑及課程計畫系統家庭報告是一組評量／評鑑內容，但它是由家長及照顧者取得有關兒童主要發展領域之技巧與能力的資訊。這份報告必須與評量、評鑑及課程計畫系統測驗併用──家庭報告中的每一項均直接對應評量、評鑑及課程計畫系統測驗的長期或短期目標。如表 4.1 所示。

表 4.1　評量、評鑑及課程計畫系統測驗與評量、評鑑及課程計畫系統家庭報告對應項目範例

評量、評鑑及課程計畫系統測驗	評量、評鑑及課程計畫系統家庭報告
領域　　社會 綱目　　A：與他人互動 項目　　G1：有玩伴	社會 *1. 孩子是否會和別的小朋友玩？*

　　透過結構化程序，從家長及其他照顧者處得到評量／評鑑資訊之所以重要，有幾個理由：首先，照顧者比專業人員有更多機會觀察兒童的行為表現，這個豐富的訊息來源絕不應該被忽視。其次，正確的評量與評鑑仰賴四面八方資料之蒐集，家庭對兒童的觀點更應被包括在蒐集的資料中。第三，可比較照顧者和專業人員的觀點，確定一致與不一致之處；雙方一致的觀點可作為 IEP/IFSP 的優先考量目標，而不一致的觀點則表示需要更多的資料。第四，邀請照顧者參與評量／評鑑過程透露了一個重要訊息──方案人員相信照顧者對兒童的介入方案能有所貢獻。最後，用正式的程序將家長及照顧者納入，有助於增加他們參與 IEP/IFSP 的過程，以及對兒童後續進展的控管。

　　評量、評鑑及課程計畫系統家庭報告有幾個重要的特色：第一，家庭報告直接與專業人員使用評量、評鑑及課程計畫系統測驗相對應，家庭報告項目就是評量、評鑑及課程計畫系統測驗目標的簡單陳述。這個特色可供照顧者及專業人員對兒童的評量直接做比較。

　　第二，家庭報告衡量的是幼兒的功能性技能；亦即報告中只包括可增進幼兒應付及適應其社會與物理環境需求之能力。著重於功能性技能，可確保其中所有項目

都可能成為適當的介入目標。這個特色使得評量結果與兒童 IEP/IFSP 的設計產生直接關聯，評量資料可用來協助介入團隊發展兒童的 IEP/IFSP 以及後續的介入課程。

　　評量、評鑑及課程計畫系統家庭報告的第三個特色是這份工具的豐富性，以致無論是作為初步評量工具，或是在監控兒童後續進展方向上均極有價值。精細動作、粗大動作、生活適應、認知、社會溝通及社會行為等主要發展領域，均涵蓋於此工具中。

　　第四，雖然照顧者可以從他們對兒童的了解與經驗來完成家庭報告，但仍鼓勵他們在兒童熟悉的環境中，經由觀察來驗證對兒童的認識。這個特色提供有關兒童所表現的實際反應，以及表現時機與方式的資訊。

　　照顧者必須從三個反應中選出最能正確描述兒童現階段功能水準中的一項，反應類型分為「是」、「有時候」、「不是」。早療介入人員可以將照顧者的評比轉換成 2、1 及 0 分。必須預先告知家長或照顧者，兒童不一定會表現出表格中所列的所有技能。開始評分以前，要先鼓勵照顧者透過最能誘發兒童該技能的情境中觀察，而不是憑記憶來評分該項目。

　　有關評量、評鑑及課程計畫系統家庭報告更詳細的資料，可見本冊第十章，以及在附錄 D 中呈現的一套完整的家庭報告。

⮕ IEP/IFSP 計畫指南

　　IEP/IFSP 計畫指南是一份簡單的單頁表格，用來協助家庭準備參與 IEP/IFSP 會議而設計的。父母或照顧者可能會，也可能不會認為完成此表格對他們有所幫助，至於是否要完成 IEP/IFSP 計畫指南，則由家庭自行決定。

　　IEP/IFSP 計畫指南分成三部分記錄：IEP/IFSP 基本資料、兒童與家庭的優勢能力，以及家庭優先重視事項。基本資料部分是用來填寫兒童的姓名、出生日、家人姓名、IEP/IFSP 會議日期、地點及與會人姓名。優勢能力部分包括兒童優勢能力及家庭優勢能力兩個欄位。最後一部分，家庭優先重視事項則是列出對兒童期待的長期目標——在評量、評鑑及課程計畫系統家庭報告中家庭視為優先重要的那些項目。此外，還有一個欄位是家庭關切事項調查表（本章稍後會敘述）中所記錄家庭關心的內容。圖 4.1 是一份 IEP/IFSP 計畫指南的表格。

IEP/IFSP 計畫指南

兒童姓名：＿＿＿＿＿＿＿ 出生日：＿＿年＿＿月＿＿日 性別：＿＿＿＿

IEP/IFSP 日期：＿＿＿＿＿ 時間：＿＿＿＿＿ 地點：＿＿＿＿＿＿＿

參與計畫制定人員（含家人、專業人員、相關行政人員等）：

＿＿＿＿＿＿＿＿＿＿＿＿＿＿＿＿＿＿＿＿＿＿＿＿＿＿＿＿＿＿＿＿

＿＿＿＿＿＿＿＿＿＿＿＿＿＿＿＿＿＿＿＿＿＿＿＿＿＿＿＿＿＿＿＿

＿＿＿＿＿＿＿＿＿＿＿＿＿＿＿＿＿＿＿＿＿＿＿＿＿＿＿＿＿＿＿＿

優　勢

兒童的優勢 （包括最近的進展或變化、最喜歡的活動、特質）	家庭的優勢 （包括現有的資源、特質、能力和支援）
＿＿＿＿＿＿＿＿＿＿	＿＿＿＿＿＿＿＿＿＿
＿＿＿＿＿＿＿＿＿＿	＿＿＿＿＿＿＿＿＿＿
＿＿＿＿＿＿＿＿＿＿	＿＿＿＿＿＿＿＿＿＿
＿＿＿＿＿＿＿＿＿＿	＿＿＿＿＿＿＿＿＿＿
＿＿＿＿＿＿＿＿＿＿	＿＿＿＿＿＿＿＿＿＿

家庭優先重視事項

兒童的目標 （取自評量、評鑑及課程計畫系統家庭報告）	家庭關切事項 （取自評量、評鑑及課程計畫系統家庭關切事項調查表）
1.＿＿＿＿＿＿＿＿＿	1.＿＿＿＿＿＿＿＿＿
2.＿＿＿＿＿＿＿＿＿	2.＿＿＿＿＿＿＿＿＿
3.＿＿＿＿＿＿＿＿＿	3.＿＿＿＿＿＿＿＿＿
4.＿＿＿＿＿＿＿＿＿	4.＿＿＿＿＿＿＿＿＿
5.＿＿＿＿＿＿＿＿＿	5.＿＿＿＿＿＿＿＿＿

圖 4.1　IEP/IFSP 計畫指南樣本

家長或照顧者可以獨自，或與專業人員共同來完成 IEP/IFSP 計畫指南。如前所述，有些家庭可能認為完成 IEP/IFSP 計畫指南對準備 IEP/IFSP 會議有幫助。

⟹ 評量、評鑑及課程計畫系統兒童進展紀錄

除了將父母納入初步評量工作，讓家長及照顧者參與兒童進展的持續控管也是有益的。評量、評鑑及課程計畫系統兒童進展紀錄就是為了這個目的而設計。

如同家庭報告，兒童進展紀錄與評量、評鑑及課程計畫系統測驗相對應。評量、評鑑及課程計畫系統測驗的每一個長期和短期目標是依據領域及綱目分別列在兒童的進展紀錄表上。當兒童通過一個長期或短期目標所敘述的標準時，就可藉著打✓或著色來表示。本表格提供家長或照顧者關於兒童的成就、當前的目標及將來的長期與短期目標一份圖像化的紀錄。圖 4.2 包含了評量、評鑑及課程計畫系統兒童進展紀錄中，精細動作領域裡一個綱目部分完成的紀錄。

兒童的進展紀錄應該隨著每季實施評量、評鑑及課程計畫系統測驗而更新。對重度障礙兒童，介入人員可能經由將短期目標縮為更細小、更具區辨性的目標而增添新項目，否則重度障礙兒童的家長可能會因為他們的兒童長時間沒有進步而感到洩氣。附錄 D 包含了一份完整的評量、評鑑及課程計畫系統兒童進展紀錄。

⟹ 評量、評鑑及課程計畫系統家庭關切事項調查表

評量、評鑑及課程計畫系統家庭關切事項調查表是一份家庭自我評量表，供家人確認其關切之事；本部分評量是為協助 IEP/IFSP 過程而設計的。評量、評鑑及課程計畫系統家庭關切事項調查表的理念是，家庭應該了解自己及兒童在參與的課程中想要達到的成果。

本調查表分為三個主要向度：兒童、家庭及社區。這些向度源自於一些有關家庭系統及生態本位介入方法之文獻（如：Bailey & Simeonsson, 1988; Bricker, 1989; Bronfenbrenner, 1979; Dunst, Trivette, & Deal, 1988; Krauss & Jacobs, 1990; Turnbull & Turnbull, 1991）。這些方法倡導將兒童視為家庭單位中的一份子，了解到影響兒童的事情同時也會影響家庭中其他成員；同樣的，影響家庭的事情也同樣會影響兒童。除此之外，這些觀點強調家庭、社區及更大的社會之間的相互關聯。採用這些方法

精細動作領域

綱目 A：操弄物品

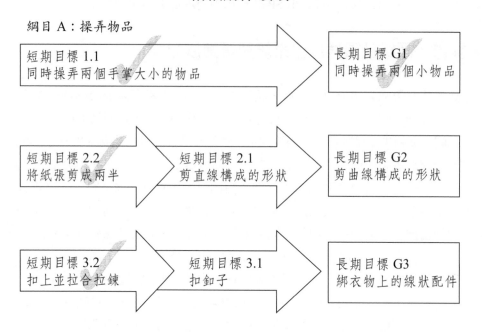

圖 4.2　AEPS 兒童進展紀錄部分範例

需要對家庭視為重要的環境因素進行評量與評鑑。針對這點，家庭關切事項調查表要求家庭指出他們認為對兒童及家庭優先關心的事項，這個方法有意迴避涉及家庭病理學的問題、弱點或需要為導向的含義，因為該導向對大多數參與早期療育課程的家庭而言是不適合的。

家庭關切事項調查表共有三十個項目，分成三向度，每一個項目的設計係為幫助家庭確認他們對兒童所關切的事項，而這些陳述有助於家庭釐清其關切點是在於資訊、支持、資源的獲得，還是參與由介入方案、相關單位及社區所提供的活動。調查表的最後是一個開放性問題，讓家庭可以列出其他的關切事項。每一項目都是以正面、行動導向的敘述方式書寫，可以轉換成一個具有功能性及可量化的結果。

每一項目後面都有兩組，每組各有三個方格，讓家長或照顧者用來表示該項目是優先關切的、關切但非目前優先的，或目前不關切。列在第一組方格的內容可應用於初步擬定 IEP/IFSP 時，第二組則可在每季或每半年檢討時用。

家庭關切事項調查表見於附錄 D。詳細使用方法見於第九章。

⇒ 總結

本章介紹一套以家庭為中心的材料，它必須與其他教材合併使用，這些資料具有支持性而非侵犯性（Bailey & Henderson, 1993）。家庭評量的方法是為了協助家庭決定其需求和這些需求的優先順位，進而找出能相符合的適當策略（Slentz & Bricker, 1992）。這些資料也有助於促進家庭參與──這是任何一個早期療育專業人員、政策制定者和家長都一再強調的價值。

⇒ 參考文獻

Bailey, D., & Henderson, L. (1993). Traditions in family assessment: Toward an inquiry-oriented, reflective model. In D. Bryant & M. Graham (Eds.), *Implementing early intervention* (pp. 127–147). New York: Guilford Press.

Bailey, D., & Simeonsson, R. (Eds.). (1988). *Family assessment in early intervention.* Columbus, OH: Charles E. Merrill.

Bricker, D. (1989). *Early intervention for at-risk and handicapped infants, toddlers, and preschool children.* Palo Alto, CA: VORT Corp.

Bricker, D., Bailey, E., Gumerlock, S., Buhl, M., & Slentz, K. (1986). *Administration guide: Experimental edition—I. Parent form level I: For infants and young children.* Eugene: University of Oregon, Center on Human Development.

Bronfenbrenner, U. (1979). *The ecology of human development: Experiments by nature and design.* Cambridge, MA: Harvard University Press.

Dunst, C., Trivette, C., & Deal, A. (1988). *Enabling and empowering families: Principles and guidelines for practice.* Cambridge, MA: Brookline Books.

Krauss, W.M., & Jacobs, F. (1990). Family assessment: Purposes and techniques. In S.J. Meisels & J.P. Shonkoff (Eds.), *Handbook of early childhood intervention* (pp. 303–325). New York: Cambridge University Press.

Slentz, K., & Bricker, D. (1992). Family-guided assessment for IFSP development: Jumping off the family assessment bandwagon. *Journal of Early Intervention, 16*(1), 11–19.

Turnbull, A.P., & Turnbull, H.R. III. (1991). *Families, professionals, and exceptionality: A special partnership* (2nd ed.). Columbus, OH: Charles E. Merrill.

連結評量、
介入與評鑑

發展 IEP/IFSP 介入計畫
和評鑑的程序

自從公法 94-142（目前的公法 101-476）及公法 99-457（再次修正為公法 102-119）通過，IEP 及 IFSP 已經成為介入服務不可或缺的一部分。規定 IEP/IFSP 的設計和內容的聯邦法令，強制規定許多項優質介入服務必須具備的特點，包括依據兒童目前功能來選擇個別化的目標與程序、計畫過程中家庭的參與、應用客觀的評鑑程序來監管兒童進展，以及用兒童的需求而非依障礙類別或執行上的方便作為教育安置的依據。

本章的目的是要描述完成對兒童及家庭評量之後的程序。介入專業人員及照顧者如何將評量資料轉成為具有功能且實用的 IEP/IFSP 文件以及後續的介入計畫？雖然兒童及家庭的評量／評鑑可能同時進行，本章仍然將它們分開處理。第一部分包括：(1)發展兒童的 IEP/IFSP 時建議遵循的程序；(2)將長期與短期目標轉換成介入計畫；(3)以活動為本位的介入策略；(4)定期評鑑兒童的進展。第二部分針對家庭的參與，包括：(1)將家庭評量的資訊轉換成 IFSP；(2)後續定期評鑑家庭的進展。此過程可圖解如圖 5.1。

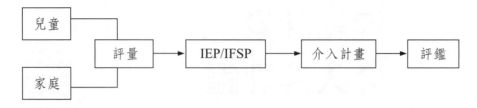

圖 5.1　連結評量資訊與 IEP/IFSP 的發展、介入計畫及評鑑的過程

⇒ 兒童的評量／評鑑

☆ 為兒童設計 IEP/IFSP

　　如圖 5.1 所示，課程評量工具與 IEP/IFSP 設計之間的關係提供了評量與介入兩件工作之間的重要連結。評量、評鑑及課程計畫系統測驗的三個特色，促進評量與介入之間的連結既直接又緊密相扣。首先，評量、評鑑及課程計畫系統測驗很周延，而且涵蓋課程中的所有發展範圍（即精細動作、粗大動作、生活適應、認知、社會溝通及社會）。其次，每一領域的大部分皆由簡單到複雜的項目排序組成，這一點在決定待教導的技能之順序方面有所幫助。第三，評量、評鑑及課程計畫系統測驗的每一個項目均衡量一項功能性技能，因此具有成為所相關介入目標的潛力。

　　家庭參與兒童的介入方案具有無庸置疑的重要性；因此，運用可以讓家長有意義的參與過程是無比的重要。鼓勵家長及照顧者積極參與的一些方法，就是在 IEP/IFSP 會議舉行之前，提供家長對 IEP/IFSP 程序的認識，以及設計策略來協助照顧者為其子女選擇適當的及優先的目標。如同第四章所述，評量、評鑑及課程計畫系統家庭報告可以與評量、評鑑及課程計畫系統測驗併用。

　　用評量、評鑑及課程計畫系統測驗和家庭報告來設計 IEP/IFSP 的第一步，是把上述兩項評量結果做成摘要報告（summarization of the results）。介入人員、家長和專家所組成的團隊使用評量、評鑑及課程計畫系統測驗和家庭報告的項目，作為計畫 IEP/IFSP 的長期和短期目標之依據。團隊檢視每一個發展領域的結果，照顧者則提出評量、評鑑及課程計畫系統家庭報告和 IEP/IFSP 計畫指南上的紀錄，其他人（如：介入人員）則報告評量、評鑑及課程計畫系統測驗評量的結果。重點擺在已經學會以及尚未學會的技能，而不是分數；並且注意選擇可以為兒童和團隊整理出

的一個既完整又好管理的介入方案。介入標的要從評量、評鑑及課程計畫系統測驗，和評量、評鑑及課程計畫系統報告中，兒童展現或未能一致展現出來的長期和短期目標來選擇。家人重視的應被列入優先考量，然後再加入其他團隊成員的想法。

透過此一程序，兒童 IEP/IFSP 的長期與短期目標直接選自其課程評量中。這個程序提供與評量的直接聯繫，以及照顧者與介入人員選擇 IEP/IFSP 目標的共同基礎。

再下一個步驟就是由團隊排定長期目標和相關短期目標之優先順序。障礙兒童可能在數個或全部的主要發展領域表現有所缺損不足，是常有的情形。試圖在每一個困難領域中選擇數個長期目標與短期目標可能是不明智且無益的。如果要讓照顧者和介入人員負責介入許多短期目標，並負起追蹤兒童的十至十五個目標的進展情況，他們會承受不了，我們建議的替代方法是：讓照顧者和介入人員針對長期與短期目標排出優先順序，並只選擇最優先的項目作為介入目標。

介入人員或許可以同時進行四到五個短期目標的指導，但是照顧者可能認為一次進行一到二個短期目標較為可行。當然選擇更多的短期目標也是可能的，如果這些目標可以協調成為一個可處理的介入方案（如：不同的團隊人員處理不同目標）。

待團隊人員排出優先要努力的長期和短期目標後，下一個設計 IEP/IFSP 的步驟就是書寫優秀的長、短期目標。優秀的短期目標必須符合五項標準（Notari & Bricker, 1990; Notari & Drinkwater, 1991; Notari-Syverson & Shuster, 1995）：

1.有功能的（functional）——幫助兒童在日常環境中更加獨立的目標，就是一個有功能性的長期、短期目標，執行這個目標會讓兒童表現他人（如：照顧者、老師）必須替代他完成的功能。

2.可類化的（generalizable）——一個目標是否有類化性是指該技能是否隸屬一個廣泛的反應類別，因之兒童可以在各式各樣的人物和情境中運用之。

3.具指導性（instructional）——有必要考慮某目標針對的教學內涵。團隊人員在書寫長期和短期目標時應該考慮其資源；他們可以問自己：「有什麼情境（如：家裡、幼稚園、托兒所）可供兒童練習這個長期／短期目標？」及「在具備一些資源的情況下（如：老師、照顧者、時間、教材），可掌控的要素是什麼？」長期／短期目標必須與兒童及其家庭的日常作息契合。

4.可觀察／可量測的（observable/measurable）——長期和短期目標必須是可觀察到的（即可以看到或聽到的行為），同時也必須是可量測的（可以數出其頻率、持續時間或延宕時間）。務必記住：書寫的長期或短期目標必須是團隊人員能夠一

致同意該行為是符合某一明訂的標準。

　　5.有上下階層性（hierarchical）──長期和短期目標必須相互關聯。最理想的作法是短期目標是引導至完成長期目標的部分元素。短期目標是兒童要達成長期目標時所須經過的墊腳石或基礎步驟。

　　介入人員應該評鑑一些挑出來的 IEP/IFSP 長期目標和短期目標，確保它們符合上述五項標準。

　　最後一個步驟是針對優先的長期和短期目標設計介入計畫。介入計畫應標明介入的情境、介入活動的類型、兒童進展程序以及教學決定的規則（Bricker & Cripe, 1992）。

☆ 設計兒童介入計畫

　　讓我們使用評量、評鑑及課程計畫系統測驗在不同的情境、人物和事件中，觀察評量一個四歲的腦性麻痺兒──喬伊在社會溝通領域的表現，其評量結果如圖 5.2，喬伊已經達到綱目 A 長期目標 G1 中的所有項目（即短期目標），以及長期目標 G2 中最簡單的短期目標之標準。同時也開始符合綱目 B 及長期目標 G1 至 G5 裡面比較困難的短期目標。他的雙親使用評量、評鑑及課程計畫系統家庭報告也有相似的發現；因此，其團隊人員決定以綱目 A 長期目標 G2：「使用會話規則」和相關聯的短期目標（2.4）：「回應後續相關的話題」作為標的。表 5.1 顯示出選定之評量、評鑑及課程計畫系統項目和他們的 IEP/IFSP 長期、短期目標書寫的關係。

　　一旦選定長期目標，下一步驟就是為此目標設計介入計畫，此介入計畫會有很多形式和關聯的短期目標，但都必須包含下列資訊：

　　1.身分資訊：兒童及介入人員的姓名。

　　2.短期目標開始和結束的日期。

　　3.介入區域。

　　4.介入活動發生的情境類型。

　　5.明確的長期和短期目標。

　　6.如有必要，課程方案的步驟。

　　7.兒童進展程序。

　　8.做決定的規則。

社會溝通領域

S＝評分標準	Q＝註解
2＝一致的通過 1＝不一致的表現 0＝不通過	A＝提供協助 B＝行為受干擾 R＝由他人報告評量 M＝修改／調整 D＝直接施測

姓名：喬伊

	施測週期：	1							
	施測日期：	5/95		/		/		/	
	施測人員：	張華							
	IFSP	S	Q	S	Q	S	Q	S	Q
A. 社會互動性溝通									
G 1. 使用詞彙、片語或句子，來告知、引導、詢問，以及表達預期、想像、情感與情緒		2							
1.1 使用詞彙、片語或句子來表達預期的結果		2							
1.2 使用詞彙、片語或句子來描述假想的物品、事件或人物		2							
1.3 使用詞彙、片語或句子來命名自己或他人的情感與情緒		2							
1.4 使用詞彙、片語或句子來描述過去的事件		2							
1.5 使用詞彙、片語或句子來對他人提出看法或要求		2							
1.6 使用詞彙、片語或句子來獲得訊息		2							
1.7 使用詞彙、片語或句子來傳達訊息		2							
G 2. 使用會話規則	✓	0							
2.1 輪流扮演說者和聽者的角色		0							
2.2 回應別人轉換的話題		0							
2.3 問問題要求澄清		0							
2.4 回應後續相關的話題		0							
2.5 主動談起與情境相關的話題		1							
2.6 回應他人談起的話題		2							
G 3. 建立及變化社會溝通的角色		0							
3.1 變化說話的嗓音以傳達意思		0							
3.2 使用適當的社會化肢體語言		0							
B. 詞彙、片語及句子表達									
G 1. 使用動詞相關詞類		1							
1.1 使用動介詞（如：把、讓）		1							

（下頁續）

嬰幼兒評量、評鑑及課程計畫系統（第三冊）

（續上頁）

姓名：<u>喬伊</u>

	施測週期：	1			
	施測日期：	5/95	/	/	/
	施測人員：	張華			

	IFSP	S	Q	S	Q	S	Q	S	Q
1.2 使用動態助詞（如：戴<u>著</u>、吃<u>過</u>）		1							
1.3 使用動詞補語（如：站<u>起來</u>、走<u>出去</u>）		1							
1.4 使用助動詞（如：會、能）		2							
G 2. 使用名詞相關詞類		0							
2.1 使用量詞（如：隻、顆）		0							
2.2 使用方位詞（如：裡面、旁邊）		0							
2.3 使用所有格「的」（如：媽媽<u>的</u>、小華<u>的</u>）		0							
G 3. 使用問句		0							
3.1 使用「什麼時候」問句		0							
3.2 使用是／非問句		0							
3.3 使用「為什麼」、「誰」、「怎麼」問句		0							
3.4 使用「語尾助詞」問句		0							
3.5 使用「什麼」、「哪裡」問句		0							
3.6 提高句尾語調來問問題		0							
G 4. 使用代名詞		0							
4.1 使用所有格人稱代名詞（如：我的、他們的）		0							
4.2 使用人稱代名詞（如：你、我們）		0							
4.3 使用不定代名詞（如：每個、一些）		0							
4.4 使用指示代名詞（如：那<u>個</u>、這<u>些</u>）		0							
G 5. 使用描述性詞彙		0							
5.1 使用連接詞（如：因為、可是）		0							
5.2 使用副詞（如：<u>很大</u>、<u>正在</u>吃）		0							
5.3 使用形容詞（如：圓、漂亮）		1							

本領域原始得分的計算，係由將特定施測週期 S 欄內所得之 2 分及 1 分相加後所得。而本領域百分比分數的計算，則是將原始得分除以最高總分後，再乘以 100 所得。

結　果				
施測日期	5/95			
原始得分	26			
最高總分	86	86	86	86
百 分 比	30%			

圖 5.2　評量、評鑑及課程計畫系統社會溝通資料紀錄完成表例

表 5.1 評量、評鑑及課程計畫系統測驗社會溝通領域綱目 A：社會溝通
　　　互動中的項目和 IEP/IFSP 長短期目標書寫之對應關係例子

評量、評鑑及課程計畫系統 長期和短期目標		IEP/IFSP 長短期目標書寫方式
長期目標 G2	使用會話規則	兒童會連續兩次以上運用會話規則來開始和維持溝通交流，交流是指兒童和另一個人都有反應。
短期目標 2.1	輪流扮演說者和聽者的角色	兒童有適當的對話反應，輪流扮演說者和聽者的角色（如：兒童說出意見後停下來注視溝通夥伴）。
短期目標 2.2	回應別人轉換的話題	兒童會針對新話題回答、詢問或給意見（如：兒童說：「我還要在外面玩。」大人說：「我們必須進去準備點心。」兒童回應：「我們要吃什麼東西？」）。
短期目標 2.3	問問題要求澄清	兒童會藉意見或詢問來表達澄清的需求（即重複性、說得更詳細或確認，如：兒童不懂他人的話時會說「什麼？」）。
短期目標 2.4	回應後續相關的話題	當他人要求澄清、重複、更詳細說明或確認兒童先前的陳述時，兒童會給予相關資訊（如：兒童說：「她把它扔了。」大人問他：「誰？」兒童回答：「瑞秋。」）。
短期目標 2.5	主動談起與情境相關的話題	兒童會開啟與情緒及／或溝通夥伴有關的話題（如：兒童看見同儕有蠟筆時，會問：「我可不可以有紅蠟筆？」）。
短期目標 2.6	回應他人談起的話題	兒童會用相關的話題來回應他人的對話，包括肯定他人的陳述、回答其問題、索求澄清或意見（如：大人說：「你今天穿新鞋。」兒童說：「媽媽在店裡買的。」）。

每一個選定好的長期目標和其相關聯的短期目標都應有一個配套的介入計畫，以作為選擇介入活動時的架構和指引，圖 5.3 即為介入計畫的例子。

在《嬰幼兒評量、評鑑及課程計畫系統——3 歲至 6 歲的 AEPS 課程》一書中，有一套相關聯的介入活動（Bricker & Waddell, 1996），該課程項目直接與評量、評鑑及課程計畫系統測驗項目對應，清晰地將介入活動與兒童的長短期目標連結，評量、評鑑及課程計畫系統課程遵循本章稍後介紹的活動本位之介入理念，其內容樣本可見圖 5.4。該表列出對應每一個評量、評鑑及課程計畫系統測驗項目之短期目標和同步進行的長期目標，並且提供一系列介入活動和建議。

☆ 介入活動[1]

與評量、評鑑及課程計畫系統方法和內容最一致的介入模式，是一種自然模式，即「活動本位介入法」。活動本位介入法是一種兒童導引式的處理方法，他將兒童的長短期融入日常作息、規劃的或兒童主動進行的活動中，再應用合理出現的前置刺激與後果來培養有功能的和可類化的技能（Bricker & Cripe, 1989, 1992）。活動本位介入法包含四個要素：

1. 兒童導引的處理模式。

2. 將兒童的長短期目標訓練與日常作息活動、計畫的或兒童主動進行的活動結合在一起。

3. 運用合理出現的前置刺激和後果。

4. 培養功能性和可類化的技能。

要特別強調活動本位法的兩個特徵。第一，一個活動中涉及多重的目標（如：精細和粗大動作、生活適應、認知、社會溝通和社會），例如：玩水活動中，兒童在駕駛帆船時，正可利用來促進溝通（「我的船在哪裡？」），社會技能（輪流），生活適應技能（擦乾手），精細動作技能（同時操作兩個巴掌大小的物體），以及認知技能（比較帆船的材質、尺寸、顏色、造型）。第二個特徵是兒童可從參與有趣和好玩的活動中獲得內在的增強物，只要是良好的選擇或兒童自己選定的，活動

---

1 本節摘自 Bricker, D., Janko, S., Bailey, E. J., & Kaminski, R. (1989). *Evaluation and programming system: For infants and young children.* Eugene: University of Oregon, Center on Human Development.

兒童：喬伊・威廉斯　　　　　　介入人員：里昂小姐

開始日期：6/95　　　　　　　　預定完成日期：12/95

領域：精細動作　粗大動作　生活適應　認知　[社會溝通]　社會

情境：_ ✕ _ 團體　_ ✕ _ 個別　_ ✕ _ 家庭

綱目 A

長期目標 2.0　　使用會話規則

短期目標 2.4　　在教室活動中會回應大人或同儕的連帶關係的問題（如：喬伊
　　　　　　　　說：「這些鞋子。」大人問：「那是你的鞋子嗎？」喬伊肯定
　　　　　　　　的點頭說：「嗯哼。」）。

介入活動：

自由遊戲時可問的問題例子：

1.喬伊，告訴我你在做什麼？

2.紅色和藍色的積木在哪裡？

3.你和衛斯理在玩打扮的遊戲嗎？

點心時間可問的問題例子：

1.你今天有帶便當嗎？

2.你要喝什麼？

3.吃完點心要做什麼？

圍圓圈（團體討論）時可問的問題例子：

1.喬伊，我們接著要唱哪一首歌？

2.今天天氣怎麼樣？

3.再說一遍好嗎？

兒童進展程序：老師會連續兩週每天記錄喬伊在自由遊戲、點心和團體討論時間
　　　　　　　　針對有連帶關係之問題的回應頻率。

教學決定：兩週結束時如果喬伊沒有進展，就提供範例或提示。

圖5.3　一份完成的課程計畫範例

長期目標 G2　使用會話規則

短期目標 2.1　輪流扮演說者和聽者的角色
短期目標 2.2　回應別人轉換的話題
短期目標 2.3　問問題要求澄清
短期目標 2.4　回應後續相關的話題
短期目標 2.5　主動談起與情境相關的話題
短期目標 2.6　回應他人談起的話題

同步進行的長期目標

認知 A：2.0　在小團體活動中能注意、聆聽並參與
認知 A：3.0　在大團體活動中能注意、聆聽並參與
認知 D：3.0　依序重述事件
認知 E　　　回憶事件（所有目標）
認知 F：2.0　對有關人、物和情境的問題能合理的解釋
認知 G：2.0　玩有規則的遊戲
社會 A：1.0　有玩伴
社會 A：2.0　主動起始合作性的活動

日常作息活動

可提供兒童使用會話規則機會的作息活動如下：

穿著　　　　　　　　　　　點心時間
用餐　　　　　　　　　　　非結構化遊戲時間
走動　　　　　　　　　　　轉換時間
抵達和離開　　　　　　　　沐浴時間
團討時間　　　　　　　　　上床時間

　　範例　早餐時，喬伊父親說：「我們今天要去動物園！」如果喬伊沒有反應，父親就會提示他說：「我們要去看大象和老虎……」（社會溝通 A：2.6）

　　範例　提米的長期目標則在要求澄清、複述，或確認他先前的陳述時，他會用手語提供相關的資訊。提米醒來時打出「要」的手語，他媽媽對著他清楚的說：「你要什麼？」提米回答：「吃。」（社會溝通 A：2.4，用修正的教材）

（下頁續）

（續上頁）

環境安排

■提供促進溝通的材料，並將教室規劃出戲劇／娃娃家活動中心（見第三篇環境安排及第五篇戲劇遊戲活動）。

　　範例　在玩「美容院」遊戲時，兒童在對話中輪流扮演說者和聽者角色。例如：一位兒童問另一位：「你要剪髮嗎？」並等候回應。（社會溝通 A：2.1）

　　範例　拉蒂法打「電話」給朋友喬伊，並說：「嗨，你是誰？」在附近的介入人員期待地注視他且點頭暗示，但喬伊沒有回應，介入人員就直接示範提示：「我是喬伊。」喬伊接著回答：「喬伊。」（社會溝通 A：2.4）

■涉及環境規劃的介入策略包括下列：

安排異質性小組	一點一點的秀出
做選擇	提供支援
故意忘記	故意破壞
看得見但是拿不到	協商
出乎意料之外	

　　範例（做選擇）　在圓圈時間，介入人員讓兒童輪流選擇歌曲，例如兒童說：「我要唱鴨子歌！」（社會溝通 A：2.5）

　　範例（出乎意料之外）　在點心時間，介入人員拿「積木塊」給兒童時，有一個兒童大笑著說：「那點心呢？」（社會溝通 A：2.3）

計畫的活動

　　在此用兩個例子來說明如何將長期目標和相關聯短期目標於活動中。可參考第五篇了解如何針對不同領域的長短期目標設計一套完整的活動。

家人玩偶（見第五篇：玩偶）

　　兒童製作家庭成員的玩偶且準備上演一齣戲（可利用冰箱盒子製作舞台，或是把餐桌倒立）。介入人員透過玩偶溝通，適當的使用會話規則（如：輪流）及當兒童用玩偶彼此對談時，使用會話規則的機會就來了（如：回應改變的話題，回應連帶性的問題），必要時由介入人員提示之。鼓勵兒童演出他們熟悉的事情，如「吃晚餐」，幫助他們集中焦點於會話規則。

（下頁續）

（續上頁）

範例　介入人員籌劃兩個兒童同時為班級演戲的活動機會。介入人員可能需要提示兒童（如：以熱烈的眼神注視他們，示範如何交換）。（社會溝通 A：2.0）

去奶奶家

兒童在玩假裝去奶奶家的遊戲時使用會話規則。他們必須盛裝打扮，藉扮演「奶奶」的角色，介入人員設計兒童練習某些目標的機會，而且為標的技能規劃練習機會。例如：介入人員故意問兒童問題，讓兒童有機會提供相關資訊。在兒童演出時亦步亦趨，以便於必要時就近提示之，本活動亦可修正為一般作息活動中的拜訪，如到朋友家或參加派對。

範例　提米的介入人員知道他喜歡和奶奶一起做餅乾，所以當輪到提米演到奶奶家拜訪時，介入者說：「我要做餅乾。」然後停下來讓提米有機會打手語：「要我幫忙嗎？」（社會溝通 A：2.6，配合修正）

具有相似目標的學前課程教材

下列學前課程教材提供符合此目標或類似目標的資料，介入者如果方便取得一套或多套教材，可參閱指定部分，以索取更多方案策略。

1. 卡羅萊納學前特殊幼兒課程（The Carolina Curriculum for Preschoolers with Special Needs）：會話技能（Conversational skills）

2. 高瞻遠矚幼兒行動課程（High Scope－Young Children in Action）
   (1)語言
   • 用語彙表達感覺。
   • 和其他兒童與大人討論個人意義重大的經驗。
   (2)分類
   • 以各種方式使用及描述物件。

3. 波提奇早期教育指導課程（Portage Guide to Early Education）
   (1)語言
   • 詢問時會適當改變語彙的排序。
   (2)社會
   • 用餐時會加入對話。
   • 加入大人的對話。

圖 5.4　評量、評鑑及課程計畫系統三至六歲課程中的社會溝通領域樣本

自然會提供充分的動機，也可能免除使用人為的制約。

　　活動本位法透過結合目標於兒童感興趣的日常實務活動中來指導某些技能。例如：介入人員不是開設特殊課來教數數，而是利用相關活動來數數（如：數數看參與團討的兒童之數目，點心時數碟子數目，在戶外教學時數有幾棵樹木）。如果有穿線和拉鍊的目標技能，則可利用到戶外玩耍時穿上外套、參與娃娃家時或為娃娃穿衣服。

　　為兒童使用活動本位的方法有不少好處。首先，將待指導的實用技能融入兒童的一般環境中，就是在活動中提供相關前置刺激和後果的概念。當前置刺激和後果與活動相關或成為活動的一部分，就會比較少發生動機和注意力的問題。第二，活動本位的介入涉及類化及維持的議題，指導某一技能不應受限於單一的活動；反之，它應該是由不同介入者和／或家人用各式材料和情境來教導。第三，活動本位介入法也有助於維持設定的目標對兒童的功能性。假如設定的介入技能正是日常作息活動中要使用的技能，則可幫助兒童適應環境的需求。第四個優點是當技能訓練融入日常活動中，其他人如照顧者和同儕就可被當作改變的媒介和教學的資源。第五，活動本位介入可以施用於一群異質性的兒童，兒童可互相成為同儕的範本，並且參與前置刺激和後果事件。例如：在畫圖活動中，兒童拿到不同顏色筆，必須向同伴借其他顏色筆才能完成畫作。莎莉向人借紅色筆的事情就可成為寶拉回應的前置刺激；寶拉的回應（注視、微笑、說話、給顏色筆）就成為莎莉的正向後果。又如果所有兒童都積極參與，活動本身就會愈少老師導引，而且增多兒童的引導了。

　　為一組互異性大的兒童設計一個可將許多不同的個別目標整合在一起的活動，可能相當具有挑戰性。如果選定的活動有一個以上之目的，就可能達成活動本位介入法的眾多目標。例如：美勞課時，剪紙、衛生紙或保麗龍就運用到用直線或曲線剪出形狀的精細動作技能。剪的活動也可能包括語言要素，如果要求兒童告訴他人他在剪什麼（如：我在剪紫色圖形）；或認知要素，如果兒童必須把剪紙依照形狀／大小來分類；或如兒童要與人分享交換物品（如：剪刀、衛生紙），就可達到社會要素。

　　下列一些額外的建議可能有助於設計趣味性高、可誘發動機而且融合個別兒童目標的活動。介入者選擇的活動應該：

　　1. 容許將不同兒童的相似目標組合在一個活動中。

　　2. 容許將一個兒童的不同目標組合在一個活動中。

3. 可因年齡層和技能水準的差異性而調整。

4. 盡量縮減大人的指揮性及協助，並強調兒童主導的活動。

5. 能夠誘發動機而且含有內在的增強物。

要在單一活動中為不同的兒童選擇目標及為同一個兒童選擇不同的目標，的確是頗大的挑戰。為確保活動本位的介入方法對於兒童是有效的，極有必要事前周詳的計畫和組織（有關活動本位介入法的應用詳見 Bricker & Cripe, 1989, 1992）。

☆ 評鑑兒童的進展 [2]

一旦開始介入，介入人員的監控及評鑑兒童的進展有其必要性；如果缺乏關於兒童變化之系統性文件，介入人員及照顧者就無法量測出他們的介入績效。

一個以活動為本位的介入方法能同時進行客觀資料的蒐集，以便正確的評量介入的影響。當療育活動融入持續的日常活動中，欲衡量介入的影響與兒童進展是一件高難度的事。

選擇監管兒童進展的方法要看專業人員的背景及課程資源而定，工作人員訓練得愈好，可獲得的資源愈多，評鑑程序就更精緻；然而，每一個課程都應進行季評鑑與週進度的監管。

季評鑑　每隔三、四個月重新實施評量、評鑑及課程計畫系統測驗，可提供介入人員及照顧者一個有系統的紀錄，掌握兒童達成 IEP/IFSP 長期和短期目標的情況。每季的再次測驗通常因為介入人員已熟悉兒童，就只選擇目前被視為目標的項目進行測驗，所以執行時間就顯著縮短了。季測驗的結果可以呈現在評量、評鑑及課程計畫系統測驗資料的紀錄表上，這些表格的空格可以記錄四次不同時間執行測驗的結果。

鼓勵照顧者每季或每年一次完成評量、評鑑及課程計畫系統家庭報告。定期使用評量、評鑑及課程計畫系統家庭報告，對維持照顧者參與評鑑活動有幫助。家長及照顧者可以使用評量、評鑑及課程計畫系統兒童進展紀錄來監督他們兒童的進展。評量、評鑑及課程計畫系統測驗或家庭報告的結果，可供作評量、評鑑及課程計畫系統兒童每季或每年的進展紀錄分數。

每週監測　每週蒐集兒童對特定介入目標進展的資料，是一個良好的介入之必

---

2 有關兒童進展評鑑更深入的說明，詳見 Bricker 與 Cripe（1992）之著作。

要條件；選擇蒐集資料程序應該符合兒童、家庭、介入人員、情境及療育重點之需求。

給予工作人員及照顧者充分的時間，我們建議用觀察制度來蒐集兒童每週的進展。使用觀察法與建議執行評量、評鑑及課程計畫系統測驗的程序要一致。此外，觀察允許我們在兒童日常生活中取得資料，它也告訴我們兒童的目標是否具有獨立性及功能性的反應。其他策略，例如在開始某一個介入活動之後或之前，做幾次測試也是可行的。每週監測兒童不如確保有系統地評鑑兒童的變化來得重要。

運用一個測試系統時，在可能的情況下，每週應該做一或二次試驗，確定兒童是否達成短期目標。舉例來說，如果兒童正在學習上下樓梯，介入人員在開始教這個目標活動之前，可觀察兒童在下樓梯時的能力（如：沒有嘗試自己走下或走上，不成功或成功的嘗試）。

在以中心為本位的服務模式中，可以藉各種方式來配合課程和兒童的需求，使用測試技巧蒐集資料；介入人員可以每天選擇記錄不同的兒童與團體活動時的資料。例如：星期一可以蒐集凱莉及傑西 IEP/IFSP 的標的項目資料，星期二蒐集丹澤及喬伊 IEP/IFSP 的標的項目資料，依此類推。另一個方法就是在為某領域特定之目標設計的一些活動中，蒐集每個兒童的資料。因之，粗大活動的資料可在戶外活動時，而社會溝通就可在團討時間針對 IEP/IFSP 中有些目標領域加以蒐集。

資料也可以在每一個活動進行的特定時段蒐集，例如：活動的最初或最後十分鐘，或者當機會出現時。例如：動作技巧資料可以安排在兒童收拾教材及準備活動或在戶外時蒐集；社會技巧可在兒童一起進行清理的時間來蒐集。在習得技巧之後（如：已達到標準），應該定期觀察其行為，決定目標技能是否已功能性的使用出來，以及技能是否能類化使用於其他情境。

兒童每週的成果應該以有效的方法摘要呈現，以形成可用的成果。介入人員應該與照顧者一起決定，什麼時機應將結果做成最實用的摘要。

⇛家庭參與

如圖 5.1 所示，家庭參與評量、IEP/IFSP 的設計、介入和評鑑應受到鼓勵及提倡。本節將討論家庭如何涉獵及參與。

☆ 評量

建議以一個三階段的程序來促進家庭參與兒童及家庭優勢與需求的評量：(1)介紹性的晤談；(2)正式的評量；(3)成果與介入計畫的晤談。

介紹性的晤談　家庭評量程序的第一階段是舉行晤談。這個晤談有兩個目的：(1)提供有關課程的資料與說明；(2)建立評量階段中的家庭選擇參與的模式。家庭的個別性使得在方法學上需要彈性。有些照顧者可能選擇獨立完成評量的表格，而有些可能需要協助。在這個會談中重要的是，要讓家庭了解他們的價值與選擇是受到尊重的。

正式的評量　第二階段正式的評量著重由家長取得有關家庭與兒童相關的資料。對於兒童發展年齡範圍從三至六歲的家庭而言，評量、評鑑及課程計畫系統提供兩個可協助取得這些資料的工具：家庭報告及家庭關切事項調查表。

評量、評鑑及課程計畫系統家庭報告將於第十章詳述，它提供照顧者一份有組織的指南，供觀察其兒童行為及記錄觀察結果。本工具設計成可與評量、評鑑及課程計畫系統測驗合併使用（評量、評鑑及課程計畫系統家庭報告，提供介入人員關於照顧者對兒童在主要發展領域的技巧與能力方面的評量資料）。

詳見第九章所述評量、評鑑及課程計畫系統的家庭關切事項調查表，有三十個項目，用來決定家庭對他們的兒童、家庭及社區的關心；家長可針對每一項目表達其優先順序的考量，家長也可以表示他們希望如何接受服務或取得資料。

需要強調的是，所使用的評量程序不應該讓家長感覺有侵犯性；除此之外，重點應該在於確認其優勢與興趣，而不是指出家庭的缺陷或病態原因。但即使是使用具有正向意義的工具，並非每個家庭都會有意願完成正式的評量程序。介入人員的職責是在運用家庭可接受的方法來蒐集相關資料，堅持每個家庭都要遵守既定的準則。

成果與介入計畫的晤談　第三階段是成果與介入計畫的晤談，可以安排在完成家庭評量活動之後。晤談的目的是：(1)確認供發展 IEP/IFSP 長期、短期目標或成果的優先重點；(2)設計介入活動；(3)對每一目標或成果決定一個可接受的評鑑計畫。換言之，這次晤談是為了幫助家庭與介入人員準備參加 IEP/IFSP 會議，使此會議有生產性。

家庭優勢與關切的事項可以直接由「家庭關切事項調查表」中找出來，而兒童

的目標則直接來自「家庭報告」及「評量、評鑑及課程計畫系統測驗」。介入優先事項則應該在專業人員的指導下由家庭來決定選擇。

　　一旦選定優先項目，介入人員最好備有一套晤談詢問的問題來幫助家庭澄清他們的目標與成果，以及達成這些的策略。晤談者應該知道在家庭與專業人員間對價值與優先項目可能會有歧見，不要強迫家庭接受他／她的看法。溝通應該是開放、誠實且共同合作的。

　　無論在晤談時或之後，家庭可以選擇完成一份 IEP/IFSP 計畫指南。這份指南可以列出關於 IEP/IFSP 會議、兒童與家庭優勢、兒童與家庭目標與關切的相關資料。這份 IEP/IFSP 計畫指南範例在第四章中有展示出來。

☆ IEP/IFSP 的設計

　　一個和先前所述有關發展兒童的 IEP/IFSP 長期與短期目標相類似的方法，可以用來研擬家庭成果。家庭成果與針對兒童的 IEP/IFSP 長期與短期目標的行為處方或書寫內容不一樣。一個成果是指家庭認為有助於他們促進兒童發展的陳述，應該以直接的語氣描述即將發生的事情、參與者以及預期的結果。

　　兒童的 IEP/IFSP 長期與短期目標的發展以及家庭成果不應該被視為個別的活動；相反的，IEP/IFSP 會議應該整合這些活動，兒童的長期與短期目標和家庭成果的選擇和撰寫方式應該一致。

　　本書第三篇包含了有關評量、評鑑及課程計畫系統家庭報告、家庭關切事項調查表、兒童進展紀錄及晤談過程的詳細資料；表格樣張則放在附錄 D 之中。

☆ 介入

　　發展良好及謹慎撰寫的兒童目標與家庭成果，可以明確指出家庭在介入活動中參與的狀況。無論如何，盡可能讓家庭成員成為供給兒童介入活動的夥伴。我們要再次強調每個家庭所選擇參與的程序與形式不同，有些家庭可能選擇參與以家為中心的課程，日常療育活動；有的家庭則可能對其兒童的療育活動選擇與兒童共同進行參與。介入人員應尊重家庭的選擇，但如果對兒童有益的話，也應該鼓勵更多參與。

☆ 評鑑

先前已討論過將家長及照顧者納入評鑑過程的重要性，但如果有正式的評鑑程序存在，則介入人員讓家長參與的想法就更可能成功。

評量、評鑑及課程計畫系統家庭報告可以讓家長每季或每年監測兒童在IEP/IFSP長期與短期目標方面的進展。此進展可以使用「評量、評鑑及課程計畫系統兒童進展紀錄」來追蹤，這個表格供家長註明兒童何時達到設定的長期與短期目標通過標準。

⮕ 總結

早期療育課程中經常出現的情況是，評量成果與課程計畫之間的關係是分離且疏遠。通常是指不曾與兒童或家庭共事的人使用工具進行評量，但所獲得的資料對發展 IEP/IFSP 或課程計畫都是毫無用處的，而且使得介入人員及照顧者在發展適當療育目標及後續療育計畫時，感到極度困難。評量、評鑑及課程計畫系統則提供另一個選擇。

高品質的介入服務需要將評量、介入及評鑑過程有系統且直接的連結。本章的內容包含一套在評量資料、發展 IEP/IFSP、介入及評鑑活動之間締造直接聯繫的實用方法。

⮕ 參考文獻

Bricker, D., & Waddell, M. (Eds.). (1996). *Assessment, evaluation, and programming system for infants and children: Vol. 4. AEPS curriculum for three to six years.* Baltimore: Paul H. Brookes Publishing Co.

Bricker, D., & Cripe, J. (1989). Activity-based intervention. In D. Bricker (Ed.), *Early intervention for at-risk and handicapped infants, toddlers and preschool children* (pp. 251–274). Palo Alto, CA: VORT Corp.

Bricker, D., & Cripe, J. (1992). *An activity-based approach to early intervention.* Baltimore: Paul H. Brookes Publishing Co.

Education for All Handicapped Children Act of 1975, PL 94-142. (August 23, 1977). 20 U.S.C. §1401 *et seq.*

Education of the Handicapped Act Amendments of 1986, PL 99-457. (October 8, 1986). 20 U.S.C. §1400 *et seq.*

Individuals with Disabilities Education Act (IDEA) of 1990, PL 101-476. (October 30, 1990). 20 U.S.C. §1400 *et seq.*

Individuals with Disabilities Education Act Amendments of 1991, PL 102-119. (October 7, 1991). 20 U.S.C. §1400 *et seq.*

Notari, A., & Bricker, D. (1990). The utility of a curriculum-based assessment instrument in the development of individualized education plans for infants and young children. *Journal of Early Intervention, 14*(2), 17–32.

Notari, A., & Drinkwater, S. (1991). Best practices for writing child outcomes: An evaluation of two methods. *Topics in Early Childhood Special Education, 11*(3), 92–106.

Notari-Syverson, A., & Shuster, S.L. (1995). Putting real-life skills into IEP/IFSPs for infants and young children. *Teaching Exceptional Children, 27*(2), 29–32.

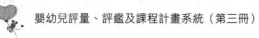

評量、評鑑
及課程計畫系統
測驗施行指南

　　測驗人員在使用評量、評鑑及課程計畫系統測驗之前，最好先熟悉本指南。未遵循指南來實施測驗很可能無效率，而且還可能產生不正確的表現結果。本章包含適當的使用評量、評鑑及課程計畫系統測驗所必要的施行指南。

▶ 內容與組織

　　評量、評鑑及課程計畫系統測驗的內容，涵蓋了幼兒在發展獨立的功能或應付環境需求時必備的行為與特殊技能領域。測驗中包括六個稱為「領域」（domains）的廣泛課程範圍：精細動作、粗大動作、生活適應、認知、社會溝通以及社會，每一個領域均包含一套與發展相關的特定技能或行為。將行為分類至各領域範疇內，常會產生硬將某個技能任意置放於某一個領域而非其他領域的現象（如：將小組／團體中的互動技能放在認知領域而非社會領域）。此外，由於相同或相似的技能可能不只存在一個領域中，以致會發生一些重疊狀況（如：精細動作領域中的打結和拉拉鍊也是生活適應領域中的穿脫技能）。

　　這六個領域被分割成一連串的綱目，即相關行為群，組合在一個共同的類別中。例如：在遊戲中所運用的大肌肉動作行為被歸納在粗大動作的遊戲技能綱目中。每一個綱目中又包含

一串測驗項目，我們稱之為長期目標（goals）；這些目標可發展成為兒童的IEP/IFSP的年度或半年度目標。各領域所包含的綱目與長期目標數目各自不同。除非綱目或長期目標具有相同難度，才會任意排序；否則它們通常是由較容易的排序至較困難的。

配合每一個長期目標的是一組代表區辨性更清晰的技能──被稱為短期目標（objectives）的測驗項目。這些短期目標讓測驗人員得以正確的評定兒童在特定技能系列中的程度。另外，這些短期目標也可以作為兒童IEP/IFSP的短期或季目標。每一長期目標內的短期目標是依上下階層來排列，最困難者最先出現；不過如果技巧無明顯難度的區別，則可以隨意排列。

表示綱目（如：A、B、C）、長期目標（如：G1、G2、G3）及短期目標（如：1.1、1.2、1.3）的辨識系統反映出安排的順序，幫助測驗使用者查詢。有關綱目、長期目標、短期目標的組織架構在第三章內有詳述。至於領域、綱目，以及每一綱目所包含的長期目標與短期目標的完整清單列於表 6.1。

➡ 施測順序

測驗人員可以一次評量一個領域，或是做跨領域的評量。後者的程序顯然較有效率，但須對測驗具有較高的熟悉度。在使用的頭幾次，測驗人員可能透過逐一領域的觀察與記錄資料而取得較正確的結果。測驗人員應該由第一個長期目標開始觀察兒童是否合乎該項目的標準，然後再進行下一個目標。

隨著對測驗熟悉度的增加，測驗人員可以改變成跨領域的評量兒童。例如：在大團體活動中可觀察到認知技能（注視、傾聽、參與小組活動、數數、念押韻詞彙），粗大動作技能（跑、跳），社會技能（服從既定常規），社會溝通技能（描述過去事件所用詞彙、片語）。在家用餐時可觀察精細動作技能（操作兩個小東西），生活適應技能（用刀子塗抹食物、協助清理桌面），認知技能（把物品依據功能重組）及社會技能（尋求大人的許可、滿足自己的飢渴）。最後，有經驗者可同時評量數名兒童。例如：有三個兒童在參與戶外活動時，使用者可以觀察和記錄此三人的社會互動以及遊戲技能。評量、評鑑及課程計畫系統測驗並未要求依照特定的順序來做評量。

表 6.1　評量、評鑑及課程計畫系統測驗領域，綱目以及各綱目中的長期目標與短期目標數目

領域	綱目	長期目標數	短期目標數
精細動作	A：操弄物品	3	5
	B：寫前技能	2	4
		5	**9**
粗大動作	A：站立及行走的平衡和移位	1	1
	B：遊戲技能	5	11
		6	**12**
生活適應	A：飲食	3	13
	B：個人衛生	2	8
	C：穿脫衣物	3	11
		8	**32**
認　　知	A：參與	3	10
	B：概念理解	7	16
	C：分類	1	3
	D：序列	3	3
	E：回憶事件	2	3
	F：問題解決能力	2	5
	G：遊戲	2	5
	H：數學前備技能	4	12
	I：閱讀前備技能	4	7
		28	**64**
社會溝通	A：社會互動性溝通	3	15
	B：詞彙、片語及句子表達	5	20
		8	**35**
社　　會	A：與他人互動	3	10
	B：與環境互動	2	5
	C：認識自我和他人	3	10
		8	**25**
		63	**177**

因為評量、評鑑及課程計畫系統測驗主要是設計成一個觀察的工具，所以很難明訂出執行時所需要的時間。正如前面所指出的，對工具與兒童的熟悉度可以縮短執行的時間；跨領域及跨兒童的評量也會減少執行的時間；季或年度的後續施測通常只花費初次評量的四分之一到一半的時間。一般幼兒所需的評量時間通常比那些擁有較多技能的大兒童來得少。

⮕ 蒐集評量與評鑑資料

評量、評鑑及課程計畫系統測驗包含三種蒐集評量與評鑑資料的方法：觀察、直接測驗以及報告。觀察是較受歡迎的方法。觀察允許測驗人員觀察行為的局部樣貌或形態；行為發生的時間與頻率；以及可能影響幼兒表現的環境因素（如：前因與後果）。雖然觀察是資料蒐集的好方法，但當測驗人員沒有機會在例行活動中觀察一個行為時，即可能需要製造一個情境直接誘發出行為表現（亦即直接測驗）。第三個獲得評量與評鑑資料的方法就是透過報告。報告訊息的來源可能是家長、照顧者、治療師或是如醫學報告類的書面文件。

⮕ 記錄兒童表現和計分

評量、評鑑及課程計畫系統測驗有一系列的紀錄表格供記錄兒童在長期目標與短期目標方面的表現。六個領域中的每一個都有特定的紀錄表。紀錄表的封面上有欄位註明兒童姓名、出生日期、家人姓名、填表人姓名及家庭住址。紀錄表之前端有填寫的說明。圖 6.1 是一份評量、評鑑及課程計畫系統測驗中粗大動作領域紀錄表的部分樣本。

1. 領域（domain）名稱列在紀錄表最上端。

2. 評分代號可用評分標準（scoring key）表示，這些數字登錄於紀錄表的「S欄」格中。

3.「Q 欄」（qualifying notes）將「註解」加以界定。

4. 表示施測週期（test period）（1、2、3 或 4）。同時，評量日期記載於「施測日期」（test date）列，應包括年及月（如：6/95）。施測人員的姓名記載於「施測日期」之下。

❶ 粗大動作領域

❷ S＝評分標準	Q＝註解 ❸
2＝一致的通過 1＝不一致的表現 0＝不通過	A＝提供協助 B＝行為受干擾 R＝由他人報告評量 M＝修改／調整 D＝直接施測

姓名：＿＿＿＿＿＿＿＿＿＿

❹ 施測週期：

施測日期： ／ ／ ／ ／

施測人員：

	IFSP	S	Q	S	Q	S	Q	S	Q
A. 站立及行走的平衡和移位									
❺ G 1. 兩腳交替上下階梯（不扶物）									
1.1 上下階梯（兩腳同階或扶物）	❻	❼							
B. 遊戲技能									
G 1. 雙腳向前跳									
1.1 雙腳原地跳									
1.2 雙腳由低平台跳下來									
1.3 走路時維持平衡									
1.4 單腳站立至少五秒									
G 2. 跑步時會閃避障礙物									
2.1 跑步									
G 3. 拍、接、踢、丟球									
3.1 拍球									
3.2 接球									
3.3 踢球									
3.4 丟球									
G 4. 雙腳交替點跳前進五公尺									
4.1 單腳連續向前跳至少五步									
G 5. 騎兩輪腳踏車至少六公尺遠									
5.1 騎有輔助輪的腳踏車三公尺遠									

本領域原始得分的計算，係由將特定施測週期 S 欄內所得之 2 分及 1 分相加後所得。而本領域百分比分數的計算，則是將原始得分除以最高總分後，再乘以 100 所得。

❽ 結　果

施測日期	＿＿＿＿＿	＿＿＿＿＿	＿＿＿＿＿	＿＿＿＿＿
原始得分	＿＿＿＿＿	＿＿＿＿＿	＿＿＿＿＿	＿＿＿＿＿
最高總分	36	36	36	36
百分比	＿＿＿＿＿	＿＿＿＿＿	＿＿＿＿＿	＿＿＿＿＿

圖 6.1　評量、評鑑及課程計畫系統粗大動作領域紀錄表

5.「評量項目」（assessment items）列在紀錄表的左邊，而且包括綱目、長期目標及短期目標。

*6.*選定兒童的長期目標及／或短期目標後，在「IFSP欄」中被選定項目旁邊格子中打勾表示。

*7.*表現資料（performance data）登錄於後面的四欄中（每測驗週期一欄）。表現資料（即2、1、0分）記錄於「S欄」的空格，而資格註記（如：A、B、M）登錄於「Q欄」的空格。

*8.*評量結果記載於各領域資料紀錄表的下方。

每一份紀錄表格的最後面可供書寫一些表現。

評量、評鑑及課程計畫系統測驗項目的評分有三個選擇：2、1及0分。當兒童一致的表現出特定項目的成功標準，該項目得2分（即通過）；項目評分為2表示兒童能獨立表現該行為，且該行為是功能性的，又可類化於不同情境與人物。當兒童表現不一致時，該項目得1分，表示其表現視情況而定（如：只對某些人或在某些情境才表現出該行為），或者該行為才剛出現不久（如：兒童不完全具備該行為的所有要素）。當兒童始終無法達到標準時，該項目得0分（即觀察不到或不合標準），表示兒童無法表現該行為或者需要全面且持續的協助。在被評為0分之前，必須先確定兒童有充分的機會（如：三或四次可以表現該行為的機會）來反應。

為了決定兒童的反應該評為2、1或0分，每一長期目標或短期目標均有特定的標準。觀察與直接測驗方法的評分標準可能不同，所以在對兒童的反應評分之前，應先確認每個項目的成功標準和評分指導語，例如：觀察兒童是否鬆開拉鍊時（生活適應領域、綱目C、短期目標1.3），兒童能夠一致且獨立的在有意義的情境中表現出此技能，就可獲得2分；但如施測者要直接測驗，兒童就必須在三次嘗試中至少有兩次表現出該行為。在對兒童的反應計分時，必須參照每個題項的通過標準和評分指南。表6.2列出觀察與直接測驗評分標準的摘要。

除了三個評分代號外，資格註記提供測驗人員記錄有關兒童某一技能表現的其他資料。例如：兒童可能使用改良過的器材，例如用溝通板來命名物品及事件。因為兒童表現出命名的概念，在評量、評鑑及課程計畫系統測驗中的項目就評為2分，但必須下一個註解，這是未來在發展後續的療育課程及評鑑時重要的考慮資料。我們贊成障礙兒童將項目修改；然而，發生此情況時，應該使用註解來說明。除非是為了多重或重度障礙兒童，否則不需要另加註解。註解及評分標準指南，請

表 6.2　觀察與直接測驗的評分標準

分數	標準
觀察法	
2＝已觀察到／通過	兒童持續且獨立的表現出符合項目的成功標準,能類化於各種情境和不同的人、事、物的情境。
1＝不一致	兒童無法一致表現出符合項目的成功標準,或行為只是在特定的情況出現,或是僅開始表現。
0＝未觀察到／沒通過	一再地給兒童機會,但仍無法表現出這個行為。
直接測試法	
2＝已觀察到／通過	兒童持續且獨立的表現出符合項目的成功標準,能類化於各種情境和不同的人、事、物的情境。三次測試中至少出現兩次。
1＝不一致	兒童無法一致表現出符合項目的成功標準,或行為只是在特定的情況出現,或是僅開始表現。三次測試中只出現一次。
0＝未觀察到／沒通過	一再地給兒童機會,但仍無法表現出這個行為。三次測試中一次都沒出現。

看表 6.3。圖 6.2 提供一份使用註解的完整紀錄表樣本供參考。

除了標準的紀錄表外,社會溝通領域還有兩份補充性的表格——社會溝通觀察表及社會溝通摘要表,以供記錄兒童的口語、身體語言及會話的表現樣本。這些表格可以用來取得初期的評量資料,然後轉換登錄於標準紀錄表;或者也可以用來做系統化蒐集資料成為更有深度的評量。有關這些表格的使用說明包含於評量、評鑑及課程計畫系統測驗的社會溝通領域中,資料及補充紀錄表的副本則收錄於附錄 D 中。

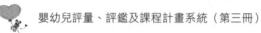
表 6.3　使用評量、評鑑及課程計畫系統資料紀錄表上的資格註記及相關的評分指南

資格註記	評分指南
A	當兒童得到某種形式的協助（assistance）時，則在表現分數欄旁邊的空格註記 A。換算成分數只能是 1 或 0 分，因為 2 分代表完全獨立的表現。協助包括任何直接的口語或身體提示、線索或示範來協助兒童引發或表現出預期的行為。不過，兒童開始做出這行為的一般指令則不是協助。例如：「穿上外套」的指令並不是協助。
B	有時兒童的行為（behavior）會干擾預期技能的表現。這種情形下，該項目可以評為 1 或 0 分，並在表現分數旁註記 B。這個資格註記表示兒童可能有此技巧，但分裂或不服從的行為阻撓表現。
R	當某個項目是經由報告（report）來評量時，表現分數旁註記 R。有三種報告的分數可以選擇使用： 1.當評量資料是由另一個人或是文件資源蒐集而得，該項目可以被評為 2、1 或 0 分並註記 R。 2.因為要評量原始反應（如：兒童由杯中喝牛奶時，評量其吸吮乳頭的技巧）而被認為不適合時，該項目評為 2 分並註記 R。 3.當某一個項目太高層級（如：兒童還不能站立時就評量行走技能）而被認為不適合時，該項目被評為 0 分並註記 R。
M	有時測驗人員需要修正評量的指導方式（如：生活適應的器材）或是既定標準（如：反應比率或模式），以便評量感覺或運動障礙的兒童。評量程序有所修正（modifications）時，表現分數旁註記 M。
D	當某項目的評量經由直接施測（direct test）（測驗人員直接誘發出此行為），表現分數旁註記 D。

⇒ 執行程序

　　六個領域中的每一個皆包含一系列的測驗項目，即長期目標及其相關聯的短期目標。每個項目包含下列資料：領域；綱目；長期目標（G1）或短期目標（1.1）；成功標準；指導語，包括器材、方法（觀察或直接測驗）。雖然沒有強制要求特定

社會領域

S＝評分標準	Q＝註解
2＝一致的通過 1＝不一致的表現 0＝不通過	A＝提供協助 B＝行為受干擾 R＝由他人報告評量 M＝修改／調整 D＝直接施測

姓名：艾利克斯

	施測週期：	1							
	施測日期：	5/95		／		／		／	
	施測人員：	貝老師							
	IFSP	S	Q	S	Q	S	Q	S	Q
A. 與他人互動									
G 1. 有玩伴		2							
1.1 同儕難過或有需求時會回應		2							
1.2 主動接近同儕並持續一段時間		2							
1.3 主動向熟悉的同儕打招呼		2							
1.4 對同儕的情感表達有回應		2							
G 2. 主動起始合作性的活動		1							
2.1 加入他人合作性的活動		2							
2.2 持續參與他人合作性的活動		2							
2.3 分享或交換物品		2							
G 3. 選擇有效的策略解決衝突		0							
3.1 與人妥協解決衝突		0							
3.2 運用簡單的策略解決衝突		1	A						
3.3 聲明並保護自己的所有物		2							
B. 與環境互動									
G 1. 用合宜的方式滿足生理的需求		2							
1.1 不舒服、生病、受傷或疲倦時，能滿足自己的生理需求		2							
1.2 滿足自己明顯的生理需求		2							

（下頁續）

（續上頁）

姓名：艾利克斯

	施測週期：	1			
	施測日期：	5/95	/	/	/
	施測人員：	貝老師			

	IFSP	S	Q	S	Q	S	Q	S	Q
1.3 滿足自己餓和渴的生理需求		2							
G 2. 在家裡和教室以外的場所會遵守特定的規則		1	D						
2.1 尋求大人的許可		2							
2.2 遵守家裡和教室的既定常規		2							
C. 認識自我和他人									
G 1. 表達自己的好惡		2							
1.1 主動進行自己喜愛的活動		2							
1.2 選擇活動和／或物品		2							
G 2. 說出自己和他人的身分資料		1							
2.1 說出自己家的地址		1	D						
2.2 說出自己的電話號碼		1	D						
2.3 知道自己的生日		1							
2.4 說出自己的全名和兄弟姊妹的名字		2							
2.5 知道自己和他人的性別		2							
2.6 知道自己的名字和年齡		2							
G 3. 由自己和他人的行為表現正確辨識出其情感／情緒		1							
3.1 正確辨識他人的情感／情緒		1							
3.2 正確辨識自己的情感／情緒		1							

本領域原始得分的計算，係由將特定施測週期 S 欄內所得之 2 分及 1 分相加後所得。而本領域百分比分數的計算，則是將原始得分除以最高總分後，再乘以 100 所得。

結　果				
施測日期	5/95			
原始得分	52			
最高總分	66	66	66	66
百分比	72%			

圖 6.2　評量、評鑑及課程計畫系統測驗社會領域紀錄表

的施測順序，但在執行評量、評鑑及課程計畫系統測驗時，仍有幾條應該遵守的規則：

規則 1：所有的長期目標均須評量且評分。測驗人員應該排除那些明顯低於或超出兒童發展程度的項目。這些項目可以不經過觀察或測驗該行為而予以評分；測驗人員可以直接評分，但資格註記為 R。項目如果低於兒童發展程度則評 2 分；不過，應在註解欄位中（Q）註明為 R。

相同的，明顯超出兒童發展程度的項目可評為 0 分，且在註解欄註明為 R。不過因為障礙兒童的行為表現經常是參差不齊，因此建議施測者針對疑似超出兒童目前水準的長期目標項目加以評量。

規則 2：如果長期目標被評為 1 分或 0 分，其所有相關的短期目標都必須評量和計分。如果一個長期目標評量的表現不一致（得 1 分者）或不曾發生過（得 0 分者），就必須判定兒童在短期目標的序列中能一致表現的水準。例如：兒童不會穿脫，必須判定在哪個穿脫序列中能一致表現可以一致化的（評為 2 分）。因為如果不針對某個長期目標下面的短期目標評量，視其為潛在能力，則表示無法對兒童的步驟精熟度加以肯定。至於那些明顯超過或低於兒童發展階段的長期目標，只要在註解記錄 R，其短期目標可以評為 2 或 0 分。

雖然對多數兒童而言，通過一個長期目標就確保其所有相關短期目標皆能有令人滿意的表現，但卻也不見得永遠如此。因此，當一個長期目標被評為 2 分時，測驗人員可以選擇（option）評量相關聯的短期目標或假設兒童已達成這些目標，對於那些不依循典型發展模式的兒童而言，尤其適合這麼做。

規則 3：所有的評分項目都應使用代號系統（2、1、0）。這個三碼代號系統考慮到表現的一致性，而且對發展療育計畫有用。雖然有不少項目是經由報告評分的，但是測驗完成時，所有項目應該都以 2、1 或 0 來評分。

規則 4：所有經由直接測驗及／或報告所評量的項目均應註明在資料紀錄表格中。為了區別經由觀察和直接測試，或是經由報告評量的項目，測驗人員應該在評量、評鑑及課程計畫系統測驗資料紀錄表的資格註記欄內填上 D 或 R。大多數的項目經過觀察評量得來，因此，都會有資格註記，但有時使用兩種以上的資格註明是合宜的。

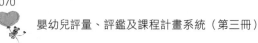
☆ 評量與評鑑的修改

標準化測驗要求依循特定的形式來呈現項目，以及反應必須符合特定的標準。評量、評鑑及課程計畫系統測驗的設計是供高危險群及障礙兒童使用，許多這類兒童無法像發展正常兒童一樣，對標準的呈現方式做出反應或產生典型的反應。與其懲罰這些兒童，評量、評鑑及課程計畫系統測驗反而鼓勵修改或調整項目，以提高兒童成功的可能性。兒童能溝通遠比兒童按照特定方式溝通還要重要；兒童發展移行技巧，比學習遵循一套難以學成既定的移行形態更重要；特別是針對感覺或運動有障礙的兒童，如要他們能成功的表現測驗項目，可能更需要予以修改。評量、評鑑及課程計畫系統提供測驗人員兩個配合這類障礙兒童的修改方法：修改成功標準及修改指導方法。

修改標準　修改標準化的成功標準（如：反應的頻率或方式）。短期目標「會騎二輪腳踏車」，可以改為「大人控制方向把手時，會騎二輪腳踏車」，如此可以讓視覺障礙兒童有通過此項目的機會。

修改指導方法　測驗人員改變項目的器材、兒童的擺位姿勢或執行某項目的標準。例如：說明使用的特殊設備（如：粗柄湯匙）、某個擺位（在楔形墊上做出姿勢），或特殊的步驟（用照片供自閉症兒選擇點心時要吃及喝的內容）。

雖然是鼓勵修改，但重要的是測驗人員能夠將所有的修改方式正確記錄下來。假如將來的評鑑要有效度，那麼這個資料的記錄是必需的。如果沒有指明修改方式，就不可能正確的監測兒童的進展。當一個項目被修改時，測驗人員應該在表現分數旁的資格註記欄填上「M」，並在紀錄表最後的備註欄內註明所使用的修改方式。

常見的修改指南包括下列三種障礙類型：視覺障礙、聽覺障礙、動作障礙。

● 視覺障礙

1.對視覺功能有限制的兒童使用時，測驗人員應該將每項刺激呈現在兒童視覺範圍內（建立每一個兒童的視野）。我們可能需要將物體移近兒童；無論如何，一個大的東西如果放得太近，可能占滿兒童的整個視野以致遮蔽了它外貌的特徵。

2.在評量一個視障兒時，測驗人員應該注意刺激的形象背景對比。例如：若是在一個深色桌面上進行，則應使用較淺色的刺激物。

3.應該使用能提供一種以上的感覺回饋之物體，例如：會發出聲音或光源的物

體，以及觸覺上有趣的教材；應該選擇具有強烈對比（如黑、白、紅、螢光黃）的東西，讓兒童的殘餘視覺表現發揮到最大限制。

4.對一個無法用注視來確認器材的兒童，應該透過身體的接觸來察覺所有物體。例如：可以引導兒童的手到要抓取的東西上，可以幫助兒童表現出本項事情。

5.兒童因為對東西或事情缺乏視覺經驗而無法察覺預期的行為。可以控制兒童的動作，示範預期的行為模式，並且也給予兒童肌感覺的回饋（Kinesthetic feed-back）來完成任務。

● 聽覺障礙

1.將兒童放在最能充分運用感官訊息的位姿。測驗人員應確保兒童是面對說話者，而且位於一個可以看到雙唇、動作或手勢的適當位置。

2.如果兒童有佩帶助聽器，測驗人員應確認助聽器發揮了最大的效果。

3.測驗人員必須了解兒童的溝通系統而且能適當的回應（如：了解及使用手勢）。

● 動作障礙

1.動作障礙的兒童可能對連續動作的行為有困難，並且可能在一系列中將步驟顛倒。例如：要求兒童模仿一系列的動作時，兒童可能做出所有動作或正確的按照順序做出動作。測驗人員可能需要幫助兒童（藉著線索或提示）記住在系列中下一個步驟是什麼。

2.使用改良的設備或更換東西的類型對兒童可能有益。測驗人員應該諮詢物理或職能治療師來決定選擇哪一種改良的設備。

3.當兒童企圖完成一項任務而顯得動作笨拙、不穩定或不協調時，可以得到有助於擺位的設備（如：特殊座椅、楔形墊、枕頭）。

4.為了促進行動無阻並讓兒童更具獨立性，可能需要在他的環境上加以改變（如：樓梯換成斜坡、廁所加裝扶手）。

以專業團隊人員進行評量和評鑑，才可能獲得最有用和正確的資料。尤其重要的是，當兒童有動作或感官知覺障礙時要諮詢專家。當評量與評鑑重度與多重障礙的兒童時，專業團隊人員更是不可或缺。

☆ 評量活動計畫

　　為了確保在評量階段中所觀察到的技巧具有代表性，評量、評鑑及課程計畫系統測驗應該在兒童熟悉的環境中及典型的活動中執行。然而在中心本位的機構以及服務行為比較複雜者，常因為時間和人力的限制，不能在遊戲及常規照顧活動中個別觀察。為了有效的觀察在典型情境中的一群兒童，設計了一套六個評量活動計畫（參考附錄 C 有完整的評量活動計畫），每個計畫中都涵蓋幾個發展領域中之評量、評鑑及課程計畫系統測驗項目。圖 6.3 介紹一個評量活動樣本。在這個活動計畫中，將活動名稱、待評量的領域和進行此活動的器材列出來。接著是活動中可評量的長短期目標，及評量這些項目的指導語。

　　評量活動計畫有一個搭配的紀錄表。本活動中待測的項目可以按照領域、項目編號及項目描述列在資料表的左邊。表格右邊是完整的評量活動計畫紀錄表格，可列出兒童姓名。姓名下面的空格是要記錄兒童的反應。圖 6.4 是一份評量活動計畫紀錄表。

　　評量活動計畫說明很可能在學前班教室中發生。這些活動可能融入日常課程表中，對兒童和工作人員的干擾很小，並且提高對兒童在例行教室活動中表現功能之描述性評量的準確度和動態性。每日課堂評量時間表樣本可見於圖 6.5。

　　如圖 6.6 所示，介入人員可在教室中成立評量站來評量幾組兒童，每個站內進行不同的活動，兒童評量時間輪流轉換於各站中，雖然評量、評鑑及課程計畫系統測驗的項目可能在遊戲和例行活動中發生，但安排兒童跨越各種情境，與不同的人、物互動表現技能的多重機會仍是必要的。如果介入人員安排出一些吸引人，同時又可從事肢體和社會性活動的情境，則大多數的技能可在活動中看得一清二楚，相對的，也可大量減少測驗情境中直接誘發項目技能的要求。

　　評量活動計畫和紀錄表可夾在資料夾板上，放在教室的評量站內，以便利參閱和記錄。盡可能由一個熟悉評量活動計畫的人來控管活動評量時間，同時有第二個人觀察兒童和在「評量活動紀錄表」上記載反應。活動將近結束時，如果還無法評量到該項目技能，或該項表現不一致時，記錄者可商請測驗者誘導某個兒童表現出來。因為活動設計必須有彈性及開放性，而且最終目的是在鼓勵兒童的獨立行為，所以相同的活動計畫可以連續幾天執行。

活　　動：吃點心

評量領域：精細動作、認知、生活適應、社會溝通、社會

器　　材：兒童用杯子、耐摔的碗碟、餐巾、湯匙、刀叉、水壺、葡萄乾、水果、蘇打餅乾、花生醬、蘋果醬、優格

準　　備：水果（如香蕉或蘋果）切成大塊，分裝入碗。到一些果汁入小壺中。活動中允許兒童盡量獨自操作，但為衛生因素，應該每個人只處理自己的食物和餐具。

領域／綱目		標的長短期目標	程序說明
認知 H：	2.3	具有一對一的對應概念	鼓勵兒童點心時間準備餐桌，發給每人一個碗、餐巾等。
社會 C：	1.0	表達自己的好惡	請兒童就座以及討論他們喜歡的食物。
生活適應 A：	2.3	將飲料倒至各種容器中	給兒童裝果汁的水壺，鼓勵兒童自己倒果汁入杯。
生活適應 A：	2.4	用餐具拿取食物放入碗盤	允許兒童用湯匙挖蘋果醬入自己的碗。
生活適應 A：	2.2	使用餐刀塗抹食物	給一個兒童一些餅乾，請她負責傳給每個人。讓兒童用刀子抹花生醬在自己的餅乾上。
生活適應 A：	2.0	餐前準備	拿出一盒葡萄乾，觀察兒童自己處理食物的能力（如：打開盒子，取出葡萄乾放入餐巾或小碟中）。
	2.1	進食前會處理食物	
社會 A：	2.3	分享或交換物品	鼓勵兒童請別人傳遞食物和其他東西給自己。
生活適應 A：	1.0	用適當的餐具進食各種食物，很少掉落	觀察兒童使用適當餐具進食和進飲各種食物的能力。
	1.1	進食多種質地的食物	
	1.2	選擇並進食不同種類的食物	
	1.4	使用叉子和湯匙進食	

（下頁續）

（續上頁）

領域／綱目		標的長短期目標	程序說明
生活適應A：	3.0	表現適當的用餐禮儀	觀察兒童展現合宜進食技能。
	3.1	進食適量食物，開口咀嚼，吞下食物後再吃下一口	
	3.2	每口喝適量飲料，並會將杯子放回桌上	
	3.3	坐在位子上用餐，離座前先徵得同意	
	3.4	餐後用餐巾擦臉和手	
認知E：	1.0	無情境線索下能回憶當天發生的事情	兒童在用點心時，與其討論當天的事（如：「我喜歡這個故事。」或「你今天做哪些事？」）。
	1.1	有情境線索下能回憶當天發生的事情	
認知B：	7.0	具有七個時間關係的概念	觀察兒童在討論事情時使用時間概念（如：「我們是在團討時間『之前』或『之後』聽故事？」兒童也可能說：「爸爸早上去跑步。」或「明天我爺爺會來。」）。
認知D	1.1	依序執行含三個以上步驟、非常態性的指令	兒童吃完點心清理餐桌時，給他們三個步驟的指令（如：把杯子放到水槽，餐巾丟到垃圾桶，椅子推進去）。
生活適應A	3.5	餐後會收拾碗盤	觀察兒童協助整理餐桌的能力。

圖6.3　評量、評鑑及課程計畫系統評量活動計畫樣本

評量、評鑑及課程計畫系統評量活動計畫紀錄表

活　　動：點心
觀察日期：＿＿＿＿＿＿＿

評分：2＝已觀察到行為
　　　1＝不一致的表現
　　　0＝沒觀察到行為

測驗項目	兒童姓名		
	蘇西	約翰	麥克
認知 H：2.3			

圖 6.4　評量活動計畫紀錄表

每堂課評量時間表

時　間	活　動	評量目標
9：00-9：30	到達與自由遊戲	觀察兒童打招呼與人、物互動──社會、認知、社會溝通
9：30-9：50	開始團討時間	觀察兒童對例行作息的熟悉度、模仿動作和口語反應、表達性和接受性溝通能力、參與互動性遊戲能力──社會、認知、社會溝通
9：50-10：10	評量活動 I	成立三個活動站（1、2、3）。將兒童分成 A、B、C 小組，在各站輪流。參與活動課（I、II、III），如圖 6.6
10：10-10：30	評量活動 II	
10：30-10：50	評量活動 III	
10：50-11：10	點心時間	觀察生活適應、認知、動作技能
11：10-11：40	戶外遊戲	觀察粗大動作技能
11：40-12：00	結束前的團討時間	同開始的團討時間

圖 6.5　評量活動時間表

評量站

	做玉米粥	蓋道路和橋梁	為娃娃洗澡
評量活動時間表　Ⅰ	A 組	B 組	C 組
Ⅱ	C 組	A 組	B 組
Ⅲ	B 組	C 組	A 組

A 組＝ Billy、Susie、Amy
B 組＝ Ed、Kathleen、Christopher
C 組＝ Tyler、Chrystal、Gib

圖 6.6　為三組兒童設計跨站活動式評量時間表，每個活動有評量重點領域（「做玉米粥」的標的領域是認知、社會溝通和社會；「蓋道路和橋梁」則是精細動作、粗大動作、認知和社會技能；至於「為娃娃洗澡」包括精細動作、粗大動作、認知、社會溝通以及社會領域的測驗項目）

　　評量活動結束後，把評分從「評量活動紀錄表」移到個別的評量、評鑑及課程計畫系統資料紀錄表，這時是不同專業者分享他們對兒童的觀察互異之處，家長也可以再度加入，分享兒童在運用技能於教室外的重要情境，如自己家裡和托育機構中參與活動的資訊。

⮕ 總結評量的資訊

　　介入起始以前最重要的事情是，運用評量、評鑑及課程計畫系統測驗所取得的資料，發展出一份合適的 IEP/IFSP。衍生 IEP/IFSP 的流程已在第五章中說明，然而在發展 IEP/IFSP 之前，應先綜合摘要出兒童在測驗中的表現。

　　評量、評鑑及課程計畫系統的測驗可以用兩種方法做摘要。第一，計算出兩個數字分數：領域百分比（domain percent score）（單一領域）以及總百分比（total percent score）（所有領域的總合）。第二，文字性敘述兒童的優勢和興趣（即兒童在各領域中的技能摘要）。

☆ 數量的總結

　　六個領域中最常計算的分數是領域的百分比分數，其計算方法是將所有項目中得 2 分和 1 分的項目分數相加的總分，即為「領域原始得分」，登錄在各領域的「結果」欄。再將原始得分除以該領域之最高總分，例如：某個兒童在粗大動作領域獲得原始得分 30 分，而該領域的最高分數為 36 分，所以本領域的百分比為 30 ÷ 36 × 100% ＝ 83%，再將這個百分比數字在紀錄表後面的側面圖上記點。此外，也可以分別計算得 2 分和 1 分項目的百分比。

　　介入人員也可以計算總百分比，將六個領域中所有得 2 分及 1 分的項目相加，即為總原始得分，例如：某個兒童在跨六個領域中獲得 330 分，再除以所有項目之最高總分為 480 分，將總原始得分÷最高總分即可算出百分比。表 6.4 呈現每個領域題項總數以及其最高總分。用同樣的方法，也可以分別算出得 2 分及 1 分項目的百分比。

　　兒童的測驗表現必須被結論呈現出來，才有可能定期監控其進度，我們預期兒童會逐步朝長短期目標進展，這些進展的現象應從各週期中得 2 分的項目數目反應出來。評量、評鑑及課程計畫系統測驗必須每季施行一次評量和評鑑，才可能在一年中形成三至四個總結點於側面圖上。為了有助於本項工作，在評量、評鑑及課程計畫系統資料紀錄表中附上一份摘要表。圖 6.7 即為摘要表的例子。每個測驗週期的登錄點即為一個領域或總領域的百分比分數，可供決定兒童是否逐漸在進步。

表 6.4　評量、評鑑及課程計畫系統測量中各領域題項總數與最高總分

領域	題項總數	最高總分
精細動作	14	28
粗大動作	18	36
生活適應	40	80
認　　知	92	184
社會溝通	43	86
社　　會	33	66
總　　計	240	480

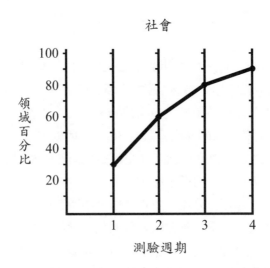

圖 6.7　某兒童四次測驗中在社會領域的百分比登錄側面圖

☆ 敘述性的總結

　　審視過兒童在評量、評鑑及課程計畫系統測驗中的表現後，即可書寫出一份敘述性的摘要報告。先從測驗中找出兒童表現良好的項目（即得 2 分者），以及才剛開始表現的項目（即得 1 分者），這樣做的目的是要透過團隊觀察兒童的樣本中，描述出兒童的功能性技能，以形成其優點和興趣的圖像。

　　傳統上，測驗結果會從缺陷模式的觀點來做摘要，相對的，從評量、評鑑及課程計畫系統測驗形成的敘述性摘要報告，則強調兒童的優點、興趣及弱點，以供選擇 IEP/IFSP 的長期和短期目標。一份立意正向的摘要報告不會忽視兒童可能需要介入的領域；相對的，應會提供團隊一個正確反應兒童目前能力水準的圖像，以及兒童正在發展而又亟須介入的目標。

➠ 總結

　　本章討輪評量、評鑑及課程計畫系統測驗的執行準則，希望有助於測驗者使用精準且有效率的應用本測驗，使用評量、評鑑及課程計畫系統測驗應該遵守一套常規，但測驗者也必須依兒童的個別需求個別化執行這些常規，尤其是針對感官或動

作障礙者。

　　要發展一份有實用功能的 IEP/IFSP，以及能監控兒童的發展進度，蒐集教育與處遇相關的評量／評鑑資料扮演重要的角色。評量、評鑑及課程計畫系統測驗就是為使用者提供兒童的功能性能力資料，如將這些資料與常模比較則是不當的；反之，應用在提供設計 IEP/IFSP 和介入活動則是特別適當的。

評量、評鑑及
課程計畫系統
測驗

第二篇

評量、評鑑
及課程計畫系統
測驗手冊

　　本章是三至六歲發展期的評量、評鑑及課程計畫系統測驗指南，本指南通常也適用於三至九歲生理年齡的兒童。這個測驗是由六個領域組成，每個領域包含一組特定的技能、行為或資訊；傳統上，這些常被視為與發展學相關。

☆ 精細動作領域

　　這個領域透過觀察手臂和手的一些操作，執行進食、穿衣和操弄物品與書寫等活動，來評量精細動作行為。這個領域是測量下列技能的學習和獲取狀況：

- 操弄物品。
- 寫前技能。

☆ 粗大動作領域

　　粗大動作的發展是兒童不斷累積其能力而出現的行為，包括在不同姿勢下維持穩定度（平衡）以變位姿變化（轉位）。粗大動作領域中的項目是測量下列技能的學習和獲取狀況：

- 站立及行走的平衡和移位。

● 遊戲技能。

☆ 生活適應領域

這領域的項目主要是評估用餐技能，如喝飲料和使用刀叉；此外也評量維持個人衛生和穿著的技能。此領域測量下列技能的學習和獲取狀況：

● 飲食。
● 個人衛生。
● 穿脫衣物。

父母及文化價值觀會影響兒童學習的技巧內容及順序。如廁訓練、食物、食具的採用和個人清潔的程度，經常因為文化背景和家庭不同而有區別。介入人員認同這些差異後，應該幫助兒童學習其社會認可的行為（如：用叉子而不用手進食；用衛生紙而不用衣袖擦鼻涕）。缺乏社會認可的技能容易導致兒童在某些情境遭到排斥。

☆ 認知領域

本領域主要是評量兒童參與團體、運用不同的概念、解決問題和回憶的技能。此外也評量兒童將物品和事件分類及序列的能力。正式學習數學和閱讀前的準備以及遊戲技能也在本領域中評量。此領域的項目測量下列技能的學習和獲取狀況：

● 參與。
● 概念理解。
● 分類。
● 序列。
● 回憶事件。
● 問題解決能力。
● 遊戲。
● 數學前備技能。

• 閱讀前備技能。

這個領域中的項目之設計是為了評量兒童在日常活動中是否會運用認知技能，其中有些項目在社會溝通及社會領域中也有相關項目出現。在不同領域觀察兒童行為的重要性有下列理由：第一，傳統的發展學分類（如：社會、認知、語言）屬於武斷的分類。例如：兒童進行想像遊戲或參與教室活動，可同時視為社會及認知的行為；會回憶事件及資訊的能力可同時視為社會、認知或溝通的行為。

第二，行為很可能是跨不同領域中相輔相成。例如：兒童依正確順序執行指令的能力（綱目 D：序列），必須依賴兒童對口語指示的理解能力。又如兒童能說出對未來事件的推測或預估之理由（綱目 F：問題解決能力），依賴其表達性溝通技能。如果兒童沒有能力執行某種工作，介入人員應該自問：「是否因為兒童缺乏另一些行為，以致阻礙他表現出這個行為？」

☆ 社會溝通領域

這個領域的項目根據的理論觀點是：溝通包含三個相互重疊以及關聯的發展領域：(1)內容（透過語言表達意思）；(2)形式（語言的句型學和文法學結構）；(3)運用（在社會內涵中溝通達成的功能）。

社會溝通領域的設計是為了評量兒童在教室／居家活動對話和社交互動中，使用語言和溝通技能的表現。其中的項目主要是測量兒童在下列技能的學習和獲取狀況：

• 社會互動性溝通。
• 詞彙、片語及句子表達。

有兩份表格——社會溝通紀錄表和社會溝通摘要表（見附錄 D），可供蒐集、記錄以及分析兒童的社會溝通行為，我們建議用這些表格或類似表格去評量本領域的表現（表現使用方法詳見本書 242 至 245 頁）。

要提醒使用者，社會溝通領域和認知、社會領域的項目是交錯出現。例如：兒童指認和標名顏色的能力（認知領域的技能），有賴於其對於口語指示（「拿綠色給我。」）或問句（「這是什麼顏色？」）之理解。兒童可能知道這顏色，但是無

法說出適宜的語彙；當一個兒童無法進行某項工作，介入人員應先自問：「是否因為兒童缺乏另一些行為，以致阻礙他表現出這個行為？」

☆ 社會領域

這個領域的設計是為評量兒童與同儕互動、對環境反應，以及對自我和他人的認識。其中的項目主要是測量兒童在下列技能的學習和獲取狀況：

- 與他人互動。
- 與環境互動。
- 認識自我和他人。

社會技能的發展和認知、社會溝通及生活適應技能之發展密切相關，並相輔相成。因之，使用者在檢閱社會領域的評量資料時，也應該同時考慮所有領域的資料，以及文化價值觀對於兒童社會行為的影響。

➠ 測驗手冊的架構

每個測驗領域是由一系列的綱目、長期目標、相關的短期目標和它們的索引編號開始。每個綱目界定後，接著有一列的測驗項目（叫作長期目標和短期目標）。

每個綱目以英文的大寫字母來識別（如：綱目 A、綱目 B、綱目 C），每個長期目標以大寫字母 G 後面加上數字（如：G1、G2、G3）以資辨別，短期目標則是列在長期目標之下，以小數點來指引（如：1.1、1.2、1.3），例如：長期目標 3（G3）的短期目標之索引是 3.1、3.2 和 3.3。

跟隨每個測驗項目的是一個一致性的形式架構，綱目如同長期目標成為短期目標的指引，項目通過之後是施測指導語，同時在適當時間會包含一些對長期／短期目標的參考資訊。

☆ 評分標準

每個項目的評分標準是一致的，採用觀察法時，使用下列的標準：

2 ＝ 兒童持續且獨立的表現出符合項目的成功標準，能類化於各種情境和不同

的人、事、物的情境。

1 ＝ 兒童無法一致表現出符合項目的成功標準，或行為只是在特定的情況出現，或是僅開始表現。

0 ＝ 一再地給兒童機會，但仍無法表現出這個行為。

當採用直接測試（direct test）時，使用下列的標準：

2 ＝ 兒童持續且獨立的表現出符合項目的成功標準，能類化於各種情境和不同的人、事、物的情境。三次測試中至少出現兩次。

1 ＝ 兒童無法一致表現出符合項目的成功標準，或行為只是在特定的情況出現，或是僅開始表現。三次測試中只出現一次。

0 ＝ 一再地給兒童機會，但仍無法表現出這個行為。三次測試中一次都沒出現。

☆ 評量、評鑑及課程計畫系統 ☆

測 驗

❖ 精細動作領域

❖ 粗大動作領域

❖ 生活適應領域

❖ 認知領域

❖ 社會溝通領域

❖ 社會領域

☆ 評量、評鑑及課程計畫系統 ☆

精細動作領域

精細動作領域是藉由兒童在穿衣、操弄物品等活動時，觀察其手臂與手部的動作表現，用以評量其精細動作能力。本領域中的項目主要用來測量下列技能：

- 操弄物品。
- 寫前技能。

綱目 A　操弄物品

長期目標 G1　同時操弄兩個小物品
　短期目標 1.1　同時操弄兩個手掌大小的物品
長期目標 G2　剪曲線構成的形狀
　短期目標 2.1　剪直線構成的形狀
　短期目標 2.2　將紙張剪成兩半
長期目標 G3　綁衣物上的線狀配件
　短期目標 3.1　扣釦子
　短期目標 3.2　扣上並拉合拉鍊

綱目 B　寫前技能

長期目標 G1　仿畫複雜的形狀
　短期目標 1.1　仿畫簡單的形狀
長期目標 G2　書寫自己的名字
　短期目標 2.1　仿寫自己的名字
　短期目標 2.2　書寫簡單筆劃字
　短期目標 2.3　仿寫簡單筆劃字

精細動作領域

綱目 A
操弄物品

長期目標 G1　同時操弄兩個小物品

通過標準

　　兒童會用雙手同時操弄兩件小物品，將它們堆疊或是組裝在一起（如：串小珠珠，堆疊樂高積木，將鑰匙插入掛鎖中，蓋上筆蓋，扣鈕釦）。

施測說明

器材

　　可以裝配或組合在一起的小物品。

方法

　　觀察：觀察兒童用雙手同時操弄兩件小物品，將它們堆疊或是組裝在一起的能力（如：串小珠珠，套接組合玩具，蓋上筆蓋，扣大鈕釦）。

　　直接施測：將可以裝配或組合在一起的小物品放在兒童面前（如：鑰匙和掛鎖、小珠子和線、彩色筆和筆蓋）。觀察兒童用雙手同時操弄兩件小物品，可將它們堆疊或是組裝在一起的能力。

短期目標 1.1　同時操弄兩個手掌大小的物品

通過標準

　　兒童會用雙手同時操弄兩件約手掌般大小的物品，將它們堆疊或是組裝在一起〔如：串小珠子，套接塑膠大珠子（pop beads），將瓶子蓋上瓶蓋，在抹布上塗抹肥皂〕。

施測說明

器材

約兒童手掌大小且可以裝配或組合在一起的小物品。

方法

觀察：觀察兒童用雙手同時操弄兩件約手掌大小般物品，將它們堆疊或是組裝在一起的能力（如：串大珠子，將瓶子蓋上瓶蓋）。

直接施測：將可以裝配或組合在一起約手掌般大小的物品放在兒童面前（如：一塊肥皂和一條抹布，大型的樂高積木）。觀察兒童用雙手同時操弄兩件約手掌般大小的物品，將它們堆疊或是組裝在一起的能力。

長期目標 G2　剪曲線構成的形狀

通過標準

兒童能用剪刀剪出曲線構成的簡單形狀（如：圓形或橢圓形）。兒童可沿著約 0.6 公分寬的曲線將畫在紙上的圖形（直徑至少 7.5 公分）剪下。最理想的是，兒童可用一手的大拇指和食指及中指握住剪刀，另一手拿著紙張。

施測說明

器材

剪刀和畫有形狀的紙張。

方法

觀察：觀察兒童使用剪刀剪出由曲線構成之簡單圖形的能力。

直接施測：將剪刀和畫有圖形的紙張放在兒童面前，觀察兒童使用剪刀剪出有曲線之簡單圖形的能力。

短期目標 2.1　剪直線構成的形狀

通過標準

兒童能用剪刀剪出由直線所構成的簡單形狀（如：正方形、長方形或三角形）。兒童可沿著 0.6 公分寬的線將畫在紙上（直徑至少 7.5 公分）的圖形剪下。最理想的是，兒童可用一手的大拇指和食指及中指握住剪刀，另一手拿著紙張。

精細動作領域

施測說明

器材

剪刀和畫有形狀的紙張。

方法

觀察：觀察兒童使用剪刀剪出由直線所構成之簡單形狀的能力。

直接施測：將剪刀和畫有形狀的紙張放在兒童面前，觀察兒童使用剪刀剪出由直線所構成之簡單形狀的能力。

短期目標 2.2　將紙張剪成兩半

通過標準

兒童能用剪刀將紙張剪成兩半，邊緣可能是不整齊的。最理想的是，兒童可用一手的大拇指和食指及中指握住剪刀，另一手拿著紙張。

施測說明

器材

剪刀和紙張。

方法

觀察：觀察兒童使用剪刀將紙張剪成兩半的能力。

直接施測：將剪刀和紙張放在兒童面前，觀察兒童使用剪刀將紙張剪成兩半的能力。

長期目標 G3　綁衣物上的線狀配件

通過標準

兒童能夠運用功能性的方法將線狀的配件（如：鞋帶、蝴蝶結、繩子）繫好。線狀的配件可以是任何尺寸，而且不一定要在兒童所穿著的衣物上。

施測說明

器材

鞋帶、繩子。

方法

　　觀察：觀察兒童運用功能性的方法繫好線狀配件的能力。例如：兒童可自己繫
　　　　　鞋帶。

　　直接施測：將線狀的配件放在兒童面前並鼓勵他將配件繫好。觀察兒童使用功
　　　　　　　能性的方法來繫好配件的能力。例如：活動結束後，成人可要求兒
　　　　　　　童幫忙用繩子將盒子綁好。

註：本項可與生活適應領域綱目 C 的短期目標 3.1 相互對照參考。

短期目標 3.1　扣鈕子

通過標準

　　兒童能夠運用功能性的方法將鈕釦扣好。鈕釦可以是任何尺寸，而且不一定要
在兒童所穿著的衣物上。

施測說明

器材

　　有鈕釦的衣物或玩具（如：洋娃娃、玩具書）。

方法

　　觀察：觀察兒童運用功能性的方法將鈕釦扣好的能力。例如：兒童可以自己扣
　　　　　好外套上的鈕釦。

　　直接施測：將未扣上鈕釦的物品放在兒童面前（如：衣物、洋娃娃、玩具書），
　　　　　　　鼓勵他將鈕釦扣好。觀察兒童使用功能性的方法將鈕釦扣好的能力。
　　　　　　　例如：在穿衣活動中，成人可以要求兒童幫忙扣上衣的鈕扣。

註：本項可與生活適應領域綱目 C 的短期目標 3.2 相互對照參考。

短期目標 3.2　扣上並拉合拉鍊

通過標準

　　兒童能夠運用功能性的方法扣好拉鍊頭並將拉鍊拉合。拉鍊可以是任何尺寸，
而且不一定要在兒童所穿著的衣物上。

精細動作領域

施測說明

器材

有拉鍊的衣物或物品（如：外套、洋娃娃）。

方法

觀察：觀察兒童運用功能性的方法扣好拉鍊頭並拉上拉鍊的能力。例如：兒童可以扣好外套上的拉鍊頭並將拉鍊拉合。

直接施測：將未拉上拉鍊的物品放在兒童面前，鼓勵他將拉鍊拉合。觀察兒童使用功能性方法扣上拉鍊頭並拉合拉鍊的能力。例如：在玩遊戲的過程中，成人可要求兒童幫洋娃娃外套上的拉鍊拉合。

註：本項可與生活適應領域綱目 C 的短期目標 3.3 相互對照參考。

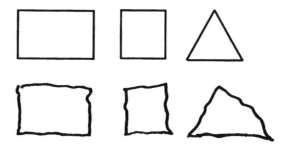

 **綱目 B** 寫前技能

 精細動作領域

長期目標 G1 仿畫複雜的形狀

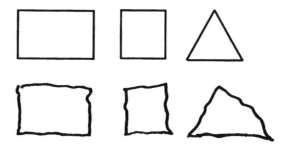

通過標準

　　兒童會依據範例仿畫有角度的形狀（如：長方形、正方形、三角形）。

施測說明

器材

　　畫有複雜形狀的紙卡（範例）、白紙、黑板、粉筆、鉛筆、蠟筆或彩色筆。

方法

　　觀察：觀察兒童依據範例仿畫有角度幾何形狀的能力，例如：長方形、正方形、
　　　　　三角形等。

　　直接施測：提供兒童形狀範例及書寫材料，要求兒童畫出相同形狀。觀察兒童
　　　　　　　仿畫有角度幾何形狀的能力。

短期目標 1.1　仿畫簡單的形狀

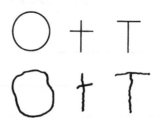

通過標準

　　兒童會依據範例，仿畫曲線或直線的形狀（如：圓形、十字或 T 形）。

施測說明

器材

　　畫有簡單形狀的紙卡（如：圓形、十字或 T 形）、白紙、黑板、粉筆、鉛筆、蠟筆或彩色筆。

方法

　　觀察：觀察兒童依據範例，仿畫曲線或直線等幾何形狀的能力。例如：圓形、
　　　　　十字或 T 形等。

　　直接施測：將畫有幾何形狀的範例及書寫材料放在兒童面前，要求兒童畫一個
　　　　　　　相同的形狀。觀察兒童仿畫曲線或直線等幾何形狀的能力。

長期目標 G2　書寫自己的名字

通過標準

　　兒童能不需範例書寫自己的名字。筆劃有錯誤是可接受的，但字體必須可辨識。

施測說明

器材

　　紙張、書寫工具。

方法

　　觀察：觀察兒童不需範例書寫自己名字的能力。

直接施測：提供兒童紙張及書寫工具，要求他寫出自己的名字。觀察兒童不需範例書寫自己名字的能力。

短期目標 2.1　仿寫自己的名字

通過標準

兒童能依範例仿寫自己的名字。筆劃有錯誤是可接受的，但字體必須可辨識。

施測說明

器材

寫有孩子名字的紙張、書寫工具。

方法

觀察：觀察兒童依據範例仿寫自己名字的能力。

直接施測：提供兒童紙張及書寫工具，要求他仿寫出自己的名字。觀察兒童仿寫自己名字的能力。

短期目標 2.2　書寫簡單筆劃字

通過標準

兒童能不需範例書寫三個簡單筆劃字，筆畫有錯誤是可接受的，但字體必須可辨識。可給予口頭提示（如：「先寫一橫」）。

施測說明

器材

紙張、書寫工具。

方法

觀察：觀察兒童能否不需範例書寫簡單筆劃字。

直接施測：提供兒童紙張及書寫工具，要求他書寫三個簡單筆劃字（如：大、上、小）。觀察兒童能否書寫簡單筆劃字。

註：本項可與認知領域綱目 I 的短期目標 4.1 相互對照參考。若是要給口語提示，必須是兒童熟悉的內容（如：寫一個口）。

精細動作領域

短期目標 2.3　仿寫簡單筆劃字

通過標準

兒童會依範例仿寫三個簡單筆劃字，筆劃有錯誤是可接受的，但字體必須可辨識。

施測說明

器材

印有簡單筆劃字的紙卡，書寫工具。

方法

觀察：觀察兒童能否依範例仿寫簡單筆劃字。

直接施測：將書寫工具及印有簡單筆劃字的紙張，放在兒童面前。觀察兒童能否仿寫三個簡單筆劃字（如：大、上、小）。

註：大、王、中通常是兒童較容易仿寫的字，若是會仿寫這幾個國字，本項即可評為 2 分。

☆ 評量、評鑑及課程計畫系統 ☆

粗大動作領域

粗大動作技能的發展，是指兒童有能力在各種姿勢下保持穩定（維持平衡），並能夠由某個姿勢轉換至另一個姿勢（移位）。本領域中的項目主要用來測量下列技能：

- 站立及行走的平衡和移位。
- 遊戲技能。

綱目 A　站立及行走的平衡和移位

長期目標 G1　兩腳交替上下階梯
　　短期目標 1.1　上下階梯

綱目 B　遊戲技能

長期目標 G1　雙腳向前跳
　　短期目標 1.1　雙腳原地跳
　　短期目標 1.2　雙腳由低平台跳下來
　　短期目標 1.3　走路時維持平衡
　　短期目標 1.4　單腳站立
長期目標 G2　跑步時會閃避障礙物
　　短期目標 2.1　跑步
長期目標 G3　拍、接、踢、丟球
　　短期目標 3.1　拍球
　　短期目標 3.2　接球

粗大動作領域

短期目標 3.3　踢球

短期目標 3.4　丟球

長期目標 G4　雙腳交替點跳前進

短期目標 4.1　單腳連續向前跳

長期目標 G5　騎兩輪腳踏車

短期目標 5.1　騎有輔助輪的腳踏車

綱目 A　站立及行走的平衡和移位

長期目標 G1　兩腳交替上下階梯

通過標準

不扶扶手或牆壁，兒童能兩腳交替上下階梯。

施測說明

器材

階梯、兒童感興趣的物品。

方法

觀察：觀察兒童在不扶扶手或牆壁的情況下，兩腳交替上下階梯的能力。

直接施測：在兒童前方幾個階梯處，放置一個吸引兒童的物品，鼓勵兒童去拿取。觀察兒童不扶扶手或牆壁時，兩腳交替上下階梯的能力。

短期目標 1.1　上下階梯

通過標準

扶扶手或牆壁，兒童能兩腳一階上下階梯。

施測說明

器材

階梯、兒童感興趣的物品。

方法

觀察：觀察兒童在扶扶手或牆壁的情況下，兩腳一階上下階梯的能力。

直接施測：在兒童前方幾個階梯處，放置一個吸引兒童的物品，鼓勵兒童去拿取。觀察兒童扶扶手或牆壁時，兩腳一階上下階梯的能力。

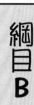

粗大動作領域

| 綱目 B | 遊戲技能 |

長期目標 G1　雙腳向前跳

通過標準

　　兒童會雙腳同時向前跳。理想的姿勢為：在起跳和落地的瞬間，髖、膝及踝關節皆呈屈曲狀態，身體也呈屈蹲姿勢。身體在空中停留的瞬間，雙臂用力往前和往上推，將身體完全伸展。兒童的雙腳同時著地且不會跌倒。大人可先示範。

施測說明

器材

　　細長物品（如：繩子、膠帶、粉筆畫線、棒子）。

方法

　　觀察：觀察兒童雙腳同時向前跳，以及著地時不跌倒的能力。大人可先示範。

　　直接施測：在兒童前方地面放置一條細長物品（如：繩子、膠帶、粉筆畫線、棒子），鼓勵兒童跳過去。觀察兒童雙腳同時向前跳，以及著地時不跌倒的能力。大人可先示範。

短期目標 1.1　雙腳原地跳

通過標準

　　兒童會在原地跳躍。理想的姿勢為：在起跳和落地的瞬間，髖、膝及踝關節皆呈屈曲狀態。身體在空中停留的瞬間，雙臂用力往前和往上推，將身體完全伸展。兒童的雙腳能夠同時著地且不會跌倒。大人可先示範。

施測說明

器材

兒童感興趣的物品。

方法

觀察：觀察兒童原地跳，並且雙腳同時著地不跌倒的能力。大人可先示範。

直接施測：將某物置於兒童正上方，鼓勵他向上跳去觸碰或取拿物品。觀察兒童原地跳，並且雙腳同時著地不跌倒的能力。大人可先示範。

短期目標 1.2　雙腳由低平台跳下來

通過標準

兒童會由較低的平台跳至地面（如：人行道邊緣、低矮的階梯、有點高度的平面）。兒童的雙腳能夠同時著地不跌倒。大人可先示範。

施測說明

器材

低而穩固的平面（如：人行道邊緣、低矮的階梯、有點高度的平面）。

方法

觀察：觀察兒童由一個較低的平面（如：人行道邊緣、低矮的階梯、有點高度的平面）跳至另一平面，並且雙腳能夠同時著地不跌倒的能力。大人可先示範。

直接施測：當兒童站在一個較低的平面（如：人行道邊緣、低矮的階梯、有點高度的平面）上時，鼓勵兒童跳下來。觀察兒童由一個較低的平面跳至另一平面，並且雙腳能夠同時著地不跌倒的能力。大人可先示範。

短期目標 1.3　走路時維持平衡

通過標準

在下列行走活動中，兒童至少有兩項能夠維持平衡：

• 走在 1.8 公尺長 10 公分寬的平衡板上。

- 在直線上走 3 公尺。
- 踮腳尖走 3 公尺。
- 倒退走 3 公尺。
- 用腳後跟走 1.8 公尺。

大人可先示範。

施測說明

器材

10 公分寬的平衡板、用粉筆在地上畫線、在地面上貼膠帶。

方法

觀察：觀察兒童在上述行走活動中，至少有兩項能夠維持動態平衡的能力。大人可先示範。

直接施測：設計一個路徑上有障礙物的遊戲，由前導者帶領，觀察兒童在上述行走活動中，是否至少有兩項能夠維持其動態平衡。

短期目標 1.4　單腳站立

通過標準

兒童會單腳站立維持至少 5 秒。大人可先示範。

施測說明

器材

不需任何器材。

方法

觀察：觀察兒童單腳站立維持至少 5 秒的能力。大人可先示範。

直接施測：在遊戲中鼓勵兒童維持單腳站立。觀察兒童單腳站立維持 5 秒的能力。大人可先示範。

長期目標 G2　跑步時會閃避障礙物

通過標準

兒童在跑步時，會用開始、停止，以及突然改變方向的動作控制技巧來閃避障

礙物。

施測說明

器材

環境中常見的障礙物（如：椅子、桌子、玩具）、有障礙的路徑。

方法

觀察：觀察兒童在跑步時，能以啟動、停止，以及突然改變方向的動作控制技巧來閃避障礙物的能力。

直接施測：設計一條有障礙的路徑，讓兒童輪流跑步穿越。觀察兒童在跑步時，用啟動、停止，以及突然改變方向的動作控制技巧來閃避障礙物的能力。

短期目標 2.1　跑步

通過標準

兒童會跑步。理想的跑步姿勢是：身體些微前傾，雙臂自然擺動，雙腿屈曲及伸直動作交替變換著，且會有一段步態是任何一腳均無呈重的狀態。

施測說明

器材

兒童感興趣的物品。

方法

觀察：觀察兒童跑步的能力。

直接施測：在遊戲中鼓勵兒童跑向一個物品或人。觀察兒童跑步的能力。

長期目標 G3　拍、接、踢、丟球

通過標準

兒童表現出下列球類活動所需的技能：

- 拍。
- 接。
- 踢。

粗大動作領域

- 丟。

施測說明（詳見短期目標 3.1 至 3.4 的施測說明）

註：如果兒童在所有短期目標上都得到 2 分，則長期目標評為 2 分。如果兒童在短期目標上的得分是 0、1 或 2 分的任何一種組合，則長期目標分數評為 1 分。如果兒童在所有短期目標都得到 0 分，則長期目標評為 0 分。

短期目標 3.1　拍球

通過標準

兒童會用單手手掌拍大球（直徑至少 20 公分）彈起至少兩下。理想的姿勢是：兒童拍球時能張開手指，並伸直手肘將球拍向地面。

施測說明

器材

直徑至少 20 公分的球。

方法

觀察：觀察兒童用單手手掌拍彈大球的能力。

直接施測：給兒童一顆大球，並鼓勵他去拍球。大人可先示範。觀察兒童用單手手掌拍球的能力。

短期目標 3.2　接球

通過標準

兒童會用雙手手掌接住直徑至少 15 公分大的球。球是從 1.8 至 3 公尺遠的距離，以低手拋球的方式丟過來。

施測說明

器材

直徑至少 15 公分的球。

方法

觀察：當球丟向兒童時，觀察兒童用雙手手掌接球的能力。

直接施測：將球丟向兒童，並鼓勵兒童去接球。觀察兒童用雙手手掌接球的能

力。

短期目標 3.3　踢球

通過標準

　　兒童會單腳踢固定不動的球並維持平衡。理想的姿勢是：當踢球的腳抬起前後擺盪並向前踢出時，另一隻支撐的腳是微彎的。兒童的身體微向後傾斜，並且用腳趾或腳板來碰球。

施測說明

器材

　　大球。

方法

　　觀察：將大球放在兒童面前，觀察他單腳踢球並維持平衡的能力。

　　直接施測：將大球放在兒童面前，鼓勵他去踢球。必要時可先示範給兒童看。
　　　　　　　觀察兒童單腳踢球並維持平衡的能力。

短期目標 3.4　丟球

通過標準

　　兒童會單手過肩將球向前丟出。理想的姿勢：丟球的手臂要先後舉做準備，再用肩膀及手肘的力量將球丟出。

施測說明

器材

　　手掌大小的球。

方法

　　觀察：觀察兒童單手過肩丟球的能力。

　　直接施測：給兒童一顆球並鼓勵他將球丟向前方目標（如：準備接球的人、目
　　　　　　　標板、桶子）。必要時可先示範給兒童看。觀察兒童以單手過肩的
　　　　　　　方式將球向前丟的能力。

長期目標 G4　雙腳交替點跳前進

通過標準

兒童以雙腳交替點跳的方式，跳躍前進至少 5 公尺。

施測說明

器材

不需要特別的器材，只要是兒童感興趣的物品即可。

方法

觀察：觀察兒童雙腳交替點跳前進至少 5 公尺的能力。

直接施測：鼓勵兒童向某物或人點跳，必要時可先示範此技巧。觀察兒童以雙腳交替點跳的動作，跳躍前進至少 5 公尺的能力。

短期目標 4.1　單腳連續向前跳

通過標準

兒童會單腳連續向前跳五步以上。

施測說明

器材

不需要特別的器材，只要是兒童感興趣的物品即可。

方法

觀察：觀察兒童會單腳向前連續跳五步以上的能力。

直接施測：鼓勵兒童單腳跳向某個物品或人，必要時可先示範此技巧。觀察兒童單腳向前連續跳五步以上的能力。

長期目標 G5　騎兩輪腳踏車

通過標準

兒童會踩兩輪腳踏車踏板前進至少 6 公尺遠。

施測說明

器材

兩輪腳踏車（兒童的腳必須能碰得到地面）。

方法

觀察：當兒童坐在兩輪腳踏車上時，觀察他踩踏板騎行至少 6 公尺遠的能力。

直接施測：讓兒童坐在兩輪腳踏車上，施測者站在腳踏車旁，鼓勵兒童踩踏板前進。觀察兒童騎兩輪腳踏車前進至少 6 公尺遠的能力。

短期目標 5.1　騎有輔助輪的腳踏車

通過標準

坐在有輔助輪的腳踏車上時，兒童會用兩腳踩踏板前進，騎行至少 3 公尺遠。

施測說明

器材

有輔助輪的腳踏車（兒童的腳必須能碰得到地面）。

方法

觀察：當兒童坐在腳踏車上時，觀察他踩踏板並駕車向前行駛至少 3 公尺遠的能力。

直接施測：兒童坐在腳踏車上，施測者站在腳踏車旁，鼓勵兒童踩動踏板前進。觀察兒童踩踏板並駕車向前行駛至少 3 公尺遠的能力。

粗大動作領域

☆ 評量、評鑑及課程計畫系統 ☆

生活適應領域

生活適應領域的項目主要集中在飲食技能，例如：喝飲料及使用湯匙、叉子等餐具進食。同時也包括維護個人衛生及穿衣服方面的技能。本領域中的項目主要用來測量下列技能：

- 飲食。
- 個人衛生。
- 穿脫衣物。

家庭及文化上的價值觀對兒童學習生活適應技能的先後順序影響很大。像是如廁訓練、獨立飲食以及個人清潔等範疇，都會因為家庭觀念及文化上的不同而有差異。在了解這些差異之後，教導兒童學習的生活適應技能必須是一般大眾所能接受的方式（如：吃東西時用叉子而不是用手，擦鼻涕時用面紙而不是用袖子），否則兒童必會受到社會的排拒。

綱目 A　飲食

長期目標 G1　用適當的餐具進食各種食物，很少掉落
　　短期目標 1.1　進食多種質地的食物
　　短期目標 1.2　選擇並進食不同種類的食物
　　短期目標 1.3　使用筷子進食
　　短期目標 1.4　使用叉子和湯匙進食
長期目標 G2　餐前準備
　　短期目標 2.1　進食前會處理食物
　　短期目標 2.2　使用餐刀塗抹食物

生活適應領域

　　短期目標 2.3　將飲料倒至各種容器中

　　短期目標 2.4　用餐具拿取食物放入碗盤

長期目標 G3　表現適當的用餐禮儀

　　短期目標 3.1　進食適量食物，閉口咀嚼，吞下食物後再吃下一口

　　短期目標 3.2　每口喝適量飲料，並會將杯子放回桌上

　　短期目標 3.3　坐在位子上用餐，離座前先徵得同意

　　短期目標 3.4　餐後用餐巾擦臉和手

　　短期目標 3.5　餐後會收拾碗盤

綱目 B　個人衛生

長期目標 G1　獨立完成如廁程序

　　短期目標 1.1　如廁後使用衛生紙、沖馬桶及洗手

　　短期目標 1.2　獨立去廁所大小便

　　短期目標 1.3　主動表示要上廁所

長期目標 G2　獨立完成漱洗程序

　　短期目標 2.1　自己洗澡並擦乾

　　短期目標 2.2　梳理頭髮

　　短期目標 2.3　刷牙及漱口

　　短期目標 2.4　用衛生紙擤鼻涕

　　短期目標 2.5　洗臉並擦乾

綱目 C　穿脫衣物

長期目標 G1　解開衣物的各種繫扣物

　　短期目標 1.1　解開衣物的釦子、按鈕、子母貼等

　　短期目標 1.2　解開線狀的繫扣物

　　短期目標 1.3　解開拉鍊

長期目標 G2　依情境選擇適當的衣物穿著

　　短期目標 2.1　穿上長褲

　　短期目標 2.2　穿上開襟式上衣

　　短期目標 2.3　穿上套頭上衣

短期目標 2.4　穿上內褲、短褲或裙子

短期目標 2.5　穿上鞋子

長期目標 G3　繫好衣物的各種繫扣物

短期目標 3.1　綁線狀的配件

短期目標 3.2　扣上釦子、按鈕、子母貼等

短期目標 3.3　扣上並拉合拉鍊

綱目 A	飲食

長期目標 G1　用適當的餐具進食各種食物，很少掉落

通過標準

兒童會做下列事情：

- 進食多種質地的食物。
- 選擇並進食不同種類的食物。
- 使用筷子進食。
- 使用叉子和湯匙進食。

施測說明（詳見短期目標 1.1 至 1.4 的施測說明）

註：如果兒童在所有短期目標上都得到 2 分，則長期目標評為 2 分。如果兒童在短期目標上的得分是 0、1 或 2 分的任何一種組合，則長期目標分數評為 1 分。如果兒童在所有短期目標都得到 0 分，則長期目標評為 0 分。

短期目標 1.1　進食多種質地的食物

通過標準

兒童能進食不同質地的食物（如：軟的、要咀嚼的）。

施測說明

器材

不同質地的食物，包括：

- 半固體的食物（蘋果泥、優格）。
- 要咀嚼的食物（肉、水果乾）。
- 硬的食物（蘋果、紅蘿蔔或小黃瓜）。

• 軟的食物（香蕉、煮過的青菜、通心麵）。

方法

> 觀察：兒童吃東西時，觀察他吃不同質地食物的能力（如：軟的、要咀嚼的）。

> 直接施測：準備不同質地的食物（如：軟的、要咀嚼的），並鼓勵兒童自己進食。觀察他吃不同質地食物的能力。

短期目標 1.2　選擇並進食不同種類的食物

通過標準

> 兒童會選擇並進食不同種類的食物（如：乳製品、肉類、蔬菜類）。

施測說明

器材

> 不同種類的食物（如：蘋果泥、蔬菜、肉、麵包、水果、起司、優格）。

方法

> 觀察：兒童吃東西時，觀察他選擇並進食不同種類食物的能力（如：乳製品、肉類、水果、蔬菜、麵包）。

> 直接施測：準備不同種類的食物（如：乳製品、肉類、水果、蔬菜、麵包），鼓勵兒童進食。觀察他選擇並進食不同種類食物的能力。

短期目標 1.3　使用筷子進食

通過標準

> 兒童會使用筷子夾食物進食沒有掉落。

施測說明

器材

> 一雙筷子、一碗飯、一盤菜（切絲、切片或塊狀）。

方法

> 觀察：當兒童吃飯時，觀察他使用筷子以及進食時不掉落食物的能力。

> 直接施測：拿出一雙筷子、一碗飯和一盤菜，鼓勵兒童開始進食。觀察他使用筷子，以及進食時沒有掉落食物的能力。

短期目標 1.4　使用叉子和湯匙進食

通過標準

　　兒童會使用叉子及湯匙拿取食物進食沒有掉落。兒童會選擇合適的餐具（如：用湯匙喝湯、用叉子夾肉）。

施測說明

器材

　　切片的食物（如：肉、蔬菜、水果片）；用舀的食物（如：湯、玉米片加牛奶、蘋果泥）；餐具（如：叉子、湯匙、盤子）。

方法

　　觀察：當兒童吃東西時，觀察他選擇合適餐具的能力（如：喝湯用湯匙、夾肉用叉子），使用餐具以及進食時沒有掉落。

　　直接施測：拿出一盤切片食物，一盤流質食物，一個湯匙和叉子，並鼓勵兒童開始進食。觀察他選擇合適餐具（如：用湯匙喝湯、用叉子夾肉）、使用餐具，以及進食時沒有掉落的能力。

長期目標 G2　餐前準備

通過標準

　　兒童在進食前會做下列事情：

- 進食前會處理食物。
- 使用餐刀塗抹食物。
- 將飲料倒至各種容器中。
- 用餐具拿取食物放入碗盤。

施測說明（詳見短期目標 2.1 至 2.4 的施測說明）

註：如果兒童在所有短期目標上都得到 2 分，則長期目標評為 2 分。如果兒童在短期目標上的得分是 0、1 或 2 分的任何一種組合，則長期目標分數評為 1 分。如果兒童在所有短期目標都得到 0 分，則長期目標評為 0 分。

短期目標 2.1　進食前會處理食物

通過標準

兒童會處理食品中不能食用的部分（如：剝皮或去殼、除去外包裝、拉開飲料拉環）。

施測說明

器材

進食前須經過處理的食物（如：香蕉、白煮蛋、有外包裝的糖果、裝在盒子裡的餅乾、有拉環的飲料罐）。

方法

觀察：觀察兒童在進食前會處理食品中不能食用的部分（如：剝香蕉皮、剝糖果紙），或會設法取得食物的能力（如：拉開飲料拉環、打開餅乾盒）。

直接施測：提供兒童進食前須經過處理的食物（如：香蕉、白煮蛋、有外包裝的糖果），並鼓勵兒童開始進食，觀察他處理食品中不能食用的部分（如：剝香蕉皮、剝糖果紙），或會設法取得食物的能力（如：拉開飲料拉環、打開餅乾盒）。

短期目標 2.2　使用餐刀塗抹食物

通過標準

兒童會使用餐刀將可塗抹的食材（如：奶油、花生醬、果醬）塗抹在麵包或餅乾上面，必須保持麵包和餅乾的完整，但不需要十分均勻。

施測說明

器材

餐刀、可塗抹的食材（如：花生醬、奶油、果醬）、麵包或餅乾。

方法

觀察：觀察兒童用餐刀將可塗抹的食材（如：奶油、花生醬、果醬）抹在麵包或餅乾上面的能力，必須保持麵包和餅乾的完整，但不需要十分均勻。

直接施測：提供兒童可塗抹的食材（如：奶油、花生醬、果醬）、餐刀、麵包

或餅乾。觀察兒童用餐刀將可塗抹的食材塗抹在麵包或餅乾上的能力。必須保持麵包和餅乾的完整，但不需要十分均勻。

短期目標 2.3　將飲料倒至各種容器中

通過標準

兒童將飲料從一個容器（如：水壺、瓶子）倒至另一個容器中（如：小茶杯、碗、玻璃杯）。傾倒時飲料不會濺出，也會在溢出前停止。

施測說明

器材

飲料（如：牛奶、果汁、水），倒飲料的容器（如：水壺、瓶子），裝飲料的容器（如：小茶杯、碗、玻璃杯）。

方法

觀察：觀察兒童將飲料從一個容器倒至另一個容器中，且不會濺出或溢出的能力。

直接施測：提供兒童飲料（如：一壺果汁、一瓶水）以及裝飲料的容器（如：小茶杯、碗、玻璃杯），並鼓勵兒童倒飲料。觀察兒童將飲料從一個容器倒至另一個容器中，且不會濺出或溢出的能力。

短期目標 2.4　用餐具拿取食物放入碗盤

通過標準

兒童會使用餐具將食物從一個容器拿到另一個容器中。

施測說明

器材

一碗食物、另一個容器、餐具。

方法

觀察：觀察兒童使用餐具將食物從一個容器拿到另一個容器中的能力。

直接施測：提供兒童一碗食物、餐具和另一個容器。觀察兒童使用餐具將食物從一個容器拿到另一個容器中的能力。

長期目標 G3　表現適當的用餐禮儀

通過標準

兒童會在下列活動中表現出適當的用餐禮儀：

- 進食適量食物，閉口咀嚼，吞下食物後再吃下一口。
- 每口喝適量飲料，並會將杯子放回桌上。
- 坐在位子上用餐，離座前先徵得同意。
- 餐後用餐巾擦臉和手。
- 餐後會收拾碗盤。

施測說明（詳見短期目標 3.1 至 3.5 的施測說明）

註：如果兒童在所有短期目標上都得到 2 分，則長期目標評為 2 分。如果兒童在短期目標上的得分是 0、1 或 2 分的任何一種組合，則長期目標分數評為 1 分。如果兒童在所有短期目標都得到 0 分，則長期目標評為 0 分。

短期目標 3.1　進食適量食物，閉口咀嚼，吞下食物後再吃下一口

通過標準

兒童會進食適量的食物（不會溢出嘴巴），閉口咀嚼，吞下食物後再吃下一口。

施測說明

器材

食物、餐具。

方法

觀察：當兒童進食時，觀察他會進食適量食物（不會溢出嘴巴），閉口咀嚼，吞下食物後再吃下一口的能力。

直接施測：提供兒童食物和餐具，鼓勵兒童進食。觀察他會進食適量的食物（不會溢出嘴巴），閉口咀嚼，吞下食物後再吃下一口的能力。

短期目標 3.2　每口喝適量飲料，並會將杯子放回桌上

通過標準

兒童會喝適量的飲料沒有潑灑，且在喝完整杯飲料前，會將杯子放回桌上至少一次。

施測說明

器材

兒童用杯子或玻璃杯、飲料（如：牛奶、果汁、水）。

方法

觀察：當兒童喝飲料時，觀察他每口飲用適量的飲料而不潑灑，且在喝完前會將杯子放回桌面一次以上的能力。

直接施測：提供杯子和飲料，鼓勵兒童飲用。觀察他每口喝適量的飲料而不潑灑，且在喝完前會將杯子放回桌面一次以上的能力。

短期目標 3.3　坐在位子上用餐，離座前先徵得同意

通過標準

兒童坐在位子上用餐，離座前會先徵得同意。

施測說明

器材

不需任何器材。

方法

觀察：當兒童進食時，觀察他會坐在位子上進食，離座前會先徵得同意的能力。

直接施測：準備好用餐的情境（如：點心時間）。觀察他會坐在位子上進食，離座前會先徵得同意的能力。

短期目標 3.4　餐後用餐巾擦臉和手

通過標準

兒童餐後會用餐巾擦臉和手，大人可協助擦乾淨。

施測說明

器材

　　餐巾、紙巾。

方法

　　觀察：兒童用餐時，觀察他會在需要時使用餐巾擦臉和手的能力，大人可協助擦乾淨。

　　直接施測：在兒童進食時提供餐巾。觀察他會在需要時使用餐巾擦臉和手的能力，大人可協助擦乾淨。

短期目標 3.5　餐後會收拾碗盤

通過標準

　　餐後兒童會將自己的盤子及餐具移開桌面，並放至合適地方（如：水槽、桌上或洗碗機內）。

施測說明

器材

　　碗、杯子、盤子和餐具。

方法

　　觀察：餐後兒童收拾碗盤，觀察他將自己的盤子及餐具移開桌面，並放至合適地方（如：水槽、桌上或洗碗機內）的能力。

　　直接施測：提供用餐情境（如：點心時間），餐後鼓勵兒童收拾碗盤。觀察他將自己的盤子及餐具移開桌面，並放至合適地方（如：水槽、桌上或洗碗機內）的能力。

生活適應領域

綱目 B　個人衛生

長期目標 G1　獨立完成如廁程序

通過標準

　　兒童能主動走到廁所、脫下褲子、使用衛生紙、沖馬桶、穿好褲子、洗手，且能在下次上廁所前不尿濕。可以在提示下完成。

施測說明

器材

　　廁所或小馬桶、洗手台。

方法

　　觀察：觀察兒童主動上廁所、脫下褲子、使用衛生紙、沖馬桶、拉上褲子、洗手的能力，且保持下次上廁所前不尿濕。可以在提示下完成。

　　直接施測：本項目不適合直接施測。

短期目標 1.1　如廁後使用衛生紙、沖馬桶及洗手

通過標準

　　兒童能完成以下的如廁程序：脫下褲子、如廁後使用衛生紙、穿上褲子、沖馬桶和洗手。

施測說明

器材

　　廁所或小馬桶、洗手台。

方法

　　觀察：觀察兒童完成脫下褲子、如廁後使用衛生紙、拉上褲子、沖馬桶及洗手

　　的能力。

　　直接施測：本項目不適合直接施測。

┌──┐
│ 短期目標 1.2　獨立去廁所大小便 │
└──┘

通過標準

　　兒童會主動到廁所大小便，且在下次如廁前維持不尿濕。可以在提示下完成。兒童可能在如廁的步驟上還需要協助（如：脫下和拉上褲子、洗手）。

施測說明

器材

　　廁所或小馬桶、洗手台。

方法

　　觀察：觀察兒童主動到廁所大小便，且在下次如廁前維持不尿濕的能力。可以在提示下完成。兒童可能在如廁的步驟上還需要協助（如：脫下和拉上褲子、洗手）。

　　直接施測：本項目不適合直接施測。

┌──┐
│ 短期目標 1.3　主動表示要上廁所 │
└──┘

通過標準

　　兒童能清楚地向大人表示（如：口語、手語、手勢）要上廁所大小便。

施測說明

器材

　　廁所或小馬桶。

方法

　　觀察：觀察兒童能清楚地向大人表示（如：口語、手語、手勢）要上廁所的能力。

　　直接施測：本項目不適合直接施測。

長期目標 G2　獨立完成漱洗程序

通過標準

兒童能做到下列清洗和修整的技能：

- 自己洗澡並擦乾。
- 梳理頭髮。
- 刷牙及漱口。
- 用衛生紙擤鼻涕。
- 洗臉並擦乾。

施測說明（詳見短期目標 2.1 至 2.5 的施測說明）

註：如果兒童在所有短期目標上都得到 2 分，則長期目標評為 2 分。如果兒童在短期目標上的得分是 0、1 或 2 分的任何一種組合，則長期目標分數評為 1 分。如果兒童在所有短期目標都得到 0 分，則長期目標評為 0 分。

短期目標 2.1　自己洗澡並擦乾

通過標準

兒童會做到下列洗澡的步驟：脫掉衣服、進入浴盆或站在蓮蓬頭下、用肥皂抹身體、沖乾淨、拿浴巾擦乾身體、把浴巾掛回架上。必要時大人可給予提示並協助兒童徹底清洗和擦乾。

施測說明

器材

肥皂、水、毛巾、浴盆或蓮蓬頭。

方法

觀察：觀察兒童自己洗澡和擦乾的能力：脫掉衣服、進入浴盆或站在蓮蓬頭下、用肥皂抹身體、將肥皂沖乾淨、拿浴巾擦乾身體、把浴巾掛回架上。必要時大人可給予提示並協助兒童徹底清洗和擦乾。

直接施測：當兒童需要洗澡時，鼓勵兒童自己去洗，觀察兒童自己洗澡和擦乾的能力：脫掉衣服、進入浴盆或站在蓮蓬頭下、用肥皂抹身體、將肥皂沖乾淨、拿浴巾擦乾身體、把浴巾掛回架上。必要時大人可給

予提示，並協助兒童徹底清洗和擦乾。

短期目標 2.2　梳理頭髮

通過標準

兒童會用梳子梳理頭髮。

施測說明

器材

梳子。

方法

觀察：觀察兒童使用梳子梳理頭髮的能力。

直接施測：當兒童需要梳頭髮時，鼓勵兒童自己使用梳子梳頭髮。

短期目標 2.3　刷牙及漱口

通過標準

兒童會擠牙膏、刷牙和漱口。可以在提示下完成（如：「你下一步要做什麼？」）。

施測說明

器材

牙刷、牙膏、洗手台。

方法

觀察：觀察兒童擠牙膏、刷牙和漱口的能力。可以在提示下完成。

直接施測：在需要時鼓勵兒童去刷牙，觀察兒童擠牙膏、刷牙和漱口的能力。可以在提示下完成。

短期目標 2.4　用衛生紙擤鼻涕

通過標準

兒童會使用面紙擤鼻涕。必要時兒童需要大人協助擤乾淨。

施測說明

器材

衛生紙。

方法

觀察：觀察兒童使用面紙擤或擦鼻涕的能力。必要時兒童需要大人協助擤乾淨。

直接施測：本項目不適合直接施測。

短期目標 2.5　洗臉並擦乾

通過標準

兒童能獨立完成洗臉的步驟：打開水龍頭、抹上洗面乳、把臉洗乾淨、關上水龍頭、用毛巾擦乾、把毛巾掛回架上。

施測說明

器材

洗面乳、水、毛巾、臉盆或洗手台。

方法

觀察：觀察兒童洗臉的能力：打開水龍頭、抹上洗面乳、把臉洗乾淨、關上水龍頭、用毛巾擦乾、把毛巾掛回架上。

直接施測：需要洗臉時，鼓勵兒童自己去洗。觀察他洗臉的能力：打開水龍頭、抹上洗面乳、把臉洗乾淨、關上水龍頭、用毛巾擦乾、把毛巾掛回架上。

綱目 C

穿脱衣物

長期目標 G1　解開衣物的各種繫扣物

通過標準

　　兒童可以做到：

- 解開衣物的釦子、按釦、子母貼等。
- 解開線狀的繫扣物。
- 解開拉鍊。

施測說明（詳見短期目標 1.1 至 1.3 的施測說明）

註：如果兒童在所有短期目標上都得到 2 分，則長期目標評為 2 分。如果兒童在短期目標上的得分是 0、1 或 2 分的任何一種組合，則長期目標分數評為 1 分。如果兒童在所有短期目標都得到 0 分，則長期目標評為 0 分。

```
短期目標 1.1　解開衣物的釦子、按釦、子母貼等
```

通過標準

　　兒童脱衣服時，在不破壞衣服及釦子的情況下，可以做到自己解開釦子、按釦、子母貼等（如：襯衫、上衣、褲子）。

施測說明

器材

　　鞋子、襯衫、褲子上有釦子、按釦、子母貼等。

方法

　　觀察：觀察兒童在不破壞衣物及釦子的情況下，解開釦子、按釦、子母貼等（如：鞋子、襯衫、上衣、褲子）的能力。

直接施測：當兒童穿著有釦子、按鈕、子母貼等的衣物時（如：鞋子、襯衫、褲子、上衣），在適當的時機（如：褲子在運動場上沾到泥巴）鼓勵兒童脫掉。觀察兒童在不破壞衣物及釦子的情況下，解開衣物上釦子、按鈕、子母貼等的能力。

短期目標 1.2　解開線狀的繫扣物

通過標準

　　脫鞋子或衣服時，兒童能在不破壞衣服及繫扣物的情況下，解開線狀繫扣物（如：鞋帶、帽子上的帶子）。

施測說明

器材

　　有鞋帶的鞋子、有帶子的帽子。

方法

　　觀察：觀察兒童在不破壞衣服及繫扣物的情況下，解開線狀繫扣物的能力（如：鞋帶、帽子上的帶子）。

　　直接施測：當兒童穿著有線狀繫扣物的衣物時（如：鞋帶、帽子上的帶子），在適當的時機鼓勵他脫掉（如：兒童從外面進來時）。觀察他在不破壞衣服及繫扣物的情況下，解開線狀繫扣物的能力。

短期目標 1.3　解開拉鍊

通過標準

　　脫衣服時，兒童能在不破壞衣服及拉鍊的情況下，拉下拉鍊並解開拉鍊頭。

施測說明

器材

　　外套、夾克、有拉鍊的上衣。

方法

　　觀察：觀察兒童在不破壞衣服及拉鍊的情況下，拉下拉鍊並解開拉鍊頭的能力。

　　直接施測：當兒童穿著有拉鍊的上衣時（如：外套、夾克），在適當的時機

（如：兒童從外面進來時）鼓勵他脫掉。觀察兒童在不破壞衣服及拉鍊的情況下，拉下拉鍊並解開拉鍊頭的能力。

長期目標 G2　依情境選擇適當的衣物穿著

通過標準

兒童會選擇適當的穿著（如：夏天穿短袖、冬天穿毛衣、睡覺穿睡衣），且能在特定的時間內穿好（如：早餐後）。可以在提示下完成。

施測說明

器材

兒童的衣服。

方法

觀察：觀察兒童選擇適當穿著的能力（如：夏天穿短袖、冬天穿毛衣、睡覺穿睡衣），且在特定的時間內穿好（如：早餐後）。可以在提示下完成。

直接施測：本項目不適合直接施測。

短期目標 2.1　穿上長褲

通過標準

兒童能用任何方式穿上長褲，並拉高至腰部。大人可以協助兒童解開釦子。

施測說明

器材

長褲。

方法

觀察：觀察兒童用任何方式穿上長褲，並拉高至腰部的能力。大人可以協助兒童解開釦子。

直接施測：當兒童需要換褲子時（如：褲子在運動場上沾滿泥巴），鼓勵兒童脫下髒褲子換上另一條。觀察兒童用任何方式穿上長褲，並拉高至腰部的能力。大人可以協助兒童解開釦子。

生活適應領域

短期目標 2.2　穿上開襟式上衣

通過標準

　　兒童能用任何方式穿上中央開襟的上衣（如：襯衫、外套），例如：兒童先穿上一邊的袖子，把衣服從後面拉過來，再穿上另一邊的袖子。大人可以協助兒童解開釦子。

施測說明

器材

　　中央開襟式上衣（如：襯衫、外套）。

方法

　　觀察：觀察兒童用任何方式穿上中央開襟式上衣的能力（如：襯衫、外套），
　　　　　例如：兒童先穿上一邊的袖子，把衣服從後面拉過來，再穿上另一邊的
　　　　　袖子。

　　直接施測：當兒童需要換襯衫時（如：玩水時將襯衫弄濕了），鼓勵兒童脫下
　　　　　　　濕的換上另一件；當兒童要出門時，鼓勵兒童穿上外套。觀察兒童
　　　　　　　用任何方式穿上中央開襟式上衣的能力（如：襯衫、外套），例如：
　　　　　　　兒童先穿上一邊的袖子，把衣服從後面拉過來，再穿上另一邊的袖
　　　　　　　子。

短期目標 2.3　穿上套頭上衣

通過標準

　　兒童能用任何方式穿上套頭上衣（如：Ｔ恤、毛衣）。

施測說明

器材

　　套頭上衣（如：Ｔ恤、毛衣）。

方法

　　觀察：觀察兒童用任何方式穿上套頭上衣的能力（如：Ｔ恤、毛衣）。

　　直接施測：當兒童需要換套頭上衣時（如：Ｔ恤或毛衣髒了），鼓勵兒童脫下

髒的換上另一件。觀察兒童用任何方式穿上套頭上衣的能力（如：
T恤、毛衣）。

短期目標 2.4　穿上內褲、短褲或裙子

通過標準

　　兒童能用任何方式穿上短褲、裙子，並拉高至腰部。大人可以協助兒童解開釦子。

施測說明

器材

　　內褲、短褲、裙子。

方法

　　觀察：觀察兒童用任何方式穿上短褲、裙子，並拉高至腰部的能力。大人可以
　　　　　協助兒童解開釦子。

　　直接施測：鼓勵兒童在適當的時機穿上內褲、短褲、裙子（如：洗澡後、早上
　　　　　　　換衣服時）。觀察兒童用任何方式穿上短褲、裙子，並拉高至腰部
　　　　　　　的能力，大人可協助兒童解開釦子。

短期目標 2.5　穿上鞋子

通過標準

　　兒童能用任何方式穿上鞋子。大人可以協助綁鞋帶。

施測說明

器材

　　鞋子、涼鞋、便鞋。

方法

　　觀察：觀察兒童能用任何方式穿鞋的能力。大人可以協助綁鞋帶。

　　直接施測：鼓勵兒童在適當的時機穿鞋（如：早上換衣服時、出門時）。觀察
　　　　　　　兒童能用任何方式穿鞋的能力。大人可以協助綁鞋帶。

生活適應領域

長期目標 G3　繫好衣物的各種繫扣物

通過標準

兒童可以做到：

- 綁線狀的配件。
- 扣上釦子、按釦、子母貼等。
- 扣上並拉合拉鍊。

施測說明（詳見短期目標 3.1 至 3.3 的施測說明）

註：如果兒童在所有短期目標上都得到 2 分，則長期目標評為 2 分。如果兒童在短期目標上的得分是 0、1 或 2 分的任何一種組合，則長期目標分數評為 1 分。如果兒童在所有短期目標都得到 0 分，則長期目標評為 0 分。

短期目標 3.1　綁線狀的配件

通過標準

穿衣服時，兒童會用任何方式綁線狀的配件（如：鞋帶）。

施測說明

器材

鞋帶、帶子。

方法

觀察：觀察兒童使用任何方式綁線狀配件的能力。

直接施測：鼓勵兒童在適當的時機綁線狀的配件（如：穿鞋子時）。觀察兒童用任何方式綁線狀配件的能力（如：鞋帶）。

註：本項可與精細動作領域綱目 A 的長期目標 G3 相互對照參考。

短期目標 3.2　扣上釦子、按釦、子母貼等

通過標準

穿衣服時，兒童會用任何方式扣上釦子、按釦、子母貼等。

施測說明

器材

外套、襯衫,或有鈕釦的褲子、有子母貼的鞋子。

方法

觀察:觀察兒童用任何方式扣上釦子、按釦、子母貼等的能力。

直接施測:鼓勵兒童在適當的時機扣釦子或穿鞋子(如:穿有鈕釦或按釦的襯衫時,穿有子母貼的鞋子時)。觀察兒童用任何方式扣上釦子、按釦、子母貼等的能力。

註:本項可與精細動作領域綱目 A 的短期目標 3.1 相互對照參考。

短期目標 3.3　扣上並拉合拉鍊

通過標準

穿衣服時,兒童會用任何方式扣上並拉合拉鍊。

施測說明

器材

有拉鍊的外套。

方法

觀察:觀察兒童用任何方式扣上並拉合拉鍊的能力。

直接施測:在適當的時機(如:當兒童穿外套準備外出時),鼓勵他拉上拉鍊。觀察兒童用任何方式扣上並拉合拉鍊的能力。

註:本項可與精細動作領域綱目 A 的短期目標 3.2 相互對照參考。

生活適應領域

☆ 評量、評鑑及課程計畫系統 ☆

認知領域

　　認知領域中的項目主要在測量兒童參與團體的技能、對各種概念的運用，以及問題解決和回憶事件的能力。此外，還要測量兒童對物品及事件的分類和排序能力。同時，數學前備技能、閱讀前備技能以及遊戲技能也包含在認知領域的測量範圍內。本領域的測量項目應包括以下技能的習得：

- 參與。
- 概念理解。
- 分類。
- 序列。
- 回憶事件。
- 問題解決能力。
- 遊戲。
- 數學前備技能。
- 閱讀前備技能。

　　認知領域中各項目的設計係為了評量兒童的認知技能在日常生活中的運用情形。認知領域中的某些項目可與社會溝通領域以及社會領域中的某些項目互相對照參考。在評量過程中，跨不同領域的角度來觀察兒童是很重要的。其原因如下：首先，依照傳統的發展領域來劃分（如：社會、認知、語言）可能有些過於專斷。例如：兒童玩想像性遊戲和參與教室活動，可同時視為社會及認知行為的表現。另外，回憶事件和訊息的能力也可被視為社會、認知或溝通的行為。

　　其次，兒童在不同領域的行為可能互有關聯，某一領域中的行為表現，可能會影響另一領域的行為表現。例如：兒童依正確順序執行指令（綱目 D：序列）的能

力表現，必須倚賴他對口語指令的理解。兒童合理解釋論點或預測未來事情的能力（綱目 F：問題解決能力），必須倚賴其表達性溝通能力。倘若兒童無法執行某個測試項目，介入人員應考慮：「是否兒童缺乏其他某些技能，以至於影響了他在該測試項目的行為表現？」

綱目 A　參與

長期目標 G1　主動開始並完成適齡的活動
短期目標 1.1　對結束活動的指令有回應
短期目標 1.2　對開始活動的指令有回應
長期目標 G2　在小團體活動中能注意、聆聽並參與
短期目標 2.1　在小團體活動中能適當的操弄器材
短期目標 2.2　在小團體活動中對指令有適當的回應
短期目標 2.3　在小團體活動中會適時的注意人、物或事件
短期目標 2.4　在小團體活動中能留在團體裡
長期目標 G3　在大團體活動中能注意、聆聽並參與
短期目標 3.1　在大團體活動中能適當的操弄器材
短期目標 3.2　在大團體活動中對指令有適當的回應
短期目標 3.3　在大團體活動中會適時的注意人、物或事件
短期目標 3.4　在大團體活動中能留在團體裡

綱目 B　概念理解

長期目標 G1　具有八種顏色的概念
短期目標 1.1　具有六種顏色的概念
短期目標 1.2　具有三種顏色的概念
長期目標 G2　具有五種形狀的概念
短期目標 2.1　具有三種形狀的概念
短期目標 2.2　具有一種形狀的概念
長期目標 G3　具有六種尺寸的概念
短期目標 3.1　具有四種尺寸的概念
短期目標 3.2　具有兩種尺寸的概念

長期目標 G4　具有十個「質」的概念

短期目標 4.1　具有六個「質」的概念

短期目標 4.2　具有四個「質」的概念

短期目標 4.3　具有兩個「質」的概念

長期目標 G5　具有八個「量」的概念

短期目標 5.1　具有五個「量」的概念

短期目標 5.2　具有兩個「量」的概念

長期目標 G6　具有十二個空間關係的概念

短期目標 6.1　具有九個空間關係的概念

短期目標 6.2　具有六個空間關係的概念

短期目標 6.3　具有三個空間關係的概念

長期目標 G7　具有七個時間關係的概念

短期目標 7.1　具有五個時間關係的概念

短期目標 7.2　具有三個時間關係的概念

綱目 C　分類

長期目標 G1　依據特定標準將人、物品、事件分類

短期目標 1.1　將人、物品、事件依類別分類

短期目標 1.2　將物品依功能分類

短期目標 1.3　將物品依物理特性分類

綱目 D　序列

長期目標 G1　依序執行含三個以上步驟、非常態性的指令

短期目標 1.1　依序執行含三個以上步驟、常態性的指令

長期目標 G2　依物品的尺寸依序放置

短期目標 2.1　將兩組物品依尺寸配對

長期目標 G3　依序重述事件

短期目標 3.1　依序完成熟悉的故事或事件

認知領域

綱目 E　回憶事件

長期目標 G1　無情境線索下能回憶當天發生的事情
　短期目標 1.1　有情境線索下能回憶當天發生的事情
　短期目標 1.2　能立即回憶剛才發生的事情
長期目標 G2　背誦出順序性語言
　短期目標 2.1　背誦出自己的基本資料

綱目 F　問題解決能力

長期目標 G1　衡量解決問題方法的成效
　短期目標 1.1　建議可行的問題解決方法
　短期目標 1.2　找到達成目標的方法
長期目標 G2　對有關人、物和情境的問題能合理的解釋
　短期目標 2.1　用適當的理由解釋論點
　短期目標 2.2　預測未來或假設的事情
　短期目標 2.3　推測事件可能的原因

綱目 G　遊戲

長期目標 G1　玩想像的遊戲
　短期目標 1.1　扮演或認識角色
　短期目標 1.2　計畫並演出熟悉的事件、主題或故事
　短期目標 1.3　運用想像的道具
長期目標 G2　玩有規則的遊戲
　短期目標 2.1　持續參與活動
　短期目標 2.2　遵守遊戲規則

綱目 H　數學前備技能

長期目標 G1　唱數 1 至 20
　短期目標 1.1　唱數 1 至 10
　短期目標 1.2　唱數 1 至 5

短期目標 1.3　唱數 1 至 3

長期目標 G2　點數十個物品

短期目標 2.1　點數五個物品

短期目標 2.2　點數兩個物品

短期目標 2.3　具有一對一的對應概念

長期目標 G3　指認數字 1 至 10

短期目標 3.1　指認數字 1 至 8

短期目標 3.2　指認數字 1 至 5

短期目標 3.3　指認數字 1 至 3

長期目標 G4　1 至 10 的數字與數量配對

短期目標 4.1　1 至 8 的數字與數量配對

短期目標 4.2　1 至 5 的數字與數量配對

短期目標 4.3　1 至 3 的數字與數量配對

綱目 I　閱讀前備技能

長期目標 G1　具有閱讀的前備技能

短期目標 1.1　功能性的使用書本

短期目標 1.2　描述書中的圖畫

短期目標 1.3　積極參與說故事的活動

長期目標 G2　具有閱讀前的聽覺技能

短期目標 2.1　拼音

短期目標 2.2　說出同韻字

長期目標 G3　看注音符號拼音

短期目標 3.1　念出個別的注音符號

長期目標 G4　念讀國字

短期目標 4.1　指認國字

嬰幼兒評量、評鑑及課程計畫系統（第三冊）

綱目 A　參與

長期目標 G1　主動開始並完成適齡的活動

通過標準

　　未經大人提示，兒童主動開始並完成適齡的活動。例如：在自由活動時間，兒童取下拼圖，將它拼好並放回原位。在自由活動時間，兒童在畫架上畫畫，然後將畫好的圖畫掛起來晾乾。

施測說明

器材

　　各種適齡且兒童感興趣的物品（如：拼圖、水彩顏料、積木、蠟筆和玩偶）。

方法

　　觀察：觀察兒童在未經大人提示時主動開始並完成適齡活動的能力。例如：在自由活動時間，兒童取出積木組，蓋了一個房子，然後將積木收拾好。

　　直接施測：在兒童面前呈現各種適齡的器材和玩具，然後觀察兒童在未經大人提示下，主動開始並完成活動的能力。

短期目標 1.1　對結束活動的指令有回應

通過標準

　　兒童對於他人要求結束活動「第一次」所下的指令即有回應。例如：兒童能立即執行大人要他收拾積木或完成拼圖的指令。

施測說明

器材

　　各種適齡且兒童感興趣的物品。

方法

　　觀察：觀察在大人第一次的要求下，兒童完成活動的能力。

　　直接施測：當兒童想要離開他未完成的活動時，引導兒童去完成那項活動。觀

　　　　　　　察兒童在大人第一次的要求下，完成該活動的能力。

註：本項目可與社會溝通領域綱目 A 的短期目標 2.6 相互對照參考。

短期目標 1.2　對開始活動的指令有回應

通過標準

　　兒童對於他人要求開始活動「第一次」所下的指令即有回應。例如：兒童坐在桌前看著小朋友用蠟筆畫畫，當大人第一次要求他也跟著畫時，兒童就立刻回應拿起筆在紙上畫了起來。

施測說明

器材

　　各種適齡且兒童感興趣的物品。

方法

　　觀察：觀察在大人第一次的要求下，兒童即開始從事活動的能力。例如：兒童

　　　　　正在看其他的小朋友玩拼圖，當大人說：「把這片拼圖拼好。」兒童就

　　　　　立即回應開始動手拼拼圖。

　　直接施測：在兒童面前呈現各種適齡的器材和玩具，同時要求他開始進行活動。

　　　　　　　當大人第一次要求兒童開始活動時，觀察他起始活動的能力。例如：

　　　　　　　當大人要求「去拿紙和蠟筆來畫圖」，兒童就去拿了紙筆並立即開

　　　　　　　始畫畫。

註：本項可與社會溝通領域綱目 A 的短期目標 2.6 相互對照參考。

長期目標 G2 在小團體活動中能注意、聆聽並參與

通過標準

　　在結構化的小團體活動中（五名或更少兒童的小組），兒童表現出下列行為：

　　• 適當的操弄器材。

- 對指令有適當的回應。
- 適時的注意人、物或事件。
- 留在團體裡。
- 大人可給予團體指導來幫助孩子。

施測說明（詳見短期目標 2.1 至 2.4 的施測說明）

註：如果兒童在所有短期目標上都得到 2 分，則長期目標評為 2 分。如果兒童在短期目標上的得分是 0、1 或 2 分的任何一種組合，則長期目標分數評為 1 分。如果兒童在所有短期目標都得到 0 分，則長期目標評為 0 分。

本項目可與社會領域綱目 A 的短期目標 2.1 和 2.2 相互對照參考。

短期目標 2.1　在小團體活動中能適當的操弄器材

通過標準

　　兒童在小團體活動中（五名或更少兒童的小組），能夠依照功能或示範的方式操弄器材。大人可給予團體指導。例如：兒童用模型將黏土做成各種形狀；兒童用鎚子將木釘敲入木釘枱內。

施測說明

器材

　　任何適齡的活動。

方法

　　觀察：在結構化的小團體活動中，觀察兒童依照功能或示範的方式操弄物品或器材的能力。大人可提供指導並示範物品或器材的使用方式。例如：在繪畫活動中，兒童用畫筆蘸顏料罐中的顏料在畫紙上塗鴉。

　　直接施測：本項目不適合直接施測。

短期目標 2.2　在小團體活動中對指令有適當的回應

通過標準

　　在結構化的小團體活動中（五名或更少兒童的小組），兒童對大人在團體中的指令能以適當的口語或動作來回應。例如：在繪畫活動中，兒童依循大人的指令將

畫筆蘸顏料在紙上塗鴉。

施測說明

器材

　　任何適齡的活動。

方法

　　觀察：在小組活動中觀察兒童可否執行大人的要求或指令。例如：在粗大動作
　　　　　活動中，兒童依照大人的指示穿過障礙物前進。

　　直接施測：本項目不適合直接施測。

註：本項目可與社會溝通領域中綱目 A 的短期目標 2.6 相互對照參考。

短期目標 2.3　在小團體活動中會適時的注意人、物或事件

通過標準

　　兒童在結構化的小團體活動中（五名或更少兒童的小組），能夠注意到焦點的
人、物或事件。大人可給予團體指導。例如：當大人在說話時，兒童會注視；兒童
會看著大人所談論內容的主題──玩具火車。

施測說明

器材

　　任何適齡的活動。

方法

　　觀察：在結構化的小團體活動中，觀察兒童是否能注意看活動中的焦點人、物
　　　　　或事件。例如：兒童能夠定睛看著大人正在說明及彈奏的樂器。

　　直接施測：本項目不適合直接施測。

註：本項目可與社會溝通領域綱目 A 的短期目標 3.2 互相對照參考。

短期目標 2.4　在小團體活動中能留在團體裡

通過標準

　　在結構化的小團體活動（五名或更少兒童的小組）進行期間，兒童能夠在座位
上坐好或留在指定的區域內。大人可給予團體指導。例如：從事桌面上的活動時，

認知領域

兒童能夠持續在桌子旁邊坐好。

施測說明

器材

任何適齡的活動。

方法

觀察：在結構化的小團體活動進行期間，觀察兒童可否在座位上坐好或留在指定的區域內。大人可給予團體指導。活動進行的時間可依課程結構或兒童的發展程度而做調整。

直接施測：本項目不適合直接施測。

長期目標 G3　在大團體活動中能注意、聆聽並參與

通過標準

兒童在大團體活動中（有六名或更多兒童的團體）表現出下列行為：

- 適當的操弄器材。
- 對指令有適當的回應。
- 適時的注意人、物或事件。
- 留在團體裡。

大人可給予團體指導來幫助兒童。

施測說明（詳見短期目標 3.1 至 3.4 的施測說明）

註：如果兒童在所有短期目標上都得到 2 分，則長期目標評為 2 分。如果兒童在短期目標上的得分是 0、1 或 2 分的任何一種組合，則長期目標分數評為 1 分。如果兒童在所有短期目標都得到 0 分，則長期目標評為 0 分。

本項目可與社會溝通領域綱目 A 的短期目標 2.6 相互對照參考。

短期目標 3.1　在大團體活動中能適當的操弄器材

通過標準

兒童在大團體活動中（六名或更多兒童的團體），能夠依照功能或示範的方式操弄器材。大人可給予團體指導。例如：兒童在團體遊戲中將球傳給旁邊的小朋友。

施測說明

器材

　　任何適齡的活動。

方法

　　觀察：在結構化的大團體活動中，觀察兒童依照功能或示範的方式操弄物品或
　　　　　器材的能力。大人可提供指導並示範物品及器材的使用方式。例如：團
　　　　　體時間一開始，兒童就隨著進行曲的節拍演奏樂器。

　　直接測試：本項目不適合直接施測。

短期目標 3.2　在大團體活動中對指令有適當的回應

通過標準

　　在結構化的大團體活動中（六名或更多兒童的團體），兒童對大人在團體中的
指令能以適當的口語或動作來回應。例如：在音樂活動中，兒童能夠選擇樂器並依
指令演奏，同時配合音樂邁步前進。

施測說明

器材

　　任何適齡的活動。

方法

　　觀察：在小組活動中觀察兒童是否能執行大人的要求或指令。例如：在音樂活
　　　　　動中，兒童站起來開始玩「老師說」的遊戲，並且能夠跟著模仿動作。

　　直接施測：本項目不適合直接施測。

註：本項目可與社會溝通領域綱目 A 的短期目標 2.6 相互對照參考。

短期目標 3.3　在大團體活動中會適時的注意人、物或事件

通過標準

　　兒童在結構化的大團體活動中（六名或更多兒童的團體），能夠注意到焦點的
人、物或事件。大人可指導整個團體。例如：在玩具分享的活動中，兒童能夠注意
看正在說話的兒童以及他所展示的玩具船。

施測說明

器材

　　任何適齡的活動。

方法

　　觀察：在結構化的大團體活動中，觀察兒童是否能注意看活動焦點中的人、物
　　　　　或事件。例如：當某個小朋友舉高他的玩具車並加以談論時，兒童會注
　　　　　意看那輛車子。

　　直接施測：本項目不適合直接施測。

註：本項目可與社會溝通領域綱目 A 的短期目標 3.2 相互對照參考。

短期目標 3.4　在大團體活動中能留在團體裡

通過標準

　　在結構化的大團體活動（六名或更多兒童的團體）進行期間，兒童能夠在座位
上坐好或留在指定的區域內。大人可提供團體指導。例如：團討時兒童能夠持續在
地板上或椅子上坐好。

施測說明

器材

　　任何適齡的活動。

方法

　　觀察：在結構化的大團體活動進行期間，觀察兒童可否在座位上坐好或留在指
　　　　　定的區域內。大人可提供團體指導。活動進行的時間可依課程結構或兒
　　　　　童的發展程度而做調整。

　　直接施測：本項目不適合直接施測。

概念理解

長期目標 G1　具有八種顏色的概念

通過標準

兒童在執行指令，回答問題，或辨識各項人、事、物時，能夠運用至少八種描述顏色的詞彙。顏色可包括以下所列（但不局限於此）：

　　紅色　　　藍色　　　橘色　　　粉紅色

　　黃色　　　黑色　　　紫色　　　灰色

　　綠色　　　白色　　　咖啡色

例如：當大人說「把車子塗成紅色」時，兒童會選擇紅色的蠟筆開始著色。當小朋友要求「給我一些黃色的積木」時，兒童就交給小朋友一塊黃色的積木。兒童一邊塗著綠色顏料一邊說：「我在畫綠色的房子。」

施測說明

器材

各種兒童感興趣且容易辨識顏色（如：紅色、黃色、綠色、橘色、紫色、咖啡色、藍色、黑色、白色、粉紅色、灰色）的物品。

方法

觀察：觀察兒童可否依顏色來辨識物品。可以是執行有關顏色的指令（如：大人要求兒童：「給我紅色的蠟筆。」兒童就給他紅蠟筆）；或者是正確命名顏色（如：兒童挑了藍色的顏料並說：「我想要藍色。」）。兒童必須能夠正確辨識（指認或命名）八種顏色。

直接施測：呈現至少有四種不同顏色的各類物品，請兒童依指令選取特定的顏色（如：「給我橘色的積木。」）；或者要求兒童命名所呈現物品的顏色（如：「這是什麼顏色？」）。觀察兒童可否正確選擇或命

認知領域

名八種顏色。

註：本項目可與社會溝通領域綱目 B 的短期目標 5.3 相互對照參考。

短期目標 1.1　具有六種顏色的概念

通過標準

兒童在執行指令，回答問題，或辨識各項人、事、物時，能夠運用至少六種描述顏色的詞彙。顏色可包括以下所列（但不局限於此）：

紅色　　藍色　　橘色　　粉紅色
黃色　　黑色　　紫色　　灰色
綠色　　白色　　咖啡色

例如：兒童在點心時間說：「我想要藍色的杯子。」就選了一個藍色的杯子來用。當兒童正要拿外套準備出門時說：「看我的紫色外套。」兒童配合大人「去拿紅色顏料」的指令而選拿紅色的顏料。

施測說明

器材

各種兒童感興趣且容易辨識顏色（如：紅色、黃色、綠色、藍色、黑色、白色、橘色、紫色、咖啡色、粉紅色、灰色）的物品。

方法

觀察：觀察兒童可否依顏色來辨識物品。可以是執行有關顏色的指令（如：大人說：「把黃色的椅子靠桌邊放好。」兒童就去拿黃色的椅子）；或者是正確命名顏色（如：兒童指著穿粉紅外套的小朋友說：「我喜歡你的粉紅外套。」）。兒童必須能夠正確的辨識（指認或命名）六種顏色。

直接施測：呈現至少有四種不同顏色的各類物品，請兒童依指令選取特定顏色（如：「給我橘色的積木。」）；或者要求兒童命名所呈現物品的顏色（如：「這是什麼顏色？」）。觀察兒童可否正確選擇或命名六種顏色。

短期目標 1.2　具有三種顏色的概念

通過標準

　　兒童在執行指令，回答問題，或辨識各項人、事、物時，能夠運用至少三種描述顏色的詞彙。顏色可包括以下所列（但不局限於此）：

　　紅色　　藍色　　橘色　　粉紅色

　　黃色　　黑色　　紫色　　灰色

　　綠色　　白色　　咖啡色

　　例如：兒童指著黃色的鳥說：「那是一隻黃色的鳥。」大人說：「把綠色的車子收好。」兒童就拿起綠色的車子。兒童一邊用黑色的顏料畫畫一邊說：「看我畫的黑色圖畫。」

施測說明

器材

　　各種兒童感興趣且容易辨識顏色（如：紅色、黃色、綠色、藍色、黑色、白色、橘色、紫色、咖啡色、粉紅色、灰色）的物品。

方法

　　觀察：觀察兒童可否依顏色來辨識物品。可以是執行有關顏色的指令（如：大
　　　　　人說：「把橘色的積木放在這裡。」兒童就把橘色的積木放進容器裡）；
　　　　　或者是正確命名顏色（如：兒童蒐集了許多紫色插棒說：「看有這麼多
　　　　　紫色的插棒。」）。兒童必須能夠正確辨識（指認或命名）三種顏色。

　直接施測：呈現至少有四種不同顏色的各類物品，請兒童依指令選取特定顏色
　　　　　　（如：「給我橘色的積木。」）；或者要求兒童命名所呈現物品的
　　　　　　顏色（如：「這是什麼顏色？」）。觀察兒童可否正確選擇或命名
　　　　　　三種顏色。

長期目標 G2　具有五種形狀的概念

通過標準

　　兒童在執行指令，回答問題，或辨識物品時，能夠運用至少五種描述形狀的詞

認知領域

彙。形狀可包括以下所列（但不局限於此）：

| 圓形 | 三角形 | 菱形 |
| 正方形 | 長方形 | 星形 |

例如：在玩形狀板時，兒童能夠依大人的指令「找圓形」而找到圓形。在紙上貼三角形時，兒童說：「這個三角形貼在這裡。」

施測說明

器材

各種兒童感興趣且可辨識形狀的物品（如：圓形、正方形、三角形、長方形、菱形、星形）。

方法

觀察：觀察兒童可否依形狀來辨識物品。兒童可以是正確辨識指令中所指的形狀（如：大人說：「給我三角形。」兒童就把三角形的積木拿給大人）；或者是正確的使用形狀名稱（如：兒童選擇一塊正方形嵌板說：「我把正方形放進去。」）。兒童必須能夠正確辨識（指認或命名）五種形狀。

直接施測：呈現至少三種不同形狀的物品，讓兒童選擇所指定的形狀（如：「給我圓形。」）；或者呈現物品讓兒童命名其形狀（如：「這是什麼形狀？」）。觀察兒童是否能正確指認或命名五種形狀。

註：本項目可與社會溝通領域綱目 B 的短期目標 5.3 相互對照參考。

短期目標 2.1　具有三種形狀的概念

通過標準

兒童在執行指令，回答問題，或辨識物品時，能夠運用至少三種描述形狀的詞彙。形狀可包括以下所列（但不局限於此）：

| 圓形 | 三角形 | 菱形 |
| 正方形 | 長方形 | 星形 |

例如：兒童將圓形放在形狀板中並說：「我把圓形放進去。」在黏貼形狀時，兒童依照大人「現在貼星星」的指令，找到星形並將它貼上。

施測說明

器材

各種兒童感興趣且可辨識形狀的物品（如：圓形、正方形、三角形、長方形、菱形、星形）。

方法

觀察：觀察兒童可否依形狀來辨識物品。可以是正確辨識指令所指的形狀（如：大人說：「給我像圓形的東西。」兒童就把硬幣和釦子拿給大人）；或者是正確使用形狀名稱（如：兒童看到「當心行人」的交通標誌會說：「看！一個三角形。」）。兒童必須能夠正確辨識（指認或命名）三種形狀。

直接施測：呈現至少三種不同形狀的物品，讓兒童選擇所指定的形狀（如：「給我圓形。」）；或者呈現物品讓兒童命名其形狀（如：「這是什麼形狀？」）。觀察兒童可否正確指認或命名三種形狀。

短期目標 2.2　具有一種形狀的概念

通過標準

兒童在執行指令，回答問題，或辨識物品時，能夠運用至少一種描述形狀的詞彙。形狀可包括以下所列（但不局限於此）：

圓形	三角形	菱形
正方形	長方形	星形

例如：大人問：「長方形在哪裡？」兒童會將長方形嵌板交給大人。兒童玩黏土時，用了菱形的切割模型後說：「我有一個菱形。」

施測說明

器材

各種兒童感興趣且可辨識形狀的物品（如：圓形、正方形、三角形、長方形、菱形、星形）。

方法

觀察：觀察兒童可否依形狀來辨識物品。可以是正確辨識指令所指的形狀（如：大人說：「找一個像圓形的東西。」兒童就指向三輪車的輪子）；或者

認知領域

是正確使用形狀名稱（如：兒童拿了一個正方形積木，並說：「正方形排在下面。」）。兒童必須能夠正確辨識（指認或命名）一種形狀。

直接施測：呈現至少三種不同形狀的物品，讓兒童選擇所指定的形狀（如：「給我圓形。」）；或者呈現物品讓兒童命名其形狀（如：「這是什麼形狀？」）。觀察兒童可否正確指認或命名一種形狀。

長期目標 G3　具有六種尺寸的概念

通過標準

兒童在執行指令，回答問題，或者辨識人或物時，能夠運用至少六種描述尺寸的詞彙。相關詞彙可包括以下所列（但不局限於此）：

大的	厚的	小的	瘦的	圓圓胖胖的
高的	薄的	短（矮）的	微小的	非常細小的
少的	胖的	很大的	巨大的	長的

例如：兒童在用不同大小的積木蓋房子時，會依照大人「給我一個小積木」的指令，將一個小積木交給大人。兒童從一堆車子中挑出一輛大的車子，將娃娃放在車上並說：「他想要坐大車子。」

施測說明

器材

各種不同尺寸且兒童感興趣的物品（如：大大小小的積木和車子；有高有矮的娃娃）。

方法

觀察：觀察兒童可否依尺寸來辨識人或物品。可以是正確辨識指令所指的尺寸（如：大人說：「給我大球。」兒童就給他一個大球）；或者是正確使用尺寸名稱（如：兒童選了一塊小塊的蛋糕，並說：「我想要小塊的。」）。兒童必須能夠正確選擇或命名六種不同尺寸名稱的物品。

直接施測：呈現不同尺寸的物品，並要求兒童選擇所指定的物品（如：「給我大支的畫筆。」）；或者要求兒童辨識所呈現物品的尺寸（如：「這是什麼尺寸的球？」）觀察兒童能否正確選擇或命名六種有關尺寸的詞彙。

註：本項目可與社會溝通領域綱目 B 的短期目標 5.3 相互對照參考。

短期目標 3.1　具有四種尺寸的概念

通過標準

　　兒童在執行指令，回答問題，或者辨識人或物時，能夠運用至少四種描述尺寸的詞彙。相關詞彙可包括以下所列（但不局限於此）：

大的	厚的	小的	瘦的	圓圓胖胖的
高的	薄的	短（矮）的	微小的	非常細小的
少的	胖的	很大的	巨大的	長的

　　例如：當大人問：「高的人在哪裡？」兒童會指向大人。當兒童看到娃娃的頭髮和梳子時說：「她要用小的梳子。」

施測說明

器材

　　各種不同尺寸且兒童感興趣的物品（如：大大小小的積木和車子；有高有矮的娃娃）。

方法

　　觀察：觀察兒童可否依尺寸來辨識人或物品。可以是正確辨識指令所指的尺寸（如：大人說：「從小水壺倒果汁。」兒童就從小水壺裡倒出果汁）；或者是正確使用尺寸名稱（如：兒童邊用粉筆畫畫邊說：「我畫了一條好長的線。」）。兒童必須能夠正確選擇或命名四種不同尺寸名稱的物品。

　　直接施測：呈現不同尺寸的物品，要兒童選擇所指定的物品（如：「給我大支的畫筆。」）；或是要兒童辨識所呈現物品的尺寸（如：「這是什麼尺寸的球？」）觀察兒童能否正確選擇或命名四種有關尺寸的詞彙。

認知領域

短期目標 3.2　具有兩種尺寸的概念

通過標準

　　兒童在執行指令，回答問題，或者辨識人或物時，能夠運用至少兩種描述尺寸的詞彙。相關詞彙可包括以下所列（但不局限於此）：

大的	厚的	小的	瘦的	圓圓胖胖的
高的	薄的	短（矮）的	微小的	非常細小的
少的	胖的	很大的	巨大的	長的

　　例如：著色時兒童選擇「胖胖粗粗的」蠟筆，並說：「我的紅蠟筆胖胖的。」大人要求：「給我大球。」兒童就去拿了一個大球給他。

施測說明

器材

　　各種不同尺寸且兒童感興趣的物品（如：大大小小的積木和車子；有高有矮的娃娃）。

方法

　　觀察：觀察兒童可否依尺寸來辨識人或物品。可以是正確辨識指令所指的尺寸（如：大人說：「把小積木放在這裡。」兒童就將小積木放入容器中）；或者是正確使用尺寸名稱（如：兒童拿起一根剪短的吸管說：「這是短的。」）。兒童必須能夠正確選擇或命名兩種不同尺寸名稱的物品。

　　直接施測：呈現不同尺寸的物品，要兒童選擇所指定的物品（如：「給我大支的畫筆。」）；或是要兒童辨識所呈現物品的尺寸（如：「這是什麼尺寸的球？」）。觀察兒童能否正確選擇或命名四種有關尺寸的詞彙。

長期目標 G4　具有十個「質」的概念

通過標準

　　兒童在執行指令，回答問題，或者辨識人、事、物時，能夠運用至少十個描述「質」的詞彙。相關詞彙可包括以下所列（但不局限於此）：

熱的	硬的	輕的	冷的	不同的

軟的	相同的	大聲的	酸的	安靜的
好的	粗糙的	重的	濕的	慢的
壞的	平滑的	乾的	甜的	快的

例如：美勞活動時，大人說：「把膠水塗在平滑的紙上。」兒童能依照指示由各種不同材質的紙張中挑出平滑的紙來。

施測說明

器材

具各種不同「質感」特色且兒童感興趣的物品。

方法

觀察：觀察兒童可否依據「質」的詞彙來辨識人、事、物。可以是正確辨識指令中有關「質」的詞彙（如：在美勞活動中，當大人指示「挑一些軟軟的東西來做雪人」時，兒童會從各種不同材質的材料中找出棉花）；或者是能夠正確使用有關「質」的詞彙（如：兒童轉開水龍頭說：「水太冷了。」並將水溫調到適當的溫度）。兒童必須能夠正確選擇或使用至少十個「質」的詞彙來描述物品質感。

直接施測：呈現具各種不同「質感」的物品，要兒童選擇所指定的項目（如：「給我粗粗的那一個。」）；或者要兒童說出所呈現物品的「質感」特色為何（如：「石頭摸起來感覺怎樣？」「冰淇淋嘗起來感覺如何？」）。觀察兒童能否正確選擇並使用至少十個「質」的詞彙來描述物品質感。

註：本項目可與社會溝通領域綱目 B 的短期目標 5.3 相互對照參考。

短期目標 4.1　具有六個「質」的概念

通過標準

兒童在執行指令，回答問題，或者辨識人、事、物時，能夠使用至少六個描述「質」的詞彙。相關詞彙可包括以下所列（但不局限於此）：

熱的	硬的	輕的	冷的	不同的
軟的	相同的	大聲的	酸的	安靜的
好的	粗糙的	重的	濕的	慢的

壞的　　平滑的　　乾的　　　甜的　　快的

　　例如：兒童提著裝滿玩具的籃子說：「好重！」兒童能夠依照指令「找出不一樣的」，從一堆黃色積木中挑出紅色的積木。

施測說明

器材

　　具各種不同「質感」特色且兒童感興趣的物品。

方法

　　觀察：觀察兒童可否依據「質」的詞彙來辨識人、事、物。可以是正確辨識指
　　　　　令中有關「質」的詞彙（如：在音樂活動中，當大人指示「這邊要大聲
　　　　　唱」時，兒童就提高音量）；或者是能夠正確使用有關「質」的詞彙
　　　　　（如：兒童由一堆不同材質的正方形中選出砂紙說：「這是粗糙
　　　　　的。」）。兒童必須能夠正確選擇或使用至少六個「質」的詞彙來描述
　　　　　物品質感。

　　直接測試：呈現具各種不同「質感」的物品，要兒童選擇所指定的項目（如：
　　　　　　　「給我粗糙的那一個。」）；或者要兒童說出所呈現物品的「質感」
　　　　　　　特色為何（如：「石頭摸起來感覺怎樣？」「冰淇淋嘗起來感覺如
　　　　　　　何？」）。觀察兒童是否能正確選擇並運用至少六個「質」的詞彙
　　　　　　　來描述物品質感。

短期目標 4.2　具有四個「質」的概念

通過標準

　　兒童在執行指令，回答問題，或者辨識人、事、物時，能夠運用至少四種描述
「質」的詞彙。相關詞彙可包括以下所列（但不局限於此）：

熱的	硬的	輕的	冷的	不同的
軟的	相同的	大聲的	酸的	安靜的
好的	粗糙的	重的	濕的	慢的
壞的	平滑的	乾的	甜的	快的

　　例如：兒童摸著洗澡水說：「好燙！」兒童能正確的說：「我的褲子是乾的。」

施測說明

器材

　　具各種不同「質感」特色且兒童感興趣的物品。

方法

　觀察：觀察兒童可否依據「質」的詞彙來辨識人、事、物。可以是正確辨識指
　　　　令中有關「質」的詞彙（如：在律動活動中，當音樂說「大象走得非常
　　　　慢」時，兒童就緩步行走）；或者是能夠正確使用有關「質」的詞彙
　　　　（如：兒童在盪鞦韆時說：「我盪得好快！」）。兒童必須能夠正確選
　　　　擇或運用至少四個「質」的詞彙來描述物品質感。

　直接施測：呈現具各種不同「質感」的物品，要兒童選擇所指定的項目（如：
　　　　　　「給我粗糙的那一個。」）；或者要兒童說出所呈現物品的「質感」
　　　　　　特色為何（如：「石頭摸起來感覺怎樣？」「冰淇淋嘗起來感覺如
　　　　　　何？」）。觀察兒童可否正確選擇並使用至少四個「質」的詞彙來
　　　　　　描述物品質感。

> **短期目標 4.3　具有兩個「質」的概念**

通過標準

　　兒童在執行指令，回答問題，或者辨識人、事、物時，能夠使用至少兩個描述
「質」的詞彙。相關詞彙可包括以下所列（但不局限於此）：

熱的	硬的	輕的	冷的	不同的
軟的	相同的	大聲的	酸的	安靜的
好的	粗糙的	重的	濕的	緩慢的
壞的	平滑的	乾的	甜的	快速的

　　例如：在美勞活動中，當大人指示「挑一些軟軟的東西來做雲」時，兒童會從
各種不同材質的材料中找出棉花。兒童的手指從手印畫顏料中伸出時說：「我的手
濕濕的。」

施測說明

器材

　　各種具有「質感」特色且兒童感興趣的物品。

認知領域

方法

觀察：觀察兒童可否依據「質」的詞彙來辨識人、事、物。可以是正確辨識指令中有關「質」的詞彙（如：大人指示：「撿起這個重的石頭。」兒童就將「重」石頭挑出來）；或者是能夠正確使用有關「質」的詞彙（如：兒童脫掉外套時說：「穿外套太熱了。」）。兒童必須能夠正確選擇或使用至少兩個「質」的詞彙來描述物品質感。

直接施測：呈現各種不同「質感」的物品，要兒童選擇所指定的項目（如：「給我粗糙的那一個。」）；或者要兒童說出所呈現物品的「質感」特色為何（如：「石頭摸起來感覺怎樣？」「冰淇淋嘗起來感覺如何？」）。觀察兒童可否正確選擇並使用至少兩個「質」的詞彙來描述物品質感。

長期目標 G5　具有八個「量」的概念

通過標準

兒童在執行指令，回答問題，或者辨識物品或事件時，能夠使用至少八個描述「量」的詞彙。相關詞彙可包括以下所列（但不局限於此）：

所有的（全部）	許多	沒有	滿的	更多	一點點
每個	比較少	空的	很多	一些	任何

例如：在用完點心收拾的時候，大人指示：「把空杯子拿給我。」兒童就拿了一些空杯子過去。在沙坑玩耍時，兒童拿著裝滿沙的大桶子指向小朋友手上的小桶子說：「我的沙比較多。」

施測說明

器材

兒童感興趣且具有「量」特質的物品。

方法

觀察：觀察兒童可否依據「量」的詞彙來辨識物品或事件。可以是正確辨識指令中有關「量」的詞彙（如：大人指示：「給我這個空盒子。」兒童就把空的蠟筆盒給他）；或者是能夠正確使用有關「量」的詞彙（如：當兒童接過裝滿果汁的杯子時，對大人說：「我有一杯滿滿的果汁。」）。

兒童必須能夠正確選擇或使用至少八個「量」的詞彙來描述物品的量。

直接施測：呈現可用各種不同「量」的詞彙來描述的物品，要兒童選擇所指定的項目（如：「給我所有的藍色。」）；或者要兒童說出所呈現物品與其他物品在「量」方面的關係（如：「你的彈珠比艾咪的多還是少？」）。觀察兒童可否正確選擇並使用至少八個「量」的詞彙來描述物品的量。

註：本項目可與社會溝通領域綱目 B 的短期目標 5.3 相互對照參考。

短期目標 5.1　具有五個「量」的概念

通過標準

兒童在執行指令，回答問題，或者辨識物品或事件時，能夠使用至少五個描述「量」的詞彙。相關詞彙可包括以下所列（但不局限於此）：

| 所有的（全部） | 許多 | 沒有 | 滿的 | 更多 | 一點點 |
| 每個 | 比較少 | 空的 | 很多 | 一些 | 任何 |

例如：點心時間兒童拿了許多葡萄乾說：「我有好多葡萄乾。」兒童遵從收拾積木的指令，把所有的積木都放入置物籃內。

施測說明

器材

兒童感興趣且具有「量」特質的物品。

方法

觀察：觀察兒童可否依據「量」的詞彙來辨識物品或事件。可以是正確辨識指令中有關「量」的詞彙（如：大人指示：「給每個小朋友一個杯子。」兒童就發給每個小朋友一人一個杯子）；或者是能夠正確使用有關「量」的詞彙（如：兒童在玩沙時將桶子裝滿沙說：「我的桶子滿了！」）。兒童必須能夠正確選擇或使用至少五個「量」的詞彙來描述物品的量。

直接施測：呈現可用各種不同「量」的詞彙來描述的物品，要兒童選擇所指定的項目（如：「給我所有的藍色。」）；或者要兒童說出呈現的物品與其他物品在「量」方面的關係（如：「你的積木比珍妮的多還是少？」）。觀察兒童是否能正確選擇並使用至少五個「量」的詞

彙來描述物品的量。

短期目標 5.2　具有兩個「量」的概念

通過標準

兒童在執行指令，回答問題，或者辨識物品或事件時，能夠使用至少兩種描述「量」的詞彙。相關詞彙可包括以下所列（但不局限於此）：

| 所有的（全部） | 許多 | 沒有 | 滿的 | 更多 | 一點點 |
| 每個 | 比較少 | 空的 | 很多 | 一些 | 任何 |

例如：孩子指向沒有玩具動物的同儕，以回應大人「哪一個小朋友沒有？」的問題。有兩片餅乾的孩子和有四片餅乾的同儕說「你的比較多」。

施測說明

器材

兒童感興趣且具有「量」特質的物品。

方法

觀察：觀察兒童可否依據「量」的詞彙來辨識物品或事件。可以是正確辨識指令中有關「量」的詞彙（如：大人指示：「把空杯子丟掉。」兒童就把空杯子都丟進垃圾桶裡）；或者是能夠正確使用有關「量」的詞彙（如：兒童說：「我去過海邊好幾次，我爺爺住在那裡。」）。兒童必須能夠正確選擇或使用至少兩個「量」的詞彙來描述物品的量。

直接施測：呈現可用各種不同「量」的詞彙來描述的物品，要兒童選擇所指定的項目（如：「給我所有的藍色。」）；或者要兒童說出呈現的物品與其他物品在「量」方面的關係（如：「你的車子比湯姆的多還是少？」）。觀察兒童可否正確選擇並使用至少兩個「量」的詞彙來描述物品的量。

長期目標 G6　具有十二個空間關係的概念

通過標準

兒童在執行指令，回答問題，或者辨識人、事、物時，能夠使用至少十二個描

述空間關係的詞彙。相關詞彙可包括以下所列（但不局限於此）：

在裡面	到……	後面	前面	在……之後
在……之下	這裡	中間	最後	在……後面
底部	在……旁邊	向下	向上	在……前面
在上	旁邊	在……中間	那裡	第一

例如：收拾玩具時，兒童依指令將娃娃放在娃娃屋旁邊，並且將娃娃排放好，兒童在放最後一個娃娃時說：「這個娃娃是最後一個。」

施測說明

器材

兒童感興趣的物品。

方法

觀察：觀察兒童可否依據空間關係來辨識物品。可以是正確執行有關空間關係的指令（如：兒童依大人指令將玩具卡車放在桌子下）；或者是正確使用空間關係的詞彙（如：兒童拋球時說：「看！球飛過圍牆了。」）。兒童必須能夠正確辨識十二個描述空間關係的詞彙。

直接施測：要兒童將呈現的物品放在不同的位置（如：「把球放在桌上。」「把這個玩具卡車放在床下。」）；或者將各個物品放在與其他物品相關的位置上，讓兒童描述物品所擺放的空間位置（如：將娃娃放在盒子裡問：「娃娃在哪裡？」）。觀察兒童可否執行指令，或使用十二個空間位置的詞彙來描述物品。

註：本項目可與社會溝通領域綱目 B 的短期目標 2.2 相互對照參考。

短期目標 6.1　具有九個空間關係的概念

通過標準

兒童在執行指令，回答問題，或者辨識人、事、物時，能夠使用至少九個描述空間關係的詞彙。相關詞彙可包括以下所列（但不局限於此）：

在裡面	到……	後面	前面	在……之後
在……之下	這裡	中間	最後	在……後面
底部	在……旁邊	向下	向上	在……前面

認知領域

在上　　　　旁邊　　　　　　在……中間　　那裡　　第一

例如：排隊外出散步時，隊伍排頭說：「我是第一個。」大人說：「把蠟筆放在盒子裡。」兒童就聽指令將蠟筆放入盒內。

施測說明

器材

兒童感興趣的物品。

方法

觀察：觀察兒童可否依據空間關係來辨識物品。可以是正確執行空間關係的指令（如：小朋友叫兒童「來這裡」，他就走過去了）；或者是正確使用空間關係的詞彙（如：兒童在音樂活動時說：「我坐在我好朋友的旁邊。」）。兒童必須能夠正確辨識九個描述空間關係的詞彙。

直接施測：要兒童將呈現的物品放在不同的位置（如：「把球放在桌上。」「把這個玩具卡車放在床下。」），或者將各個物品放在與其他物品相關的位置上，讓兒童描述物品所擺放的空間位置（如：將娃娃放在盒子裡問：「娃娃在哪裡？」）。觀察兒童可否執行指令，或使用九個空間位置的詞彙來描述物品。

短期目標 6.2　具有六個空間關係的概念

通過標準

兒童在執行指令，回答問題，或者辨識人、事、物時，能夠使用至少六個描述空間關係的詞彙。相關詞彙可包括以下所列（但不局限於此）：

在裡面	到……	後面	前面	在……之後
在……之下	這裡	中間	最後	在……後面
底部	在……旁邊	向下	向上	在……前面
在上	旁邊	在……中間	那裡	第一

例如：收拾玩具時兒童依指令將珠子放在櫃子裡。兒童在幫忙小朋友找丟掉的球說：「球在樹後面。」

施測說明

器材

兒童感興趣的物品。

方法

觀察：觀察兒童可否依據空間關係來辨識物品。可以是正確執行空間關係的指
令（如：兒童依照指示在櫃子最下層的架上找到積木）；或者是正確使
用空間關係的詞彙（如：兒童指著一棵樹說：「有一隻貓在那裡。」）。
兒童必須能夠正確辨識六個描述空間關係的詞彙。

直接施測：要兒童將呈現的物品放置在不同的位置（如：「把球放在桌上。」
「把這個玩具卡車放在床下。」）；或者將各個物品放在與其他物
品相關的位置上，讓兒童描述物品所擺放的空間位置（如：將娃娃
放在盒子裡問：「娃娃在哪裡？」）。觀察兒童可否執行指令，或
使用六個空間位置的詞彙來描述物品。

短期目標 6.3　具有三個空間關係的概念

通過標準

兒童在執行指令，回答問題，或者辨識人、事、物時，能夠使用至少三個描述
空間關係的詞彙。相關詞彙可包括以下所列（但不局限於此）：

在裡面	到……	後面	前面	在……之後
在……之下	這裡	中間	最後	在……後面
底部	在……旁邊	向下	向上	在……前面
在上	旁邊	在……中間	那裡	第一

例如：玩遊戲時，兒童依照大人指示「到排隊的小朋友後面」而向後移動。溜
滑梯時兒童說：「我要溜下來了！」

施測說明

器材

兒童感興趣的物品。

方法

觀察：觀察兒童可否依據空間關係來辨識物品。可以是正確執行空間關係的指
令（如：兒童依照「把紅色積木放在藍色積木中間」的指示，將紅色積
木放在兩塊藍色積木的中間）；或者是正確使用空間關係的詞彙（如：

認知領域

兒童在隊伍中找到空間說：「我排在凱莉的後面。」）。兒童必須能夠正確辨識三個描述空間關係的詞彙。

直接施測：要求兒童將呈現的物品放在不同的位置（如：「把球放在桌上。」「把這個玩具卡車放在床下。」）；或者將物品放在與其他物品相關的位置，讓兒童來描述物品所擺放的空間位置（如：將娃娃放在盒子裡問：「娃娃在哪裡？」）。觀察兒童可否執行指令，或使用三個空間位置的詞彙來描述物品。

長期目標 G7　具有七個時間關係的概念

通過標準

兒童在執行指令，回答問題，或者辨識事件時，能夠使用至少七個描述時間關係的詞彙。相關詞彙可包括以下所列（但不局限於此）：

昨天	早點	之前	如果……就會	今天
等一下	之後	明天	最後	第一（最先）

例如：兒童對大人的問題：「我們吃飯前要先做什麼？」有適當的回應（回答：「洗手。」）。兒童邊堆積木邊說：「等蓋到很大以後，我就要把它推倒。」兒童蓋了一個塔然後將它推倒。

施測說明

器材

兒童感興趣的物品。

方法

觀察：觀察兒童可否依據時間關係來辨識事件。可以是正確回應時間關係的問題（如：大人問：「我們吃點心前要先做什麼？」兒童回答：「洗手。」）；或者是正確使用時間關係的詞彙（如：團討時與兒童們討論並計畫郊遊活動，說：「明天我們要去動物園。」）。兒童必須能夠正確辨識七個描述時間關係的詞彙。

直接施測：要求兒童依據時間關係來執行指令，或者辨識圖畫、物品或事件（如：在兒童面前呈現三張有時間順序關聯的圖卡，問他：「你會先做哪一個？」）。觀察兒童可否執行七個時間關係的指令，或者

運用七個描述時間關係的詞彙。

註：本項目可與社會溝通領域綱目 A 的短期目標 1.1 和 1.4，以及綱目 B 的短期目標 3.1 和 5.2 相互對照參考。

短期目標 7.1　具有五個時間關係的概念

通過標準

　　兒童在執行指令，回答問題，或者辨識事件時，能夠使用至少五個描述時間關係的詞彙。相關詞彙可包括以下所列（但不局限於此）：

昨天	早點	之前	如果……就會	今天
等一下	之後	明天	最後	第一（最先）

　　例如：兒童對於大人的問題：「我們什麼時候去游泳？」有適當的回應（如：「今天。」「明天。」）。兒童一邊在所蓋的橋上堆高積木一邊說：「如果我們把橋蓋高一點，車子就可以從下面通過。」

施測說明

器材

　　兒童感興趣的物品。

方法

　　觀察：觀察兒童可否依據時間關係來辨識事件。可以是正確回應有關時間關係的問題（如：大人問：「吃完東西後要做什麼？」兒童回答：「刷牙。」）；或者是正確使用時間關係的詞彙（如：兒童說：「我今天很早就起床了，比我媽媽還早。」）。兒童必須能夠正確辨識五個描述時間關係的詞彙。

　　直接施測：要求兒童依據時間關係來執行指令，或者辨識圖畫、物品或事件（如：在兒童面前呈現三張有時間順序關聯的圖卡，問他：「你會先做哪一個？」）。觀察兒童可否執行五個時間關係的指令，或者使用五個描述時間關係的詞彙。

認知領域

短期目標 7.2　具有三個時間關係的概念

通過標準

　　兒童在執行指令，回答問題，或者辨識事件時，能夠使用至少三個描述時間關係的詞彙。相關詞彙可包括以下所列（但不局限於此）：

昨天　　　早點　　之前　　如果……就會　　今天

等一下　　之後　　明天　　最後　　　　　第一（最先）

　　例如：兒童正確回應大人的問題：「你的生日是哪一天？」（如：「昨天。」）在參與烹飪活動之前，兒童說：「首先，我應該去洗手。」

施測說明

器材

　　兒童感興趣的物品。

方法

　　觀察：觀察兒童可否依據時間關係來辨識事件。可以是正確回應時間關係的問題（如：大人問：「在我們自由活動和收拾好玩具後要做什麼？」兒童回答：「團討時間。」）；或者是正確運用時間關係的詞彙（如：兒童說：「我們等一下要回家。」）。兒童必須能夠正確辨識三個描述時間關係的詞彙。

　直接施測：要求兒童依據時間關係來執行指令，或者辨識圖畫、物品或事件（如：在兒童面前呈現三張有時間順序關聯的圖卡，問他：「你會先做哪一個？」）。觀察兒童可否執行三個時間關係的指令，或者使用三個描述時間關係的詞彙。

分 類

長期目標 G1 依據特定標準將人、物品、事件分類

通過標準

兒童想出某特定標準並依照該標準（如：類別、功能、屬性）將物品分類成組。成人可給予一般性的提示（如：「把同一種的放在一起。」）。例如：在玩模型玩具時，將玩具分成人物一組、動物一組、車子一組；或者兒童將物品依照顏色分組。

施測說明

器材

三組可依不同方式（如：類別、功能、屬性）分類的物品。

方法

觀察：當兒童正在玩各種物品，或者準備要收拾玩具時，觀察他可否自己想出分類的方式（如：類別、功能、屬性），並將各物品依該方式分組。例如：收拾一堆不同的玩具時，兒童能將它們分成車子、動物及人物來歸位（依照類別）；或是將大的玩具放在同一個櫃子，小的玩具放在另一個櫃子（依照物理屬性）。

直接施測：呈現三組可用不同方式分類的物品（如：類別、功能、屬性），並請兒童將它們分類。觀察兒童是否能自己想出分類的方式，並將物品依該方式分組。例如：大人呈現一堆車子和大大小小的動物模型，問兒童：「哪些要放在一起？」兒童將車子放在一堆，將動物放在另一堆；或者兒童將大的和大的物品放在一起，小的和小的物品放在一起；或者兒童將在水裡玩的玩具放一堆（如：帆船、汽艇、魚），在地上玩的玩具放另一堆（如：卡車、汽車、狗、貓）。

短期目標 1.1　將人、物品、事件依類別分類

通過標準

兒童依據某種類別條件將物品分類（如：食物、動物、衣著）。大人可提示類別（如：「把食物放在桌上，衣服放在盒子裡。」）。

施測說明

器材

三組可依據類別來分類的物品。

方法

觀察：當兒童正在玩各種物品，或是準備要收拾玩具時，觀察他可否將物品依類別分組（如：人物、車子、動物）。例如：兒童會從一大堆動物、人物和食物的模型玩具中，挑出所有的動物並將它們放在玩具穀倉裡，然後他還會挑出所有的車子放在車庫中。

直接施測：呈現三組可依類別分類的物品，並請兒童依照類別將其分類，必要時可示範。觀察兒童可否依據類別將物品分類（如：人物、車子、動物）。例如：大人在兒童面前呈現許多玩具車和動物模型，並說：「把全部的車子都放在這個盒子裡，把所有的動物放在另一個盒子裡。」兒童可依指令執行。

短期目標 1.2　將物品依功能分類

通過標準

兒童依據功能將物品分類（如：吃的東西、在水裡玩的東西）。例如：兒童在玩水前先挑出適合在水裡玩的東西。

施測說明

器材

至少兩組可依功能分類的物品（如：吃的東西、穿的東西、可以乘坐的東西）。

方法

觀察：當兒童正在玩各種物品，或是在收拾玩具時，觀察他可否將物品依功能

分類。例如：美勞活動開始前，兒童先由一堆美勞用品中挑出水彩畫所需的材料。

直接施測：呈現各種可依功能分類的物品，要兒童將它們依功能分類，必要時可示範。觀察兒童可否將物品依功能分類。例如：大人呈現一個裝有衣物的盒子和一個裝有餐具的盒子，要求兒童：「把你穿戴在身上的東西放在這個盒子裡，把你吃東西用的放在另一個盒子裡。」兒童可依指令執行。

短期目標 1.3　將物品依物理特性分類

通過標準

將物品依據某些物理特性分類（如：顏色、形狀、大小、材質）。例如：兒童在玩各種不同顏色的積木時，會將它們依照顏色分類。將玩具車歸位時，會將大車和小車分開擺放在不同的架上。

施測說明

器材

至少兩組可依物理特性分類的物品。

方法

觀察：當兒童正在玩各種物品，或是在收拾玩具時，觀察他可否將物品依其不同的物理特性分類。例如：在玩各種形狀板時，兒童會根據它們的形狀分類。

直接施測：在兒童面前擺放一些可依物理特性辨識的物品，要他逐一分類。必要時可示範。觀察兒童可否將面前的東西依照物理特性分類。例如：在兒童面前呈現各種顏色的積木，並要他們把藍色的積木放在同一個罐子裡，黃色的積木放在另一個罐子裡（或說：「和這個一樣的放在一起。」）。兒童可依指令執行。

認知領域

綱目 D　　　序列

長期目標 G1　依序執行含三個以上步驟、非常態性的指令

通過標準

　　兒童能正確依序執行含三個功能性步驟（如：在情境中）的非常態性指令。可給予手勢等相關情境提示。例如：進行粗大動作活動時，大人用手比畫並告訴兒童：「跑去椅子那邊，把球撿起來，然後再跑去溜滑梯那裡。」兒童能夠依序執行。

施測說明

器材

　　兒童感興趣的物品。

方法

　　觀察：觀察兒童可否正確依序執行與目前情境或活動有關，含三個步驟的非常態性指令。可給予手勢等相關情境提示。例如：進行美勞活動時，大人一邊示範用紙做鏈圈一邊說明：「先在紙片上塗些膠水，再將紙片的尾端穿過洞，然後把紙片的兩端黏起來。」兒童能正確依序執行上述指令。

　　直接施測：在兒童所處的情境或活動中，對他說含三個步驟、非常態性的一串指令，觀察他可否正確依序執行。可給予手勢等相關情境提示。例如：收拾玩具時，大人對兒童說：「把積木放在罐子裡，娃娃放在架上，然後到這邊來。」兒童能夠正確依序完成指令。

短期目標 1.1　依序執行含三個以上步驟、常態性的指令

通過標準

　　兒童能正確依序執行含三個功能性步驟（如：在情境中）的常態性指令。可給

予手勢等相關情境提示。例如：戶外活動結束進入室內時，大人邊說邊用手勢提醒兒童：「外套脫掉，掛起來，然後去洗手。」兒童能夠依序執行。

施測說明

器材

兒童感興趣的物品。

方法

觀察：觀察兒童可否正確依序執行與目前情境或活動有關，含三個步驟的常態性指令。可給予手勢等相關情境提示。例如：吃完點心後，大人邊說邊用手勢提醒兒童：「把餐巾紙丟掉，杯子放進水槽裡，然後去拿書。」兒童能夠正確依序完成指令。

直接施測：在兒童所處的情境或活動中，對他說常態性、含三個步驟的一串指令，觀察他可否正確依序執行。可給予手勢等相關情境提示。例如：吃點心前，大人邊說邊用手勢提醒兒童：「去洗手，拿桌墊，然後在餐桌旁坐好。」兒童能正確依序完成指令。

長期目標 G2　依物品的尺寸依序放置

通過標準

兒童能夠將三個或三個以上的物品依照長度或大小等尺寸排列。兒童可以邊排邊自我修正。例如：兒童能夠依照書本的高度將其排列於架上；收拾碗盤時能夠依序由大到小堆疊。

施測說明

器材

準備幾組可依長度或大小等尺寸排放的物品。

方法

觀察：當兒童在玩不同東西或收拾玩具時，觀察他可否將三種或三種以上的物品依照長度或大小等尺寸排放。允許兒童邊排邊自我修正。例如：兒童在排放量杯時，將最大的放在頭一個，其他的則依序愈來愈小。

直接施測：在兒童面前呈現三種或三種以上可依尺寸排放的物品，觀察兒童可否將其依照長度或大小放置。允許兒童邊排邊自我修正。例如：給

兒童四個不同大小的碗，並請他「按照順序排好」。兒童能夠從最大的到最小的碗依序排列或堆疊。

短期目標 2.1　將兩組物品依尺寸配對

通過標準

兒童能將兩組相關的物品（每組至少有兩個物品）逐一配對。允許兒童邊做邊自我修正。例如：兒童將兩個不同大小的蓋子，正確蓋在與其大小符合的碗上。兒童將三個不同的螺絲帽拴在正確對應的螺絲上。

施測說明

器材

兩組可依長度、大小或顏色依序對應的東西，每組中至少有兩個物品。

方法

> 觀察：在兒童操弄各種物品或收拾玩具時，觀察他能否將兩組相關物品逐一配對。允許兒童邊做邊自我修正。例如：兒童在使用玩具工具時，能將大小不同的螺絲帽拴入對應的螺絲中。

> 直接施測：提供兒童兩組物品（每組含有至少兩件東西），請他逐一找出各組中可相互對應的物品。觀察他配對物品的能力，並允許兒童邊做邊自我修正。例如：呈現兩個不同大小的玩具熊和兩個不同大小的道具床，請兒童將玩具熊與床依大小配對（床可以用鞋盒、面紙盒之類的東西製作）。兒童能夠將玩具熊正確放在大小對應的床上。

長期目標 G3　依序重述事件

通過標準

兒童能透過口語、手勢和動作，或是正確排列圖片，依序重述至少三件事。例如：大人說完一個含有三個重要情節的故事後，請兒童重述一次，兒童以手勢動作、口語或排列圖卡的方式來重述這個故事。

施測說明

器材

　　適齡的活動，或一組至少三張描述故事或事件的順序圖卡。

方法

　　觀察：觀察兒童可否透過口語、手勢或動作，重述至少含有三個部分的事情。
　　　　　例如：對兒童描述一項含有三個步驟的活動（如：「我們要先做一些漿
　　　　　糊，再用漿糊畫畫，然後還要用粉筆在畫上塗顏色。」），說完後請兒
　　　　　童對小朋友再說一遍。兒童能夠正確說明該活動內容。

　　直接施測：對兒童說一個含有三個情節的故事，然後請他重述一次。兒童能透
　　　　　過口語、手勢和動作，或是依序排列圖卡來重述故事。例如：說一
　　　　　個包含三個重要情節的故事，然後請兒童重述一遍。兒童能夠透過
　　　　　口語、手勢或圖卡排列，以正確順序描述這個故事。

短期目標 3.1　依序完成熟悉的故事或事件

通過標準

　　兒童能透過口語、手勢和動作，或是依序排列圖片，正確回應故事或事件中有
關順序的問題。例如：在說故事時間，兒童適當的回應大人的問題：「然後發生什
麼事？」當大人問：「下一步要做什麼？」兒童能用適當的肢體動作回應。當大人
要求：「拿起下一張圖卡。」兒童會選擇正確的圖卡接續完成。

施測說明

器材

　　適齡的活動，或一組至少三張描述日常事件的圖卡。

方法

　　觀察：觀察兒童可否透過口語、手勢和動作，或是正確依序排列圖卡，來回應
　　　　　故事或事件中有關順序的問題。例如：當兒童結束戶外活動，準備排隊
　　　　　進教室時，大人問：「進教室後我們要做什麼？」兒童正確回答：「吃
　　　　　點心。」

　　直接施測：詢問兒童故事或事件中與先後順序有關的情節，觀察他能否用適當
　　　　　的口語、手勢和動作來回應，或者選擇正確的圖卡來完成該步驟。

例如：大人說完「小女孩與三隻熊」的故事後，問兒童：「小女孩嘗過熊寶寶的麥片粥後，做了什麼？」兒童能回答：「她把麥片粥都吃光了。」或是選出正確的圖卡。

回憶事件

長期目標 G1 無情境線索下能回憶當天發生的事情

通過標準

　　無情境線索且事件發生至少三十分鐘後，兒童能夠對當天發生的事情主動且正確的連結（如：透過說明或示範）。例如：快放學時問兒童：「你今天美勞課做了些什麼？」（當下未呈現作品及美勞材料）他能正確的回答（如：兒童說：「我畫了一隻狗。」或者用手勢表示他做了一頂帽子並將它戴在頭上）。

施測說明

器材

　　無必要器材。

方法

　觀察：無情境線索且事件發生至少三十分鐘後，觀察兒童能否對當天發生的事情做正確的連結。例如：快放學時，沒有食物呈現，兒童仍能正確的告訴大人今天點心吃什麼（如：「我們吃爆米花。」）。

　直接施測：無情境線索且事件發生至少三十分鐘後，詢問兒童有關當天發生的事情。例如：快放學時問兒童：「你今天在戶外玩些什麼？」他能正確告知在戶外所做的事情（如：「我有爬過各種障礙。」或者比出溜滑梯的動作）。

註：本項目可與社會溝通領域綱目 A 的短期目標 1.4 相互對照參考。

認知領域

短期目標 1.1　有情境線索下能回憶當天發生的事情

通過標準

　　有情境線索（如：在相同場所或有相同物品）且事件發生至少三十分鐘後，兒童能對當天發生的事情主動且正確的連結（如：透過說明或示範）。例如：在團體討論時，將玩具呈現於環境中，問兒童：「你今天玩得開心嗎？」兒童回答：「我有玩娃娃。」而他的確在團討之前玩過娃娃。

施測說明

器材

　　無必要器材。

方法

　　觀察：有情境線索且事件發生至少三十分鐘後，觀察兒童能否對當天發生的事正確的連結。例如：在放學前的分享討論時，兒童指著牆上的畫說：「我畫了一輛火車。」

　　直接施測：有情境線索且於事件發生至少三十分鐘後，詢問兒童有關當天所發生的事情。例如：放學前，教室中仍擺著玩具，詢問兒童：「你今天音樂課玩了些什麼？」他會正確告知玩過什麼（如：兒童說：「我有打鼓。」或是用手指著鈴鐺）。

短期目標 1.2　能立即回憶剛才發生的事情

通過標準

　　兒童能主動或於要求下正確連結剛發生的事情（如：透過說明或示範）。例如：兒童洗完手，從浴室走出來時，告訴大人：「我洗過手了。」

施測說明

器材

　　無必要器材。

方法

　　觀察：觀察兒童立即回憶剛才發生的事情之能力。例如：兒童從戶外回來告訴小朋友：「我從好大的溜滑梯溜下來。」

直接施測：於事件發生後立刻問兒童問題。例如：兒童在玩娃娃時做了一個特別的動作，大人問他：「你剛剛用這個娃娃做什麼呀？」兒童回答：「她口渴了，所以我給她喝水。」

長期目標 G2　背誦出順序性語言

通過標準

兒童能夠主動或於要求下，背誦出下列兩項順序性語言：

- 電話號碼。
- 英文字母或注音符號。
- 唱數 1 至 20。
- 英文名字的拼音。
- 星期一到星期日。

施測說明

器材

無必要器材。

方法

觀察：觀察兒童可否背誦出兩組上述通過標準中所列的項目。

直接施測：要兒童背誦幾項上述通過標準中所列的順序性語言，觀察他們可否正確背誦出兩項。

註：本項目可與社會領域綱目 C 的短期目標 2.1 相互對照參考。

短期目標 2.1　背誦出自己的基本資料

通過標準

兒童會主動或於要求下，說出下列項目中之兩項：

- 自己的姓名。
- 生日。
- 年齡。
- 兄弟姊妹的名字。

認知領域

• 父母親的名字。

施測說明

器材

無必要器材。

方法

觀察：觀察兒童連結自己基本資料的能力。兒童必須能夠連結上述通過標準中所列的兩項資料。

直接施測：詢問兒童的個人資料，觀察他連結個人資料的能力。兒童必須能夠正確的連結上述通過標準中的兩項資料。

註：本項目可與社會領域綱目 C 的短期目標 2.3、2.4 和 2.6 相互對照參考。

問題解決能力

長期目標 G1　衡量解決問題方法的成效

通過標準

　　兒童能主動或於要求下指出（如：透過說明或示範）某個問題的解決方法為什麼有效或無效。例如：被問到：「為什麼我們不能用水來黏這些東西？」兒童會說出理由回應（如：「水不是黏黏的。」）。兒童站在椅子上一邊伸手拿架上的玩具，一邊對大人說：「這個椅子太小了，我搆不到。」然後，他去找到一個比較高的椅子。

施測說明

器材

　　兒童感興趣的物品和活動。

方法

　　觀察：觀察兒童可否指出為什麼某個方法可以或不能解決現行活動中的問題。
　　　　　例如：收拾積木時，兒童說：「這些積木太大了，放不進罐子裡。」

　直接施測：直接呈現問題，並觀察兒童可否說明某個解決方法是否有效。例如：
　　　　　給兒童一盒水彩、紙張和一支水彩筆，然後問他：「你可以用這些東西畫出一張圖畫嗎？」兒童回答：「不行，我們要先有一些水。」

短期目標 1.1　建議可行的問題解決方法

通過標準

　　兒童能主動或要求下指出（如：透過說明或示範）可行的問題解決方法。大人可以稍作提示（如：「我們可以怎麼做？」「還可以試試什麼辦法？」）。例如：

兒童剪紙有困難時，他會說：「你幫我拿著紙。」或者當我們問他：「還可以試試什麼辦法？」他會指向另外一把剪刀。

施測說明

器材

> 兒童感興趣的物品和活動。

方法

> 觀察：觀察兒童建議可行的問題解決方法之能力。大人可稍作提示（如：「我們可以怎麼做？」「還可以試試什麼方法？」）。例如：當兒童搆不到椅子下面的球時，他會說：「我需要一個長長的東西來拿球。」
>
> 直接施測：將問題呈現，並觀察兒童可否建議可行的解決策略。大人可稍作提示（如：「我們可以怎麼做？」「還可以試試什麼辦法？」）。例如：大人正在串珠，但珠子一直從繩子上滑掉，問兒童：「該怎麼辦？」兒童會建議在繩子尾端打一個結。

短期目標 1.2　找到達成目標的方法

通過標準

> 兒童能主動或於要求下，說出或選擇適當的／具功能性的方法來達成目標。例如：大人要他「找個可以裝積木的東西」，兒童能夠拿來一個空的大容器。若大人對兒童說「去找一個可以站高高拿到玩具的東西」時，他會指著椅子作為回應。

施測說明

器材

> 兒童感興趣的物品和活動。

方法

> 觀察：觀察兒童可否說出或選擇達成某個特定目標的方法。例如：大人要兒童「找個可以裝果汁的容器」，兒童會去櫃子上拿水壺。
>
> 直接施測：確定某個問題和目標，然後觀察兒童說明或選擇解決方法的能力。例如：大人說：「我拿不到玩具箱後面的卡車，我需要用東西把它勾出來。」此時，兒童會拿掃把給大人。

長期目標 G2 對有關人、物和情境的問題能合理的解釋

通過標準

兒童對下列情況能夠加以陳述，並適切的回答問題：

- 用適當的理由解釋論點。
- 預測未來或假設的事情。
- 推測事件可能的原因。

施測說明（詳見短期目標 2.1 至 2.3 的施測說明）

註：如果兒童在所有短期目標上都得到 2 分，則長期目標評為 2 分。如果兒童在短期目標上的得分是 0、1 或 2 分的任何一種組合，則長期目標分數評為 1 分。如果兒童在所有短期目標都得到 0 分，則長期目標評為 0 分。

短期目標 2.1 用適當的理由解釋論點

通過標準

兒童能主動或於要求下對其論點做合理的解釋。例如：兒童說：「她很傷心。」大人問他：「你怎麼知道她很傷心？」兒童會回答：「她在哭。」兒童看著窗外說：「我想外面正在下雨，因為他拿著傘。」

施測說明

器材

兒童感興趣的物品和活動。

方法

觀察：觀察兒童合理解釋其論點的能力。例如：兒童邊玩著洋娃娃邊說：「我想小娃娃生病了，她摸起來燙燙的。」

直接施測：當兒童陳述了某個論點後，請他加以說明。例如：兒童說：「媽媽高興。」大人問他：「你怎麼知道媽媽高興？」兒童回答：「因為她在笑。」

短期目標 2.2　預測未來或假設的事情

通過標準

　　兒童能主動或於要求下，對於情境中未來或假設的事情做出合理的預測。例如：大人在讀兒童不熟悉的故事書時，暫停一下問他：「你覺得接下來會怎麼樣？」兒童說出可能發生的事。

施測說明

器材

　　兒童感興趣的物品和活動。

方法

　　觀察：觀察兒童對情境中未來或假設性事件的預測能力。例如：兒童推著火車在軌道上繞著走，當他注意到軌道斷了，會說：「噢噢！火車要出軌了。」

　　直接施測：兒童正在從事某個活動時，請他預測未來可能發生或假想的事件。例如：兒童在戶外玩球，大人指著狗屋問他：「如果我把球滾到那邊去會怎樣？」兒童回答：「狗會來追球，還會把球咬破。」

註：本項目可與社會溝通領域綱目 A 的短期目標 1.1 相互對照參考。

短期目標 2.3　推測事件可能的原因

通過標準

　　兒童能主動或於要求下，說出所目睹事件可能的原因。例如：大人問：「你覺得她為什麼哭？」兒童能說出事情可能的原因（如：「因為她跌倒了。」「可能是有人把她的娃娃弄壞了。」）。

施測說明

器材

　　兒童感興趣的物品和活動。

方法

　　觀察：觀察兒童說出事件可能發生原因的能力。例如：玩耍時，兒童撿起地上

壞掉的玩具汽車說：「我想有人踩到這輛車子了。」

直接施測：當兒童正在從事某個活動時，要求兒童說出事件可能發生的原因。

例如：兒童正在玩人偶時，大人指著一個手臂上綁有繃帶的人偶問：「你覺得他是怎麼受傷的？」兒童回答：「我猜他是從馬上摔下來。」

嬰幼兒評量、評鑑及課程計畫系統（第三冊）

綱目 G	遊戲

長期目標 G1　玩想像的遊戲

通過標準

　　兒童從事下列遊戲行為：

- 扮演或認識角色。
- 計畫並演出熟悉的事件、主題或故事。
- 運用想像的道具。

施測說明（詳見短期目標 1.1 至 1.3 的施測說明）

註：如果兒童在所有短期目標上都得到 2 分，則長期目標評為 2 分。如果兒童在短期目標上的得分是 0、1 或 2 分的任何一種組合，則長期目標分數評為 1 分。如果兒童在所有短期目標都得到 0 分，則長期目標評為 0 分。

　　本項目可與社會溝通領域綱目 A 的短期目標 1.2 相互對照參考。

短期目標 1.1　扮演或認識角色

通過標準

　　兒童在扮演某個認識的角色時，會聲明他是某人物，或是會改變聲音、態度或行為以符合該角色的特質。例如：兒童坐在假裝的公車前排說：「我要當公車司機。」同時還用大人的口氣說：「我在開車的時候要安靜坐好。」

施測說明

器材

　　可激發玩想像性遊戲的玩具。

方法

觀察：觀察兒童在扮演某個角色時，會聲明他是某人物，或是改變聲音、態度或行為以符合該角色特質的能力。例如：兒童說：「我要變成鹹蛋超人。」並且指著其他小朋友說：「你們是我的變身器（transformer）」。

直接施測：在遊戲活動中呈現一些可作為角色扮演的器材或道具，觀察兒童是否會聲明他是某人物，或是改變聲音、態度或行為，來扮演某個角色。例如：兒童說：「我要當媽媽。」然後開始餵娃娃，說：「來，小寶貝，媽媽這裡有早餐囉！」

短期目標 1.2　計畫並演出熟悉的事件、主題或故事

通過標準

兒童計畫並演出熟悉的事件、主題或故事。例如：兒童說：「我是媽媽，我要去買東西。」兒童就戴上帽子、拿著皮包假裝去店裡買東西，然後回家做晚餐。

施測說明

器材

可激發玩想像性遊戲的玩具。

方法

觀察：觀察兒童在遊戲時，計畫並演出某個主題或故事的能力。例如：兒童披上披肩說：「我是超人！」並假裝飛越教室去解救某個小朋友，然後再回到遊戲區變換扮演其他角色。

直接施測：在遊戲活動中呈現一些可用做角色扮演的材料或道具，觀察兒童計畫並演出某個主題或故事的能力。例如：兒童戴上消防頭盔說：「我要去救火了！」然後假裝爬上消防車把車子開走。

短期目標 1.3　運用想像的道具

通過標準

兒童在遊戲中會運用想像的道具。例如：兒童假裝握著韁繩，騎馬在屋內奔馳，並說：「馬兒，跑快一點！」兒童用想像的湯匙假裝餵娃娃。

施測說明

器材

不需任何器材。

方法

觀察：觀察兒童在遊戲中運用想像性道具的能力。例如：兒童假裝洗臉、梳頭準備要去上班了。

直接施測：本項目不適合直接施測。

長期目標 G2　玩有規則的遊戲

通過標準

兒童從事有規則的遊戲：

- 持續參與活動。
- 遵守遊戲規則。

施測說明（詳見短期目標 2.1 和 2.2 的施測說明）

註：如果兒童在所有短期目標上都得到 2 分，則長期目標評為 2 分。如果兒童在短期目標上的得分是 0、1 或 2 分的任何一種組合，則長期目標分數評為 1 分。如果兒童在所有短期目標都得到 0 分，則長期目標評為 0 分。

短期目標 2.1　持續參與活動

通過標準

兒童能夠持續參與有規則的遊戲直到遊戲結束。大人可給予團體指令。例如：兒童持續和大人玩來回滾球的遊戲，直到大人說：「點心時間到了！」

施測說明

器材

可用來玩規則遊戲的玩具或物品。

方法

觀察：觀察兒童可否持續參與有規則的遊戲直到遊戲結束。大人可給予團體指令。例如：兒童能夠從頭到尾參與玩音樂椅的遊戲。

直接施測：觀察兒童可否持續參與有規則的遊戲直到遊戲結束。大人可給予團體指令。

短期目標 2.2　遵守遊戲規則

通過標準

兒童在有規則的遊戲中能遵守規則。大人可給予團體指導。例如：兒童在遊戲中會輪流等待、遵守遊戲的程序，並且知道遊戲的開始及結束。

施測說明

器材

可用來玩規則遊戲的玩具或物品。

方法

觀察：觀察兒童在遊戲中遵守規則的能力。大人可給予團體指令。例如：玩大富翁類的遊戲時兒童會先擲骰子再走棋子。

直接施測：告知兒童遊戲規則，並觀察他可否遵守。大人可給予團體指令。例如：兒童在玩「丟手帕遊戲」（Duck, Duck, Goose）時，能夠依照大人的指令輪流等待。

認知領域

| 綱目 H | 數學前備技能 |

長期目標 G1　唱數 1 至 20

通過標準

　　兒童主動或於要求下正確的依序由 1 唱數至 20。

施測說明

器材

　　無必要器材。

方法

　　觀察：觀察兒童正確依序由 1 唱數到 20 的能力。例如：玩躲貓貓遊戲時，兒童
　　　　　正確的由 1 數到 20。

　　直接施測：要求兒童數到 20，觀察他可否正確按照順序從 1 數到 20。

短期目標 1.1　唱數 1 至 10

通過標準

　　兒童主動或於要求下正確依序由 1 唱數至 10。

施測說明

器材

　　無必要器材。

方法

　　觀察：觀察兒童正確依序由 1 唱數到 10 的能力。例如：玩遊戲等待時，兒童能
　　　　　夠正確的由 1 數到 10。

　　直接施測：要求兒童數到 10，觀察他可否正確按照順序從 1 數到 10。

短期目標 1.2　唱數 1 至 5

通過標準

兒童主動或於要求下正確依序由 1 唱數至 5。

施測說明

器材

無必要器材。

方法

觀察：觀察兒童正確依序由 1 唱數到 5 的能力。例如：玩捉迷藏遊戲時，兒童會閉上眼睛正確數到 5。

直接施測：要求兒童數數時，觀察他可否正確按照順序從 1 數到 5。

短期目標 1.3　唱數 1 至 3

通過標準

兒童主動或於要求下正確依序由 1 唱數至 3。

施測說明

器材

無必要器材。

方法

觀察：觀察兒童正確依序由 1 唱數到 3 的能力。如：假裝在變把戲時，兒童數「1、2、3」。

直接施測：要求兒童數數時，觀察他可否正確按照順序從 1 數到 3。

長期目標 G2　點數十個物品

通過標準

在兒童面前呈現十個物品，他能夠正確點數這些物品。

認知領域

施測說明

器材

十個物品。

方法

觀察：觀察兒童正確點數十個物品的能力。例如：團討時兒童能正確點數出在
場小朋友的人數。

直接施測：在兒童面前呈現十個物品，並要求他數數看，觀察他可否正確的點
數這十個物品。

短期目標 2.1　點數五個物品

通過標準

在兒童面前呈現五個物品，他能夠正確點數這些物品。

施測說明

器材

五個物品。

方法

觀察：觀察兒童正確點數五個物品的能力。例如：在點心時間，兒童能正確點
數五個杯子。

直接施測：在兒童面前呈現五個物品，並要求他數數看，觀察他可否正確點數
這五個物品。

短期目標 2.2　點數兩個物品

通過標準

在兒童面前呈現兩個物品，他能夠正確點數這些物品。

施測說明

器材

兩個物品。

方法

觀察：觀察兒童正確點數兩個物品的能力。例如：在點心時間，兒童能正確點
　　　數兩塊餅乾。

直接施測：在兒童面前呈現兩個物品，並要求他數數看，觀察他可否正確點數
　　　　　這兩個物品。

短期目標 2.3　具有一對一的對應概念

通過標準

兒童能夠主動或於要求下，表現出將物品一對一分配給四個或四個以上的人或
物的對應概念。例如：在每個餐盤旁都放一根叉子；發給小朋友每人一支畫筆。

施測說明

器材

足夠分配的物品（如：五支畫筆分給五個小朋友）。

方法

觀察：在遊戲或活動中，觀察兒童一對一分配四組以上物品的能力。例如：分
　　　配給四個小朋友每人一張紙巾。

直接施測：請兒童將所呈現的物品傳給小朋友（如：分給每個人一支蠟筆），
　　　　　或是將物品一對一對應擺放好（如：在每個餐盤旁邊放一張紙巾）。
　　　　　觀察兒童將物品一對一分配給四個或四個以上的人或物的能力。

長期目標 G3　指認數字 1 至 10

通過標準

兒童能夠主動或於要求下辨識數字 1 到 10。例如：大人呈現數字並問：「這是
幾？」兒童能夠正確命名該數字。兒童在看數字書時，能夠正確指出數字 1 到 10。

施測說明

器材

卡片、書本或其他有數字 1 到 10 的器材。

認知領域

方法

　　觀察：觀察兒童命名數字 1 到 10 的能力。例如：兒童在玩數字拼圖時，指著某
　　　　　個數字問他：「這是幾？」兒童能正確說出數字。

　　直接施測：呈現數字卡並讓兒童指認上面的數字，觀察他可否命名／指認數字
　　　　　　　1 到 10。

┌──┐
│ 短期目標 3.1　　指認數字 1 至 8   │
└──┘

通過標準

　　兒童能夠主動或於要求下辨識數字 1 到 8。例如：大人呈現數字並問：「這是
幾？」兒童能夠正確命名該數字。兒童在看數字書時，能夠正確指出數字 1 到 8。

施測說明

器材

　　卡片、書本或其他有數字 1 到 8 的器材。

方法

　　觀察：觀察兒童命名數字 1 到 8 的能力。例如：兒童在玩數字拼圖時，指著某
　　　　　個數字問他：「這是幾？」兒童能正確說出數字。

　　直接施測：呈現數字卡並讓兒童指認上面的數字，觀察他可否命名／指認數字
　　　　　　　1 到 8。

┌──┐
│ 短期目標 3.2　　指認數字 1 至 5   │
└──┘

通過標準

　　兒童能夠主動或於要求下辨認數字 1 到 5。例如：大人呈現數字並問：「這是
幾？」兒童能夠正確命名該數字。兒童在看數字書時，能夠正確指出數字 1 到 5。

施測說明

器材

　　卡片、書本或其他有數字 1 到 5 的器材。

方法

　　觀察：觀察兒童命名數字 1 到 5 的能力。例如：兒童在玩數字拼圖時，指著某

個數字問他：「這是幾？」兒童能正確說出數字。

直接施測：呈現數字卡並讓兒童指認上面的數字，觀察他可否命名／指認數字
1 到 5。

短期目標 3.3　指認數字 1 至 3

通過標準

　　兒童能夠主動或於要求下辨識數字 1 到 3。例如：大人呈現數字並問：「這是
幾？」兒童能夠正確命名該數字。兒童在看數字書時，能夠正確指出數字 1 到 3。

施測說明

器材

　　卡片、書本或其他有數字 1 到 3 的器材。

方法

　　觀察：觀察兒童命名數字 1 到 3 的能力。例如：兒童在玩數字拼圖時，指著某
個數字問他：「這是幾？」兒童能正確說出數字。

　　直接施測：呈現數字卡並讓兒童指認上面的數字，觀察他可否命名／指認數字
1 到 3。

長期目標 G4　**1 至 10 的數字與數量配對**

通過標準

　　兒童能夠於要求下，選擇與一至十個物品的量相對應的數字。

施測說明

器材

　　卡片或其他有數字 1 到 10 的器材，以及十個相似的物品。

方法

　　觀察：本項目可能須直接施測。

　　直接施測：呈現數字卡以及含有一個、兩個、三個、四個、五個、六個、七個、
八個、九個、十個物品的組合，讓兒童選擇與一至十個物品相對應
的數字。

短期目標 4.1　1 至 8 的數字與數量配對

通過標準

兒童能夠於要求下，選擇與一至八個物品的量相對應的數字。

施測說明

器材

卡片或其他有數字 1 到 8 的器材，以及八個相似的物品。

方法

觀察：本項目可能須直接施測。

直接施測：呈現數字卡以及含有一個、兩個、三個、四個、五個、六個、七個、八個物品的組合，讓兒童選擇與一至八個物品相對應的數字。

短期目標 4.2　1 至 5 的數字與數量配對

通過標準

兒童能夠於要求下，選擇與一至五個物品的量相對應的數字。

施測說明

器材

卡片或其他有數字 1 到 5 的器材，以及五個相似的物品。

方法

觀察：本項目可能須直接施測。

直接施測：呈現數字卡以及含有一個、兩個、三個、四個、五個物品的組合，讓兒童選擇與一至五個物品相對應的數字。

短期目標 4.3　1 至 3 的數字與數量配對

通過標準

兒童能夠於要求下，選擇與一至三個物品的量相對應的數字。

施測說明

器材

卡片或其他有數字 1 到 3 的材料，以及三個相似的物品。

方法

觀察：本項目可能須直接施測。

直接施測：呈現數字卡以及含有一個、兩個、三個物品的組合，讓兒童選擇與
一至三個物品相對應的數字。

閱讀前備技能

長期目標 G1　具有閱讀的前備技能

通過標準

兒童透過下列閱讀前期的行為表現，顯示他理解書本之目的、功能及用途：

- 功能性的使用書本。
- 描述書中的圖畫。
- 積極參與說故事的活動。

施測說明（詳見短期目標 1.1 至 1.3 的施測說明）

註：如果兒童在所有短期目標上都得到 2 分，則長期目標評為 2 分。如果兒童在短期目標上的得分是 0、1 或 2 分的任何一種組合，則長期目標分數評為 1 分。如果兒童在所有短期目標都得到 0 分，則長期目標評為 0 分。

短期目標 1.1　功能性的使用書本

通過標準

兒童表現出下列三項閱讀前備技能：

- 看書時書本方向正確。
- 由第一頁逐頁翻到最後一頁。
- 看書時發出聲音或喃喃自語假裝在閱讀。
- 試圖自己架構並講故事。

大人可以給一些概略性的提示（如：「你可以講個故事給我聽嗎？」）。例如：兒童看著故事書說：「這條龍走向小男孩，他好害怕，然後龍給他一本書，他們就變成好朋友了。」

施測說明

器材

　　任何適齡且兒童感興趣的書。

方法

觀察：觀察兒童可否表現出上述三項閱讀前備技能。大人可稍作提示（如：「你可以講個故事給我聽嗎？」）。例如：在故事時間，兒童看著書本、翻頁，並說：「熊在吃蜂蜜，蜜蜂會叮牠。」

直接施測：拿一本書給兒童閱讀，觀察他能否表現上述三項閱讀前備技能。例如：兒童拿起書，打開第一頁說：「我知道這個故事，小男孩弄丟了他的狗。」

短期目標 1.2　描述書中的圖畫

通過標準

　　兒童描述書中的圖畫，並加以評論，表示他知道故事的內容為何。大人可稍加提示（如：「這個故事在說什麼？」「有一隻馬在穀倉裡。」）。

施測說明

器材

　　任何適齡且兒童感興趣的書。

方法

觀察：觀察兒童描述書中圖畫，以及加以評論的能力，可藉此看出他是否理解故事內容。大人可以稍加提示（如：「這個故事在說什麼？」）。例如：「有一個女孩騎腳踏車上學，她很開心。」

直接施測：拿一本圖畫書給兒童並要他講個故事，觀察他可否描述書中的圖畫並且加以評論，可藉此看出他是否理解故事的內容。大人可以稍加提示（如：「這個故事在說什麼？」）。例如：「這裡有一輛火車，它帶玩具給兒童。」

短期目標 1.3　積極參與說故事的活動

通過標準

大人在故事時間講故事時，兒童會積極參與，表現出下列四項閱讀前備行為：

- 加以評論。
- 指書中的圖畫。
- 翻頁。
- 補充漏掉的詞句。
- 說出熟悉故事的結局。

例如：讀到有關動物的故事書時，大人向兒童展示圖畫，並讀著：「然後，突然間，小兔子看到一隻紅色的……」兒童依照圖畫的提示接著說：「狐狸！」

施測說明

器材

任何適齡且兒童感興趣的書。

方法

觀察：觀察兒童在講故事時，積極參與並表現出通過標準所列四項閱讀前備行為的能力。例如：故事時間裡，兒童指著圖畫說：「這隻鴨子在游泳。」然後繼續翻頁。

直接施測：給兒童念個故事，觀察他是否主動參與，表現出通過標準所列的四項閱讀前備行為。例如：讀到小熊維尼的故事時，向兒童展示圖片並說：「維尼把他的手掌放進蜂蜜罐裡……」兒童會依照圖片接著說：「拿不出來了！」

長期目標 G2　具有閱讀前的聽覺技能

通過標準

兒童具備下列閱讀前的聽覺技能：

- 拼音。
- 說出同韻字。

施測說明（詳見短期目標 2.1 和 2.2 的施測說明）

註：如果兒童在所有短期目標上都得到 2 分，則長期目標評為 2 分。如果兒童在短
　　期目標上的得分是 0、1 或 2 分的任何一種組合，則長期目標分數評為 1 分。如
　　果兒童在所有短期目標都得到 0 分，則長期目標評為 0 分。

短期目標 2.1　拼音

通過標準

　　兒童能將他人所念的兩個注音結合，拼音念成一個字音。例如：大人說：「ㄇ一
ㄚ」，兒童回應說「ㄇㄚ」（讀作「媽」）。

施測說明

器材

　　無必備器材。

方法

　　觀察：本項目可能須直接施測。

　　直接施測：大人分別念兩個注音（通常是一個聲母、一個韻母），例如：「ㄅ一
　　　　　　　ㄟ」，兒童聽到後能直接念出「ㄅㄟ」的字音（讀作「杯」）。

短期目標 2.2　說出同韻字

通過標準

　　兒童能於要求下說出與範例字彙押同韻的字彙（無意義的字亦可）。例如：大
人說「貓」，兒童說「包」。

施測說明

器材

　　無必備器材。

方法

　　觀察：本項目須直接施測。

　　直接施測：大人說某個字彙，要兒童說出與它押同韻的字。例如：大人說
　　　　　　　「花」，兒童說「瓜」。

認知領域

長期目標 G3　看注音符號拼音

通過標準

　　兒童主動或於要求下，在看到注音雙拼字時（如：ㄇㄚ、ㄏㄠˇ、ㄅㄟ），能夠直接拼音念讀出所代表的字音。

施測說明

器材

　　印刷或書寫的注音雙拼字。

方法

　　觀察：觀察在兒童閱讀或看字卡時，是否能夠直接拼音念讀出注音雙拼字。

　　直接施測：要求兒童讀一些簡單的注音雙拼字，觀察他可否直接正確念讀出來。

短期目標 3.1　念出個別的注音符號

通過標準

　　兒童主動或於要求下，可念出至少五個注音符號。例如：當大人指著某些注音符號問：「這是什麼？」兒童會念出該注音符號。

施測說明

器材

　　印刷或書寫的注音符號。

方法

　　觀察：看兒童可否命名至少五個注音符號。例如：當他在玩注音符號磁鐵時，能夠正確說出注音符號的名稱。

　　直接施測：在兒童面前呈現一些注音符號，並要求他念出，觀察他是否能夠正確念出至少五個注音符號。

註：通常兒童比較早學會的注音符號是ㄅ、ㄆ、ㄇ、ㄨ、ㄧ、ㄚ，以及自己名字的注音。這些注音符號應該先呈現。

長期目標 G4　念讀國字

通過標準

　　兒童能夠主動或於要求下，認出五個常見的國字，其中一個字可能是他的名字。

施測說明

器材

　　任何印刷或書寫的國字。

方法

　　觀察：在不同情境中，如：超級市場、車站、郵局、醫院等，觀察他是否能認
　　　　　讀出五個常見的國字，其中一個字可能是他自己的名字。

　　直接測試：呈現一些文字，看兒童可否念出至少五個常見國字，其中一個字可
　　　　　　　能是他的名字。

短期目標 4.1　指認國字

通過標準

　　兒童主動或於要求下，可指認至少五個國字。例如：大人指著書中一排文字中
的「大」，問兒童：「哪一個是大？」兒童會正確指出來。

施測說明

器材

　　任何印刷或書寫的國字。

方法

　　觀察：看兒童是否有能力指認至少五個國字。例如：兒童在看故事書時，能夠
　　　　　正確說出或指認一些國字。

　　直接施測：在兒童面前呈現一些國字，並要求他指認，觀察他是否能夠正確指
　　　　　　　認五個國字。

註：通常兒童比較早學會的國字是自己的名字，以及王、大、小、中等筆劃較簡單
　　的字。這些國字應該先呈現。

認知領域

☆ **評量、評鑑及課程計畫系統** ☆

社會溝通領域

社會溝通領域的項目乃根據此理論觀點為基礎：溝通包含三個互相重疊及相關的發展層面：(1)內容（透過語言所表達的意義）；(2)形式（語言的句法及語法）；(3)語用（在社會情境下的溝通功能）。

社會溝通領域設計來評量兒童在教室及家庭活動中、會話及社會互動時，使用的語言與溝通技巧。這個領域的項目評鑑社會互動性溝通，例如：兒童對詞彙、會話規則及語法結構的運用能力。此領域的項目測量下列技巧的習得狀況：

- 社會互動性溝通。
- 詞彙、片語及句子表達。

社會溝通記錄表（Social-Communication Recording Form）及社會溝通總結表（Social-Communication Summary Form）（兩個表格都見附錄 D）是用來蒐集、記錄與分析兒童的社會溝通行為。這些表格（或其他類似的表格），建議用於社會溝通領域的計分上。在本章結尾提供了蒐集社會溝通領域資料的訊息。

提醒使用者：在社會溝通領域的項目，須相互參考在認知及社會領域的項目。例如：一個兒童命名及指認顏色的能力（認知領域涵蓋的技巧），有賴於兒童能否理解口語指令，或類似的問句，例如：「告訴我哪一個是綠色的？」或「這是什麼顏色？」一個兒童可能知道那些顏色但卻無法說出適當的詞彙。假如一個兒童無法執行被指定的工作，介入者應自問：「兒童的內在能力中，是否缺少另一個行為能力，以至於無法表現出目前評量的這一項行為？」

綱目 A 社會互動性溝通

長期目標G1 使用詞彙、片語或句子，來告知、引導、詢問，以及表達預期、

嬰幼兒評量、評鑑及課程計畫系統（第三冊）

想像、情感與情緒

短期目標 1.1　使用詞彙、片語或句子來表達預期的結果

短期目標 1.2　使用詞彙、片語或句子來描述假想的物品、事件或人物

短期目標 1.3　使用詞彙、片語或句子來命名自己或他人的情感與情緒

短期目標 1.4　使用詞彙、片語或句子來描述過去的事件

短期目標 1.5　使用詞彙、片語或句子來對他人提出看法或要求

短期目標 1.6　使用詞彙、片語或句子來獲得訊息

短期目標 1.7　使用詞彙、片語或句子來傳達訊息

長期目標 G2　使用會話規則

短期目標 2.1　輪流扮演說者和聽者的角色

短期目標 2.2　回應別人轉換的話題

短期目標 2.3　問問題要求澄清

短期目標 2.4　回應後續相關的話題

短期目標 2.5　主動談起與情境相關的話題

短期目標 2.6　回應他人談起的話題

長期目標 G3　建立及變化社會溝通的角色

短期目標 3.1　變化說話的嗓音以傳達意思

短期目標 3.2　使用適當的社會化肢體語言

綱目 B　詞彙、片語及句子表達

長期目標 G1　使用動詞相關詞類

短期目標 1.1　使用動介詞（如：把、讓）

短期目標 1.2　使用動態助詞（如：戴著、吃過）

短期目標 1.3　使用動詞補語（如：站起來、走出去）

短期目標 1.4　使用助動詞（如：會、能）

長期目標 G2　使用名詞相關詞類

短期目標 2.1　使用量詞（如：隻、顆）

短期目標 2.2　使用方位詞（如：裡面、旁邊）

短期目標 2.3　使用所有格「的」（如：媽媽的、小華的）

長期目標 G3　使用問句

社會溝通領域

短期目標 3.1　使用「什麼時候」問句

短期目標 3.2　使用是／非問句

短期目標 3.3　使用「為什麼」、「誰」、「怎麼」問句

短期目標 3.4　使用「語尾助詞」問句

短期目標 3.5　使用「什麼」、「哪裡」問句

短期目標 3.6　提高句尾語調來問問題

長期目標 G4　使用代名詞

短期目標 4.1　使用所有格人稱代名詞（如：我的、他們的）

短期目標 4.2　使用人稱代名詞（如：你、我們）

短期目標 4.3　使用不定代名詞（如：每個、一些）

短期目標 4.4　使用指示代名詞（如：那個、這些）

長期目標 G5　使用描述性詞彙

短期目標 5.1　使用連接詞（如：因為、可是）

短期目標 5.2　使用副詞（如：很大、正在吃）

短期目標 5.3　使用形容詞（如：圓、漂亮）

社會溝通領域

綱目 A　社會互動性溝通

長期目標 G1　使用詞彙、片語或句子，來告知、引導、詢問，以及表達預期、想像、情感與情緒

通過標準

兒童會使用詞彙、片語或句子來達到下列目的：

- 表達預期的結果。
- 描述假想的物品、事件或人物。
- 命名自己或他人的情感與情緒。
- 描述過去的事件。
- 對他人提出看法或要求。
- 獲得訊息。
- 傳達訊息。

施測說明（詳見短期目標 1.1 至 1.7 的施測說明）

註：如果兒童在所有短期目標上都得到 2 分，則長期目標評為 2 分。如果兒童在短期目標上的得分是 0、1 或 2 分的任何一種組合，則長期目標評為 1 分。如果兒童在所有短期目標上都得到 0 分，則長期目標評為 0 分。

句法錯誤是可接受的。

本項目須採集語言樣本作為評量資料（參考 242-245 頁）。

短期目標 1.1　使用詞彙、片語或句子來表達預期的結果

通過標準

兒童會使用詞彙、片語或句子，來傳達關於未來事件的訊息。例如：當小朋友

在爬高時，兒童說「小心」來提醒對方避免跌倒。兒童能預期他熟悉的故事結尾，所以說：「聖誕節時聖誕老公公會到我的屋頂上。」

施測說明

器材

兒童感興趣的物品。

方法

觀察：觀察兒童使用詞彙、片語或句子，來傳達關於未來事件訊息的能力。例如：兒童說：「我放學後要去麥當勞。」

直接施測：安排一些事件、發表一些看法，以及問問題，鼓勵兒童表達他所預期的結果。觀察兒童使用詞彙、片語或句子，來傳達關於未來事件訊息的能力。例如：看故事書時，大人可以停下來並說：「喔～我很好奇接下來會發生什麼事。」然後兒童說：「我想巨人會醒來。」又如大人問：「這個週末你要做什麼？」兒童回答：「我爸爸要帶我去釣魚。」

註：句法錯誤是可接受的。

本項目可與認知領域的綱目 B 長期目標 G7，以及綱目 F 短期目標 2.2 相互對照參考。

本項目須採集語言樣本作為評量資料（參考 242-245 頁）。

短期目標 1.2　使用詞彙、片語或句子來描述假想的物品、事件或人物

通過標準

兒童會使用詞彙、片語或句子，說明想像的物品、事件或人物。例如：兒童說：「我是超人。」或者兒童說：「讓我們來生火，你去找一些木頭來。」並表演出露營的情節。

施測說明

器材

不需任何器材。

方法

觀察：觀察兒童使用詞彙、片語或句子，說明想像的物品、人物或事件的能力。

社會溝通領域

例如：和小朋友一起玩時，兒童說：「你假裝是鹹蛋超人，你要來幫助我。」

直接施測：安排一些想像性活動，鼓勵兒童描述假想的物品、事件或人物。觀察兒童使用詞彙、片語或句子，說明想像的物品、人物或事件的能力。例如：大人說：「我們假裝去海邊玩。」兒童便說：「我來準備毛巾和防曬乳。」並開始收集想像的物品。又如大人說：「讓我們假裝這裡是醫院，我是一個醫生，你想要當什麼？」兒童說：「我要演一個爸爸，帶著生病的寶寶。」

註：句法錯誤是可接受的。

本項目可與認知領域的綱目 G 長期目標 G1 相互對照參考。

本項目須採集語言樣本作為評量資料（參考 242-245 頁）。

短期目標 1.3　使用詞彙、片語或句子來命名自己或他人的情感與情緒

通過標準

兒童會使用詞彙、片語或句子，來命名自己或他人的情感與情緒。例如：兒童從一個活動中退出並說：「我不喜歡玩那個。」或者兒童看到一個大人在笑，便說：「你很高興。」

施測說明

器材

兒童感興趣的物品。

方法

觀察：觀察兒童使用詞彙、片語或句子，來命名自己或他人的情感與情緒的能力。例如：談到故事裡的角色時，兒童說：「巫婆很壞。」

直接施測：安排一些事件、發表一些看法以及問問題，鼓勵兒童表達情感與情緒。觀察兒童使用詞彙、片語或句子，來命名自己或他人的情感與情緒的能力。例如：寵物秀時，大人說：「那個男孩找不到他的寵物，我在想，他會覺得怎樣？」兒童說：「我想他會難過。」或「他很難過。」

註：句法錯誤是可接受的。

本項目可與社會領域的綱目 C 長期目標 G1 相互對照參考。

本項目須採集語言樣本作為評量資料（參考 242-245 頁）。

短期目標 1.4　使用詞彙、片語或句子來描述過去的事件

通過標準

　　兒童會使用詞彙、片語或句子，來描述剛發生不久或已過了一段時間的行動和事件。例如：當兒童談到之前看過的影片時，說：「那個壞蛋追他，結果他跌倒了。」又如：兒童說到之前的美勞活動時，說：「我做了一頂帽子。」

施測說明

器材

　　不需任何器材。

方法

　　觀察：觀察兒童使用詞彙、片語或句子，來描述過去事件的能力。例如：吃完
　　　　　點心後，兒童向其他小朋友說：「今天吃點心時，我有幫忙分喔。」

　　直接施測：問一些過去事件的問題，誘導出相關的訊息，以鼓勵兒童描述過去
　　　　　　　的事件。觀察兒童使用詞彙、片語或句子，來描述過去事件的能力。
　　　　　　　例如：大人問兒童在學校做了什麼事，兒童說：「我畫了一艘船。」

註：句法錯誤是可接受的。

　　本項目可與社會溝通領域的綱目 B 短期目標 1.2；認知領域的綱目 B 長期目標 G7；以及認知領域的綱目 E 長期目標 G1 相互對照參考。

　　本項目須採集語言樣本作為評量資料（參考 242-245 頁）。

短期目標 1.5　使用詞彙、片語或句子來對他人提出看法或要求

通過標準

　　兒童會使用詞彙、片語或句子，對他人說出看法或要求。例如：兒童說：「給我紅色的那個。」或者在盪鞦韆時，兒童說：「幫我推。」

嬰幼兒評量、評鑑及課程計畫系統（第三冊）

社會溝通領域

施測說明

器材

不需任何器材。

方法

觀察：觀察兒童使用詞彙、片語或句子，對他人提出看法或要求的能力。例如：在玩積木時，兒童說：「給我一個圓形的。」

直接施測：本項目不適合直接施測。

註：句法錯誤是可接受的。

本項目可與社會領域的綱目 A 長期目標 G2 相互對照參考。

本項目須採集語言樣本作為評量資料（參考 242-245 頁）。

短期目標 1.6　使用詞彙、片語或句子來獲得訊息

通過標準

兒童會使用詞彙、片語、句子，或上揚的語調來獲得訊息。例如：兒童找不到外套時，問說：「我的外套呢？」（語調上揚）又如兒童看到小朋友在吃東西時，說：「那是你的餅乾嗎？」或者兒童問班上老師說：「我媽媽什麼時候回來？」

施測說明

器材

兒童感興趣的物品。

方法

觀察：觀察兒童問問題，或用上揚的語調說話，以獲得訊息的能力。例如：兒童指著地板上的工具，並問：「你在做什麼？」或「你要修理這個嗎？」

直接施測：準備一些物品或安排一些事件，鼓勵兒童來獲得訊息。觀察兒童問問題，或用上揚的語調說話，以獲得訊息的能力。例如：大人拿兒童不熟悉的物品給他看，兒童說：「那是什麼？」或「你要用那個做什麼？」或「那是你的？」

註：句法錯誤是可接受的。

本項目可與社會溝通領域的綱目 B 長期目標 G3，以及短期目標 3.1 到 3.6 相互對照參考。

本項目須採集語言樣本作為評量資料（參考 242-245 頁）。

短期目標 1.7　使用詞彙、片語或句子來傳達訊息

通過標準

兒童會使用詞彙、片語或句子，來描述物品、行動及事件，以便傳達計畫、意圖及經驗給他人。例如：兒童呼叫父母，並說：「我要去外面。」或者兒童靠近一個小朋友，並說：「我有紅色的鞋子。」另外如：兒童指著一輛卡車說：「那是我爸爸的卡車。」

施測說明

器材

兒童感興趣的物品。

方法

觀察：觀察兒童使用詞彙、片語或句子，來提供訊息的能力。例如：兒童指著自己的媽媽，並說：「那是我媽媽。」

直接施測：發表一些看法或問問題，鼓勵兒童描述物品、行動及事件，以便傳達計畫、意圖及經驗。觀察兒童使用詞彙、片語或句子，來提供訊息的能力。例如：兒童正在畫畫時，大人說：「喔～畫得不錯！」兒童回說：「那是我的房子。」或者大人問：「你要什麼顏色？」兒童說：「紅色。」

註：句法錯誤是可接受的。

本項目須採集語言樣本作為評量資料（參考 242-245 頁）。

長期目標 G2　使用會話規則

通過標準

兒童會運用會話的規則，開始及維持一來一往的溝通兩回合或連續更多回。一回合包含來自兒童及另一人兩者的回應。會話規則包含下列：

- 輪流扮演說者和聽者的角色。
- 回應別人轉換的話題。

- 問問題要求澄清。
- 回應後續相關的話題。
- 主動談起與情境相關的話題。
- 回應他人談起的話題。

施測說明（詳見短期目標 2.1 至 2.6 的施測說明）

註：如果兒童在所有短期目標上都得到 2 分，則長期目標評為 2 分。如果兒童在短
　　期目標上的得分是 0、1 或 2 分的任何一種組合，則長期目標評為 1 分。如果兒
　　童在所有短期目標上都得到 0 分，則長期目標評為 0 分。

　　本項目須採集語言樣本作為評量資料（參考 242-245 頁）。

短期目標 2.1　輪流扮演說者和聽者的角色

通過標準

　　兒童在談話中會運用適當的反應，輪流扮演說者和聽者的角色。例如：兒童發
表一個看法或問了一個問題後，停下來並看著溝通的夥伴。或者兒童問說：「我的
書在哪裡？」媽媽說：「在這裡。」兒童又問：「在哪裡？」

施測說明

器材

　　兒童感興趣的物品。

方法

　　觀察：觀察兒童在談話中使用適當的反應，輪流扮演說者／聽者角色的能力。
　　　　　例如：兒童問：「那是你的狗嗎？」然後停下來等待別人反應。
　　直接施測：本項目不適合直接施測，然而依據個別興趣、同儕偏好，以及功能
　　　　　　　性發展水準等因素，將兒童組成適當的團體，有助於誘發互動性的
　　　　　　　溝通。想辦法參與兒童的遊戲，並允許兒童有機會參與溝通及互動，
　　　　　　　亦可鼓勵其溝通的交換。

註：本項目須採集語言樣本作為評量資料（參考 242-245 頁）。

短期目標 2.2　回應別人轉換的話題

通過標準

當別人開始轉換話題時，兒童以發表看法、回答或問問題的方式回應，以連結到新的話題上。例如：兒童說：「我要在外面玩久一點。」接著大人說：「我們現在必須進去準備一些特別的點心。」兒童回說：「那是什麼？」

施測說明

器材

兒童感興趣的物品。

方法

觀察：當別人開始轉換話題時，觀察兒童以發表看法、回答或問問題的方式回應，以連結到新話題的能力。例如：兒童說：「寶寶正在睡覺。」接著大人說：「時間到了，該把玩具娃娃拿走，準備出門了。」兒童回答：「我可以去外面盪鞦韆。」

直接施測：當和兒童談話時，改變談論的話題，觀察兒童對話題轉變的回應能力。例如：兒童說：「我喜歡玩車子。」大人說：「你看！下雨了！」兒童回答：「我要我的雨鞋。」或者在學校的團體活動時，兒童說：「我喜歡農場的動物。」接著大人說：「吃點心時間到了。」兒童回答：「我要果汁和餅乾。」

註：本項目須採集語言樣本作為評量資料（參考 242-245 頁）。

短期目標 2.3　問問題要求澄清

通過標準

在一來一往的溝通時，兒童會以評論或問問題的方式，表示需要澄清（如：重複、修飾或確認）。例如：當聽不懂另一個人說什麼時，兒童說：「什麼？」又如不確定他人所指為何物時，兒童問：「那個嗎？」

施測說明

器材

> 兒童感興趣的物品。

方法

> 觀察：觀察兒童在一來一往的溝通時，以評論或問問題的方式，表示需要澄清
> （即重複、修飾或確認）的能力。例如：當不確定另一人談到的人是哪
> 一個時，兒童伸出手指著問：「他嗎？」

> 直接施測：本項目不適合直接施測，不過可以安排模糊的情境並問問題，或者
> 給兒童模糊的指示，藉此鼓勵兒童使用策略來修補溝通的中斷。例
> 如：大人指著架子上的一些玩偶說：「你可以給我那個娃娃嗎？」
> 兒童問：「哪一個？」

註：本項目須採集語言樣本作為評量資料（參考 242-245 頁）。

短期目標 2.4　回應後續相關的話題

通過標準

> 當別人對兒童先前說的話，要求澄清、重複、修飾或確認時，兒童會提供相關
> 的訊息。例如：兒童說：「她丟那個。」大人問：「誰丟的？」兒童回答說：「瑞
> 秋，瑞秋丟的。」另外例如：兒童說：「這些鞋子。」大人問：「那些是你的鞋子
> 嗎？」兒童肯定地點點頭並說：「沒錯。」又如大人問：「你為什麼要穿上外套？」
> 而兒童回說：「天氣很冷啊！」

施測說明

器材

> 兒童感興趣的物品。

方法

> 觀察：觀察兒童回應別人後續問題的能力。例如：兒童說：「我要那個。」大
> 人問說：「你要什麼？」兒童回答：「我要小熊拼圖。」

> 直接施測：當兒童發表看法時，問些與其看法有關的問題，觀察兒童回應後續
> 問題的能力。例如：兒童說：「放學後我要和我媽媽去逛街。」大
> 人說：「你想要買什麼？」兒童說：「喜樂麥片。」

註：本項目須採集語言樣本作為評量資料（參考 242-245 頁）。

短期目標2.5　主動談起與情境相關的話題

通過標準

　　兒童會主動談起與情境或溝通夥伴有關的話題。例如：兒童看到小朋友拿著蠟筆，便說：「我要那支紅色的。」另外如：兒童看到大人戴太陽眼鏡，便說：「你戴眼鏡耶！」

施測說明

器材

　　兒童感興趣的物品。

方法

　　觀察：觀察兒童主動談起與情境或溝通夥伴有關話題的能力。例如：吃完點心後大人正在清理時，兒童靠過來並說：「我可以幫忙清理桌子嗎？」

　　直接施測：本項目不適合直接施測。

註：本項目須採集語言樣本作為評量資料（參考 242-245 頁）。

短期目標2.6　回應他人談起的話題

通過標準

　　對別人的談話，兒童會以相關的話題來回應，包括對別人看法的認可、回答別人的問題、要求澄清，或發表有關的看法。例如：大人說：「時間到了，去拿你的外套和帽子，然後到門旁邊排隊。」然後兒童說：「好的。」另外如：大人表示：「你今天穿新的鞋子。」兒童說：「我媽媽在鞋店裡買的。」又如大人問：「你怎麼了？」兒童回說：「跌倒了。」

施測說明

器材

　　兒童感興趣的物品。

方法

　　觀察：觀察兒童回應他人談起的話題的能力。例如：小朋友說：「我家有一隻

社會溝通領域

貓。」兒童回應說：「牠的名字是什麼？」

直接施測：主動和兒童談話，說些和兒童或情境有關的看法或問題，觀察兒童
以相關話題來回應你的能力，包括對你的認可、回答問題、要求澄
清，或發表有關的看法。例如：大人接近兒童並說：「今天你媽媽
帶你來上學。」兒童說：「因為媽媽今天不必工作。」

註：本項目可與認知領域的綱目 A 短期目標 1.1、1.2 和 2.2；長期目標 G3；及短期
目標 3.2 相互對照參考。

本項目須採集語言樣本作為評量資料（參考 242-245 頁）。

長期目標 G3　建立及變化社會溝通的角色

通過標準

兒童會配合聽者的需求及社會角色，改變片語及句子的形式、長度及語法複雜
度。例如：兒童對父母說：「我要吃口香糖。」但面對另一個不熟的大人時，兒童
改以較客氣的語言形式說：「我可以吃口香糖嗎？」另外如：兒童用較短、較簡單
的句子，問一個小小孩說：「要餅乾嗎？」

施測說明

器材

不需任何器材。

方法

觀察：觀察兒童配合聽者的需求及社會角色，改變片語及句子的形式、長度、
說話的語氣，以及語法複雜度的能力。例如：兒童對著小朋友說：「給
我那個餅乾。」但卻問老師說：「我可不可以吃一塊餅乾？」

直接施測：要求兒童提供訊息給不同人，或從不同人身上蒐集訊息。觀察兒童
配合聽者的需求及社會角色，改變片語及句子的形式、長度、說話
的語氣及語法複雜度的能力。例如：大人叫兒童去問老師，是否能
允許兒童去外面玩，然後大人又叫兒童去問較小的小朋友，是否想
去外面玩。

註：本項目須採集語言樣本作為評量資料（參考 242-245 頁）。

短期目標 3.1　變化說話的嗓音以傳達意思

通過標準

　　兒童會使用適合於情境、聽者及溝通意義的嗓音音調（高、低）及強度（大聲、輕柔）。例如：在玩的時候兒童雖然會喊叫，但注意到他爸爸正在睡覺後，開始輕聲說話。或者兒童和嬰兒說話時，使用較高的音調，但較小的聲音。另外兒童在問問題時句尾語調會提高。

施測說明

器材

　　不需任何器材。

方法

　　觀察：觀察兒童使用適合於情境、聽者及溝通意義的嗓音音調（高、低）及強度（大聲、輕柔）的能力。例如：兒童會對在遊樂場另一邊的小朋友大聲喊叫，但當小朋友在身旁時會以正常的音量說話。

　　直接施測：本項目不適合直接施測，不過藉由安排想像的情境，要兒童扮演不同的角色，可鼓勵兒童運用不同的說話方式來傳達意思。例如：大人說：「讓我們假裝你是一個爸爸，而且你氣瘋了。」或者說：「你假裝是小寶寶，而且你生病了。」

註：本項目須採集語言樣本作為評量資料（參考 242-245 頁）。

短期目標 3.2　使用適當的社會化肢體語言

通過標準

　　在一來一往的溝通時，兒童會看著說話者的臉，並和他人維持適當的身體距離及姿勢。例如：當被叫到名字時，兒童會轉頭並注視說話的人。或者當小朋友要告訴兒童一個秘密時，兒童會看著並傾身靠近對方。

施測說明

器材

　　不需任何器材。

嬰幼兒評量、評鑑及課程計畫系統（第三冊）

方法

觀察：觀察兒童在一來一往的溝通時，看著說話者的臉，並和他人維持適當的身體距離及姿勢的能力。

直接施測：主動開始和兒童一來一往的溝通，在其中觀察兒童運用適當的社會化肢體語言的能力。

註：本項目可與認知領域的綱目 A 短期目標 2.2 及 3.3 相互對照參考。

本項目須採集語言樣本作為評量資料（參考 242-245 頁）。

綱目 B　詞彙、片語及句子表達

譯者說明：

英語與漢語在語法的表現方式差異甚大，英語主要是透過詞彙的形態變化標示出該詞彙的語法功能（如：表示「現在進行式」的動詞字尾須加上「ing」），但漢語無明顯此類詞形標示；影響語法的主要因素在於詞彙順序及其語意內涵。因此翻譯時做了部分增刪，特此說明如下。

原則上依照原文的詞類分類架構，將漢語中有相同功能的詞彙類別譯出，但與漢語差異大或漢語根本無此結構的，則刪除該項目，並以漢語中重要且易於判斷的詞類替換，最後再依漢語語言發展的概念，重新調整各短期目標的順序。

另外，漢語中同一詞類的發展可能長達數年（如：同樣是動介詞，「把」可能三歲即出現，但「被」的正確表達甚至要到五、六歲以後），其中牽涉到語意概念的掌握，同一句法配上不同詞彙時，其困難度即可能改變，故理論上最好以正確表達的「詞彙量」為準，較能反映兒童的發展水準。但如此一來，不符合評量、評鑑及課程計畫系統的評量精神，且評量方式過於複雜，因此目前還是保留原有的計分方式，但在實際評量時，使用者須多考量此一因素，以免高估兒童的語言表達能力。

綜合上述，將各短期目標增刪的原因說明如下：

一、動詞類

1. 保留：助動詞。

2. 刪除：be動詞（如：I「am」sick）、第三人稱單數（如：The dog「barks」）、不規則的過去式（如：Mommy「went」to work）、規則的過去式（如：We「walked」home）、現在進行式（如：He「is running」fast），因為漢語無以上詞形變化。

3. 增加：動介詞（用來修飾動詞，如：「把」他拉起來）、動態助詞（表示動

嬰幼兒評量、評鑑及課程計畫系統（第三冊）

作正在進行或完成，如：我吃「過」了）、動詞補語（補充說明動詞，如：妹妹站「起來」）。

二、名詞類

1. 保留：使用所有格（但英語是加上「s」來表示，如：That is「Sammy's」truck；漢語則是加上「的」來表示，如：這是「弟弟的」玩具）。

2. 刪除：不規則的複數（如：My「teeth」are brushed）、規則的複數（如：I want those「blocks」），因為漢語無以上詞形變化。

3. 增加：量詞（表示單位，加在數詞之後，如：我有五「顆」巧克力）、方位詞（在漢語中有固定位置，詞性是名詞，但功能上有時類似介詞，如：放在桌子「上面」）。

※有關人稱、物品……等常用名詞之評量，請參照《嬰幼兒評量、評鑑及課程計畫系統Ⅰ》。

三、疑問詞

1. 保留：「是非問句」、「什麼時候」、「為什麼」、「誰」、「怎麼」、「什麼」、「哪裡」，以及「提高句尾語調來問問題」等項目，但依漢語發展的研究資料重新調整短期目標的順序。

2. 刪除：助動詞調到句首問問題（如：「Is」he hiding?），因為漢語無此句形變化。

3. 增加：「語氣助詞」問句（如：是這樣「嗎」？）。

四、代名詞

保留：所有項目皆保留，包括不定代名詞（如：「每個」小朋友都很乖）、指示代名詞（如：「這些」金魚很漂亮）、人稱代名詞（如：「我們」不喜歡「你」，但因漢語主詞與受詞的詞形一樣，故合併成一項），以及所有格人稱代名詞（如：「他們的」作品好遜喔！）；但短期目標的順序稍有調動，因漢語「所有格人稱代名詞」是在人稱代名詞後加上「的」來表現，理論上會較晚發展出來。

五、描述性詞彙

1. 保留：形容詞、副詞、連接詞，但重新調整短期目標的順序。另外，補充說明如下：

(1)連接詞：這裡把三個層次的用法合在一起。發展的歷程應該是由詞彙的連接開始，例如：爸爸跟媽媽→媽媽跟住在樓下的伯伯→你可以去公園或是在家看電視。

(2)副詞：英語的副詞常以構詞形態決定（如：字尾加上「ly」），但是漢語的副詞可用來修飾動詞與名詞，句構的呈現較複雜，因此增列了各式副詞例句供讀者參考。

2. 刪除：介詞（如：It's「under」the table，在漢語中是以動介詞及方位詞來表現類似功能）、比較級與最高級形容詞（如：The red one is「better」，漢語無此詞形變化），以及冠詞（如：I can't find「the」ball）。

➡ 參考資料

1. 布欲民、陳漢森（民 82）。寫作語法修辭手冊。台北：書林出版有限公司。

2. 張欣戊、黃惠玲（民 75）。國語「的」字運用及理解的發展研究。國科會專題研究報告（NSC 74-0301-H002-16）。

3. 張顯達（民 88）。國語語法的習得歷程。語言病理學基礎第三卷，第二章。台北：心理出版社。

4. 黃宣範譯著（民 72）。漢語語法。台北：文鶴出版有限公司。

長期目標 G1　使用動詞相關詞類

通過標準

兒童會使用下列與動詞相關的詞類：

- 動介詞。
- 動態助詞。
- 動詞補語。
- 助動詞。

施測說明（詳見短期目標 1.1 至 1.4 的施測說明）

註：如果兒童在所有短期目標上都得到 2 分，則長期目標評為 2 分。如果兒童在短
　　期目標上的得分是 0、1 或 2 分的任何一種組合，則長期目標評為 1 分。如果兒
　　童在所有短期目標上都得到 0 分，則長期目標評為 0 分。

　　本項目須採集語言樣本作為評量資料（參考 242-245 頁）。

短期目標 1.1　使用動介詞

通過標準

　　兒童會使用適當的動介詞和名詞結合，來修飾動詞：

- 把（如：「把小明叫過來」、「弟弟把果汁弄翻了」）。
- 給（如：「我不要給他玩」、「哥哥給我吃餅乾」）。
- 讓（如：「姊姊說要讓我騎」、「你不可以讓他玩」）。
- 被（如：「我剛剛被球打到」、「今天早上哥哥被媽媽罵」）。

　　須注意兒童使用動介詞時，是否合於句子語法及語意脈絡。

施測說明

器材

　　兒童感興趣的物品。

方法

　　觀察：觀察兒童適當地使用上列動介詞的能力。例如：兒童說：「他把果汁喝
　　　　　光了。」或「你讓我玩一下。」

　　直接施測：本項目不適合直接施測；然而，讓兒童參與團體遊戲，並給兒童描
　　　　　　述人物動作及事件的機會，或者藉由安排事件、問兒童問題，或發
　　　　　　表對事件的看法……可鼓勵兒童使用動介詞。例如：一起玩扮家家
　　　　　　酒時，大人一邊幫娃娃脫衣服一邊說：「娃娃要洗澡了。」兒童說：
　　　　　　「你要把她的鞋子脫下來。」或者大人和兒童一起畫圖時，大人說：
　　　　　　「你畫的是什麼房子？」兒童說：「狗屋，是給狗狗住的。」另外，
　　　　　　大人可以指著兒童的臉問他：「你的臉怎麼紅紅的？」兒童回答說：
　　　　　　「剛剛被小朋友抓的。」

註：本項目須採集語言樣本作為評量資料（參考 242-245 頁）。

短期目標 1.2　使用動態助詞

通過標準

兒童會適當地將動態助詞與動詞結合，來表示動作正在進行或已經完成：

- 了（如：「他蓋了兩間房子」、「我弟弟睡了很久」）。
- 著（如：「她戴著大人的帽子」、「媽媽拿著兩把雨傘」）。
- 過（如：「妹妹已經洗過澡」、「我去過木柵動物園」）。
- 在（如：「他在房間玩」、「媽媽在廚房煮飯」）。

須注意兒童使用動態助詞時，是否合於句子語法及語意脈絡。

施測說明

器材

兒童感興趣的物品。

方法

觀察：觀察兒童適當地使用上列動態助詞的能力。例如：兒童說：「我做了很多餅乾。」或「哥哥吃過芒果冰淇淋。」

直接施測：本項目不適合直接施測；然而，讓兒童參與團體遊戲，並給兒童描述人物動作及事件的機會，或者藉由安排事件、問兒童問題，或發表對事件的看法……可鼓勵兒童使用動態助詞。例如：大人拿出一本故事書並對兒童說：「這本書很棒喔！」兒童說：「我早就看過了。」或者大人和兒童一起玩黏土時問兒童：「你現在到底在做什麼啊？」兒童回答：「你看不出來嗎？我正在做漢堡啊！」另外，大人可和兒童一起看小紅帽的故事書，一邊指著圖片一邊說：「小紅帽頭上戴什麼？」兒童回答說：「她戴著紅色的帽子。」

註：本項目須採集語言樣本作為評量資料（參考 242-245 頁）。

短期目標 1.3　使用動詞補語

通過標準

兒童會在動詞後面結合適當的動詞補語，來修飾動詞。例如：兒童說：「你趕

社會溝通領域

快站起來。」或「他剛剛走出去了。」須注意兒童使用動詞補語時，是否合於句子語法及語意脈絡。

施測說明

器材

> 兒童感興趣的物品。

方法

> 觀察：觀察兒童適當地使用動詞補語的能力。例如：兒童說：「我把蠟筆放進去。」或「哥哥自己從安親班走回來。」

> 直接施測：本項目不適合直接施測；然而，讓兒童參與團體遊戲，並給兒童描述人物動作及事件的機會，或者藉由安排事件、問兒童問題，或發表對事件的看法……可鼓勵兒童使用動詞補語。例如：兒童在玩攀爬遊戲時，大人問：「你剛剛怎麼了？」兒童說：「我差一點掉下去。」或者一起看故事書時，大人問：「你看，怎麼會有這隻腳？」兒童說：「是大野狼的腳露出來了。」又如在上美勞課時，兒童說：「我要把星星剪下來。」

註：本項目須採集語言樣本作為評量資料（參考 242-245 頁）。

短期目標 1.4　使用助動詞

通過標準

> 兒童會使用適當的助動詞來與其他動詞結合，助動詞包括下列：

> • 會（表示能力、意願或未來，如：「我不會游泳」、「他不會告訴她」、「你會跌倒」、「她會去」）。

> • 能、能夠（表能力或允許，如：「我能夠很快寫完作業」、「我能去你家玩嗎？」）。

> • 可以（表能力或允許，如：「我可以跑得很快」、「我們可以走了」）。

> • 得、必須（如：「我得做這個嗎？」、「你必須先收好東西，才可以看卡通」）。

> 須注意兒童使用助動詞時，是否合於句子語法及語意脈絡。

施測說明

器材

> 兒童感興趣的物品。

方法

> 觀察：觀察兒童適當地使用上列助動詞的能力。例如：兒童說：「她要走了。」
> 或「你應該吃你的晚餐。」

> 直接施測：本項目不適合直接施測；然而，讓兒童參與遊戲，並給兒童描述人
> 物動作及事件的機會，或者藉由安排事件、問兒童問題，或發表對
> 事件的看法……可鼓勵兒童使用助動詞。例如：大人沿著地板推車
> 時，兒童說：「它可以走快一點。」成人把娃娃放在床上並問兒童：
> 「娃娃現在應該做什麼？」兒童說：「她應該去睡覺了。」大人拿
> 著外套並說：「我們接下來要做什麼？」兒童說：「我要去玩。」
> 大人看著兒童說：「你會做什麼？」兒童說：「我會切這個。」

註：本項目須採集語言樣本作為評量資料（參考 242-245 頁）。

長期目標 G2 使用名詞相關詞類

通過標準

> 兒童會使用下列名詞相關詞類：
>
> - 量詞。
> - 方位詞。
> - 所有格「的」。

施測說明（詳見短期目標 2.1 至 2.3 的施測說明）

註：如果兒童在所有短期目標上都得到 2 分，則長期目標評為 2 分。如果兒童在短
期目標上的得分是 0、1 或 2 分的任何一種組合，則長期目標評為 1 分。如果兒
童在所有短期目標上都得到 0 分，則長期目標評為 0 分。

本項目須採集語言樣本作為評量資料（參考 242-245 頁）。

嬰幼兒評量、評鑑及課程計畫系統（第三冊）

短期目標 2.1　使用量詞

通過標準

　　兒童會使用適當的量詞（除了「個」以外的量詞才算，因為「個」在三歲以前即已發展出來）來表示人、事、物，或動作的單位：

- 個體量詞（如：「盒子裡只剩下一塊餅乾」、「這裡有一隻小鳥」）。
- 動量詞（如：「我還要再聽一次」）。
- 借用量詞（如：「妹妹喝了三瓶養樂多」、「爸爸晚上都吃兩碗飯」）。

施測說明

器材

　　兒童感興趣的物品。

方法

　　觀察：觀察兒童使用適當的量詞來表示人、事、物，或動作單位的能力。例如：兒童說：「他有好多輛挖土機。」或「我剛剛只看了一本故事書。」

　　直接施測：在學習數量概念的活動中，引導兒童說明人、事、物，或動作的單位。讓兒童參與遊戲，並給兒童描述物品、人物、動作的機會，或者藉由安排事件、問兒童問題，或發表對事件的看法……可鼓勵兒童使用量詞。例如：大人對兒童說：「你數數看，這裡有幾顆巧克力？」兒童說：「一、二、三、四、五、六，六顆。」大人拿出許多色紙並說：「我們要來剪紙嘍！」兒童說：「我要五張藍色的。」在玩樂高遊戲時，大人問：「我們來看看，你做了什麼東西？」兒童說：「我已經蓋了三間房子。」當自由活動時間快結束時，老師說：「上課時間快到了！」兒童說：「可是我想再玩一下，好不好？」玩扮家家酒時，大人給小熊維尼喝完果汁後說：「他還是好渴喔！」兒童說：「再給他喝一杯好了。」

　　註：本項目可與認知領域的綱目 H 長期目標 G4 相互對照參考。

　　本項目須採集語言樣本作為評量資料（參考 242-245 頁）。

短期目標 2.2　使用方位詞

通過標準

　　兒童會使用適當的方位詞來表示空間關係。常用的方位詞包括：上面、下面、裡面、外面、前面、後面、旁邊、中間、左邊及右邊。例如：兒童說：「我要把鉛筆放在書包裡面。」

施測說明

器材

　　兒童感興趣的物品。

方法

　　觀察：觀察兒童使用適當的方位詞來表示空間關係的能力。例如：兒童說：「他每次都畫到外面去。」或「我要排在哥哥前面。」

　直接施測：讓兒童參與遊戲，並給兒童描述物品及人物空間關係的機會，或者藉由安排座位、問兒童「……在哪裡？」的問題，或發表對事件的看法……可鼓勵兒童使用方位詞。例如：在安排團體活動的座位時，問兒童說：「你要坐哪裡？」兒童答說：「我要坐在琪琪旁邊。」一起堆積木時，大人說：「這裡還有一個三角形的積木喔！要排在哪裡？」兒童說：「我要排在城堡上面，當作是屋頂！」在玩攀爬遊戲時，大人說：「小心一點！」兒童說：「我會注意看下面的。」在娃娃角時，大人指著一個玩具烤箱說：「你看！這裡還有東西耶！」兒童打開烤箱說：「ㄟ～裡面有盤子，可以用來烤魚。」

註：本項目可與認知領域的綱目 B 長期目標 G6 相互對照參考。

　　本項目須採集語言樣本作為評量資料（參考 242-245 頁）。

短期目標 2.3　使用所有格「的」

通過標準

　　兒童會在名詞後加上「的」來表示所有權。例如：「媽媽的帽子掉下來」或「安妮的鞋子不見了」。

社會溝通領域

施測說明

器材

屬於熟人的物品。

方法

觀察：觀察兒童在名詞後加上「的」來表示所有權的能力。例如：兒童說：「那
是山米的卡車。」

直接施測：在活動的情境下使用所有格的語詞，停下來讓兒童有機會說明所有
權，適時地問兒童物品的所有權問題。觀察兒童在名詞後加上「的」
來表示所有權的能力。例如：老師在進行繪畫課程時，遞給兒童一
張小朋友的畫，並說：「這是你的畫。」兒童說：「這是傑米的畫，
不是我的。」老師問：「這是誰的外套？」兒童說：「它是瑪麗
的。」

註：本項目須採集語言樣本作為評量資料（參考 242-245 頁）。

長期目標 G3 使用問句

通過標準

兒童會使用下列方式問問題：

- 「什麼時候」問句
- 是／非問句
- 「為什麼」、「誰」、「怎麼」問句
- 「語尾助詞」問句
- 「什麼」、「哪裡」問句
- 提高句尾語調

施測說明（詳見短期目標 3.1 至 3.6 的施測說明）

註：如果兒童在所有短期目標上都得到 2 分，則長期目標評為 2 分。如果兒童在短
期目標上的得分是 0、1 或 2 分的任何一種組合，則長期目標評為 1 分。如果兒
童在所有短期目標上都得到 0 分，則長期目標評為 0 分。

本項目須採集語言樣本作為評量資料（參考 242-245 頁）。

短期目標 3.1　使用「什麼時候」問句

通過標準

　　兒童會使用「什麼時候」的疑問詞來問問題。例如：兒童問：「我們什麼時候可以去？」或「我們什麼時候要吃？」

施測說明

器材

　　兒童感興趣的物品。

方法

　　觀察：觀察兒童使用「什麼時候」的疑問詞來問問題的能力。例如：兒童問：「你什麼時候會完成？」

　　直接施測：本項目不適合直接施測；然而，參與兒童的遊戲、給兒童不熟悉的物品、安排一些事件、給兒童機會問問題……可鼓勵兒童使用「什麼時候」問句。例如：大人和一群小朋友玩規則性遊戲，兒童問：「什麼時候會輪到我？」大人說：「我們要去麥當勞。」兒童問：「我們什麼時候可以去？」

註：本項目可與社會溝通領域的綱目 A 短期目標 1.6，以及認知領域綱目 B 長期目標 G7 相互對照參考。

　　本項目須採集語言樣本作為評量資料（參考 242-245 頁）。

短期目標 3.2　使用是／非問句

通過標準

　　兒童會使用下列「╳不╳」形式的是非問句來問問題：

- 有沒有（如：「你有沒有帶戰鬥陀螺？」）。
- 要不要（如：「妹妹要不要看黃金鼠？」）。
- 可不可以（如：「我可不可以出去玩？」、「我想去姑姑家玩，可不可以？」）。
- 是不是（如：「那是不是你爸爸的車子？」）。

• 會不會（如：「他會不會寫名字？」）。

施測說明

器材

兒童感興趣的物品。

方法

觀察：觀察兒童使用是非問句來問問題的能力。例如：兒童說：「偉偉可不可以來我們家玩？」

直接施測：本項目不適合直接測試；然而，參與兒童的遊戲、給兒童不熟悉的物品、安排一些事件、給兒童機會問問題……可鼓勵兒童使用是非問句。例如：大人正在幫兒童拼拼圖，兒童拿起一片拼圖，指著圖上一個地方問說：「這片是不是排這裡？」大人將積木不斷地疊高，看起來搖搖欲墜，兒童問：「這樣會不會倒下來？」

註：本項目可與社會溝通領域的綱目 A 短期目標 1.6 相互對照參考。

本項目須採集語言樣本作為評量資料（參考 242-245 頁）。

短期目標 3.3　使用「為什麼」、「誰」、「怎麼」問句

通過標準

兒童會使用「為什麼」、「誰」、「怎麼」的疑問詞來問問題。例如：兒童問：「他為什麼做那個？」或「是誰？」或「你那個怎麼做的？」

施測說明

器材

兒童感興趣的物品。

方法

觀察：觀察兒童使用「為什麼」、「誰」、「怎麼」的疑問詞來問問題的能力。例如：兒童問：「她為什麼在哭？」「那是誰做的？」或「你那時怎麼做的？」

直接施測：本項目不適合直接施測；然而，參與兒童的遊戲、給兒童不熟悉的物品、安排一些事件、給兒童機會問問題……可鼓勵兒童使用「為什麼」、「誰」、「怎麼」的問句。例如：兒童和大人正在玩洋娃

娃，大人說：「我們應該帶寶寶去看醫生。」兒童問：「為什麼？」

大人把電話拿給兒童並說：「是找你的。」兒童問：「誰打來的？」

大人表演魔術給兒童看，兒童問：「你怎麼辦到的？」

註：本項目可與社會溝通領域的綱目 A 短期目標 1.6 相互對照參考。

本項目須採集語言樣本作為評量資料（參考 242-245 頁）。

短期目標 3.4　使用「語尾助詞」問句

通過標準

兒童會使用「語尾助詞」（如：嗎、呢）來問問題。例如：兒童問：「你的小汽車呢？」或「他藏好了嗎？」

施測說明

器材

兒童感興趣的物品。

方法

觀察：觀察兒童使用「語尾助詞」來問問題的能力。例如：兒童問：「她在哭嗎？」或者「小朋友呢？」

直接施測：本項目不適合直接施測；然而，參與兒童的遊戲、給兒童不熟悉的物品、安排一些事件、給兒童機會問問題……可鼓勵兒童使用「語尾助詞」問句。例如：當一起玩動物模型時，大人要兒童去找會跳的動物；兒童把青蛙往後拉，並且問：「它會跳起來嗎？」大人說：「我要去超市。」兒童說：「我可以一起去嗎？」

註：本項目可與社會溝通領域的綱目 A 短期目標 1.6 相互對照參考。

本項目須採集語言樣本作為評量資料（參考 242-245 頁）。

短期目標 3.5　使用「什麼」、「哪裡」問句

通過標準

兒童會使用「什麼」、「哪裡」的疑問詞來問問題。例如：兒童問：「她要去哪裡？」「媽咪去哪裡了？」或「那是什麼？」

社會溝通領域

施測說明

器材

兒童感興趣的物品。

方法

觀察：觀察兒童使用「什麼」、「哪裡」的疑問詞來問問題的能力。例如：兒童問：「你在做什麼？」或「我的書在哪裡？」

直接施測：本項目不適合直接施測；然而，參與兒童的遊戲、給兒童不熟悉的物品、安排一些事件、給兒童機會問問題……可鼓勵兒童使用「什麼」、「哪裡」的問句。例如：大人拿出一個陌生的物品，兒童問：「那是什麼？」大人把東西藏起來，兒童問：「我的娃娃在哪裡？」大人說：「安妮躲起來了，你可以找到她嗎？」兒童問：「安妮，你在哪裡？」

註：本項目可與社會溝通領域的綱目 A 短期目標 1.6 相互對照參考。

本項目須採集語言樣本作為評量資料（參考 242-245 頁）。

短期目標 3.6　提高句尾語調來問問題

通過標準

兒童會以提高句尾語調（使整句話聽起來像問句）的方式問問題。例如：兒童問：「看到那個飛機了？」或「媽咪也要去？」

施測說明

器材

兒童感興趣的物品。

方法

觀察：觀察兒童以提高句尾語調來問問題的能力。例如：兒童問：「你幫我？」

直接施測：本項目不適合直接施測；然而，參與兒童的遊戲、給兒童不熟悉的物品、安排一些事件、給兒童機會問問題……可鼓勵兒童使用問句。例如：大人和兒童正在玩遊戲，兒童問：「輪到我了？」

註：本項目可與社會溝通領域的綱目 A 短期目標 1.6 相互對照參考。

本項目須採集語言樣本作為評量資料（參考 242-245 頁）。

長期目標 G4　使用代名詞

通過標準

　　兒童會使用適當的代名詞來達到下列功能：

- 顯示所有權。
- 當作片語或句子的主詞及受詞。
- 表示非特定的人與物。
- 用來確認或指出物品。

施測說明（詳見短期目標 4.1 至 4.4 的施測說明）

註：如果兒童在所有短期目標上都得到 2 分，則長期目標評為 2 分。如果兒童在短期目標上的得分是 0、1 或 2 分的任何一種組合，則長期目標評為 1 分。如果兒童在所有短期目標上都得到 0 分，則長期目標評為 0 分。

　　本項目須採集語言樣本作為評量資料（參考 242-245 頁）。

短期目標 4.1　使用所有格人稱代名詞

通過標準

　　兒童會在片語或句子中，適當地使用所有格人稱代名詞來表示所有權。所有格人稱代名詞包括：我的、你的、他的、我們的、你們的及他們的。例如：兒童說：「那些是她的鞋子。」或「我比較喜歡他的玩具。」須注意兒童使用所有格人稱代名詞時，是否合於句子語法及語意脈絡。

　　譯者註：此處將「他的」、「她的」、「它的」皆以「他的」表示，因為中文口語上發音相同，無法區別，且學前兒童也未能完全理解其間的語意差異。

施測說明

器材

　　屬於某人的物品。

方法

　　觀察：觀察兒童在片語或句子中，適當地使用所有格人稱代名詞來表示所有權的能力。例如：兒童說：「那是他的卡車。」

　　直接施測：在活動的情境中，使用所有格人稱代名詞，然後等一下，讓兒童有機會說明所有權。問兒童有關物品所有權的問題。觀察兒童適當地使用所有格人稱代名詞的能力。例如：大人拿著外套並問：「這是誰的？」兒童說：「那是我的。」

註：本項目須採集語言樣本作為評量資料（參考 242-245 頁）。

短期目標 4.2　使用人稱代名詞

通過標準

　　兒童會使用適當的人稱代名詞，作為片語或句子的主詞及受詞（即接受一個物品或關係）。人稱代名詞包括：我、你、他、我們、你們及他們。例如：兒童說：「他回家了。」「你有冰淇淋嗎？」「約翰傷害我。」或「我把那個給他。」須注意兒童使用人稱代名詞時，是否合於句子語法及語意脈絡。

　　譯者註：此處將「他」、「她」、「它」皆以「他」表示，因為中文口語上發音相同，無法區別，且學前兒童也未能完全理解其間的語意差異。

施測說明

器材

　　兒童感興趣的物品。

方法

　　觀察：觀察兒童在片語或句子中，使用適當的人稱代名詞作為主詞及受詞的能力。例如：兒童說：「他很大。」或「把那個給我。」

　　直接施測：在活動的情境中，當要提到其他人時，使用人稱代名詞，然後等一下，讓兒童有機會談及其他人。有必要的話，問兒童問題。觀察兒童在提到他人時，使用人稱代名詞作為主詞及受詞的能力。例如：大人和兒童正在玩人偶、汽車與卡車，大人描述其活動說：「他要去開汽車。現在他正要開到便利商店。」兒童說：「他開得很快。」又如：上美勞課時，大人在分送材料時說：「我給莉莉一些顏料和水，我給他一些水。」兒童說：「也要給他一些顏料。」

註：本項目須採集語言樣本作為評量資料（參考 242-245 頁）。

短期目標 4.3　使用不定代名詞

通過標準

　　兒童會適當的使用不定代名詞來指稱非特定的人或物。不定代名詞包括下列：

任何　　　任何東西　　　所有　　　　一些　　　　一些東西

每個　　　沒有　　　　沒有東西　　　每個東西

　　例如：兒童說：「我不能拿任何一個嗎？」「你要一些嗎？」「沒有人想要多一些。」或「沒有什麼事要做的。」須注意兒童使用不定代名詞時，是否合於句子語法及語意脈絡。

施測說明

器材

　　兒童感興趣的物品。

方法

　　觀察：觀察兒童適當的使用不定代名詞來指稱非特定的人或物的能力。例如：
　　　　　兒童說：「我沒有任何東西。」

　　直接施測：本項目不適合直接施測；然而，參與兒童的遊戲，並提供兒童機會
　　　　　　描述物品、人物與事件，或藉由安排一些事件並問兒童有關的問題
　　　　　　……都可鼓勵兒童使用不定代名詞。例如：大人和兒童正在玩積木，
　　　　　　大人說：「我需要一塊黃色的積木。」兒童說：「我這裡有一些。」

註：本項目須採集語言樣本作為評量資料（參考 242-245 頁）。

短期目標 4.4　使用指示代名詞

通過標準

　　兒童會適當地使用指示代名詞（如：這個、那個、這些、那些）來挑出或確認物品。例如：兒童說：「我要那些。」「那個不是我的外套。」「我可以要這個餅乾嗎？」或「這些是我的。」須注意兒童使用指示代名詞時，是否合於句子語法及語意脈絡。

施測說明

器材

> 兒童感興趣的物品。

方法

> 觀察：觀察兒童適當地使用指示代名詞的能力。例如：兒童說：「給我那一
> 個。」
>
> 直接施測：本項目不適合直接施測；然而，參與兒童的遊戲，並提供兒童機會
> 描述物品、人物與事件，或藉由安排一些事件並問兒童有關的問題
> ……都可鼓勵兒童使用指示代名詞。例如：兒童說：「我要一個拼
> 圖。」大人說：「你要哪一個？」兒童用手指著說：「那一個。」
> 大人把東西放在兒童拿不到的地方，並要求兒童指出他要哪一個。

註：本項目須採集語言樣本作為評量資料（參考 242-245 頁）。

長期目標 G5　使用描述性詞彙

通過標準

> 兒童會使用描述性及關聯性詞彙，例如：
>
> • 連接詞。
> • 副詞。
> • 形容詞。

施測說明（詳見短期目標 5.1 至 5.3 的施測說明）

註：如果兒童在所有短期目標上都得到 2 分，則長期目標評為 2 分。如果兒童在短
期目標上的得分是 0、1 或 2 分的任何一種組合，則長期目標評為 1 分。如果兒
童在所有短期目標上都得到 0 分，則長期目標評為 0 分。

本項目須採集語言樣本作為評量資料（參考 242-245 頁）。

短期目標 5.1　使用連接詞

通過標準

> 兒童會使用連接詞來連結詞彙、片語與句子。連接詞包括下列：

和（跟）　　　或　　　所以　　然後

但是（可是）　因為　　如果　　除非

　　例如：兒童說：「我要果汁和一塊餅乾。」「可是我們不要上床睡覺，我們想要玩。」「我們可以畫畫或塗顏色。」或「我喜歡你，因為你很好。」

施測說明

器材

　　兒童感興趣的物品。

方法

　　觀察：觀察兒童使用連接詞來連結詞彙、片語與句子的能力。例如：兒童說：
　　　　　「我有一隻貓和一隻狗。」或「你要冰淇淋或蛋糕？」

直接施測：問兒童一些問題，要求他列出一些項目。觀察兒童使用連接詞來連
　　　　　結詞彙、片語與句子的能力。例如：大人要求兒童說出所有兒童愛
　　　　　吃的東西，兒童說：「我喜歡義大利麵，也喜歡冰淇淋和披薩。」

註：本項目須採集語言樣本作為評量資料（參考 242-245 頁）。

短期目標 5.2　使用副詞

通過標準

　　兒童會使用適當的副詞來修飾動詞及形容詞，副詞包括下列：

- 表示程度（如：「我哥哥比你更壯」、「我是彩虹班最高的女生」）。

- 表示動作的狀態（如：「我們走快一點」、「他正在大聲的講話」、「妹妹
　靜靜的坐在椅子上」）。

- 表示時間（如：「我今天不舒服」、「弟弟早就把冰淇淋吃光了」、「爸爸
　馬上向媽媽道歉」）。

- 表示範圍（如：「你們統統不可以看電視」、「光是我們班就有三十個小朋
　友」、「我只要去動物園玩」、「這些都是我畫的」）。

- 表示重複及連續（如：「他又忘記帶水壺了」、「爸爸常常帶我們去游泳」、
　「你等一下再玩」）。

- 表示語氣（如：「我偏偏不借你玩」、「反正你也不愛吃」）。

社會溝通領域

施測說明

器材

> 兒童感興趣的物品。

方法

> 觀察：觀察兒童使用副詞來修飾動詞及形容詞的能力。例如：兒童說：「你走得太慢了。」
>
> 直接施測：在活動的情境中，使用副詞來描述事件，然後等一下，讓兒童有機會描述事件。有必要的話，問兒童問題。觀察兒童使用副詞來描述事件的能力。例如：當兒童沿著賽車軌道推車子時，大人發表看法說：「你看！那些車子繞著軌道跑！」兒童說：「它們跑得很快。」在粗大動作活動時間，音樂開始播放時，大人指定兒童當小老師，負責告訴小朋友該做什麼（如：拍快一點、走慢一點、唱大聲一點、跳高一點）。

註：本項目可與認知領域的綱目 B 長期目標 G5 及 G7 相互對照參考。

本項目須採集語言樣本作為評量資料（參考 242-245 頁）。

> ## 短期目標 5.3　使用形容詞

通過標準

> 兒童會使用形容詞來修飾名詞及代名詞。例如：兒童說：「我的手很冷。」或「我要那個紅辣椒。」

施測說明

器材

> 具有明顯物理特徵的物品。

方法

> 觀察：觀察兒童使用形容詞來修飾名詞及代名詞的能力。例如：兒童說：「丟那顆大球。」
>
> 直接施測：在活動的情境中，談論有關物品的特徵，然後等一下，讓兒童有機會描述物品的屬性。有必要的話，問兒童問題。觀察兒童使用形容詞來修飾名詞及代名詞的能力。例如：大人對兒童的圖畫發表看法，

說：「你畫了一隻大貓。」兒童說：「我也畫了一隻小的。」

註：本項目可與認知領域的綱目 B 長期目標 G1 至 G4 相互對照參考。

本項目須採集語言樣本作為評量資料（參考 242-245 頁）。

社會溝通領域

➡️ 社會溝通紀錄表使用說明

☆ 蒐集與記錄溝通行為

　　蒐集與記錄兒童的溝通行為樣本，是為了確定通常兒童如何溝通──包括口語及非口語方式。語言樣本蒐集及觀察的技術，讓我們能評量兒童詞彙與句子的理解及表達、溝通功能與意圖，以及與社會環境的互動（Lund & Dunchan, 1993; Retherford, 1987）。以下概述了一些蒐集溝通行為樣本的步驟。選擇適當的步驟，確保觀察時記錄到的溝通行為，是兒童平常典型的溝通方式或是具有代表性的。

　　1. 和兒童熟一點：在你記錄一個溝通行為樣本之前，要先了解兒童。通常兒童和陌生人溝通的頻率與方式，不同於他和熟人時的樣子。在一個小時或甚至一兩天的時間內，不一定能和兒童建立和諧的關係。如果有必要的話，在記錄溝通樣本之前，安排幾天相處的時間，並且在開始要記錄兒童溝通行為的觀察時段時，一開頭先花一些時間讓兒童暖身。這些額外投入的時間，將使設計方案獲得更精確與有用的資訊。

　　2. 蒐集數個溝通樣本：透過幾天在不同情境中，蒐集兒童三到四個溝通行為小樣本（如：每次十到二十分鐘），而不是只在一個情境下蒐集一個大樣本。在不同時間及情況下，兒童溝通反應的頻率可能差異很大。對於較少使用語言的兒童而言，甚至記錄好幾個時段仍無法獲得足夠的行為樣本。對每個目標兒童，要盡力蒐集到至少五十個溝通語句（如：五十個詞彙或詞彙組合）。如果所記錄的其中兩個樣本是在相似情境下蒐集到的（如：兩次自由活動時，和同一個小朋友玩同一個器材），兒童使用的詞彙、片語的頻率及形式，應該看起來很相似才對。假如兩個樣本不像，必須在同一情境蒐集第三個樣本，以確定哪一個樣本最能代表兒童在該情境下通常的溝通方式。在不同情境下蒐集到的樣本，詞彙、片語的使用頻率與方式可能有差異，但這可能精確反應了兒童在這每個不同情境下的典型表現（Barrie-Blackley, Musselwhite, & Rogister, 1978）。例如：多數兒童和大人溝通時不同於和同儕時，因此，相較於在另一情境和父母溝通時，兒童可能對年幼的手足使用較短、較簡單的語言；但兩個行為樣本都是正確且具代表性的。此工作是要確定：在各式情境下兒童通常如何溝通。

　　3.選擇日常的情境及器材：選作溝通行為取樣的情境，應該是兒童的日常情境（如：教室內自由活動時間、親子間或手足間的兩人互動，而非在一間治療室內和一個大人、一個小孩從事結構化的活動）。器材及活動應以遊戲為主，配上適齡的玩具；或以日常活動為主（如：進食、穿衣）。教室內成人主導的活動，可能無法獲得平常兒童溝通得多麼好的精確樣貌。有助於社會互動性溝通的器材包括：碗盤組、裝扮衣物、水箱及沙堆、附人偶及交通工具的建構玩具。

　　4.和兒童互動的技巧：當蒐集樣本時，你可能自己和兒童互動，或者觀察兒童和別的大人或同儕互動。除了在互動時逐字記錄外，錄音——特別是錄影，對蒐集與分析兒童的溝通行為是很有用的。使用未成熟手勢的兒童最好被錄影下來，如此方能觀察他們溝通行為的脈絡、推論其手勢的可能意義，以及洞悉兒童與環境的互動模式。對於使用正式手語系統（如：符號英語）或溝通板的兒童們，可以運用逐字的記錄。兒童所做的手語或所指出的每個詞彙，應當視為兒童好像用說的一樣被寫下來。

　　允許兒童來主導活動及互動。你可能發現在取樣的一開始，運用獨白的方式是有幫助的，亦即你一邊和兒童玩，一邊描述你自己的動作、你的玩具的動作，偶爾才談及兒童的動作。經常的稍微停頓一下，將讓兒童有機會要求物品或行動、參與你的活動，或談論活動本身。不要問只須回答「是／否」，或以單字、一個手語，或搖頭動作回應的問題（如：大人問：「那個人正在騎摩托車嗎？」接著兒童很肯定地點點頭；或者大人問：「那個人正在騎什麼？」兒童回答：「摩托車。」）。傾聽兒童說了什麼，並依其口語及手勢行為的內容，作為你回應的基礎。

⇒ 使用社會溝通紀錄表及計分表

☆ 社會溝通紀錄表（Social-Communication Recording Form）

　　使用紀錄表逐字記下兒童可被聽懂的詞彙及詞彙組合，以及其出現的情境。兒童的姓名，以及語言樣本蒐集時的簡單活動說明，應標示在社會溝通紀錄表的上方（參考364-366頁）。蒐集每個語言樣本所花的時間也應該記錄下來。在表上記下活動的轉變也可能有幫助。例如：在點心時間記錄到十一個語句（十五分鐘的活動），然後在團體時間記錄到第十二至二十二個語句（十分鐘的活動），那麼可以在十二

及二十三句的位置打星號，表示活動的轉換。解釋結果時，這個訊息可能很有幫助。

當使用紀錄表時，用正楷逐字記下兒童所有的溝通行為。對於口語反應，每當兒童開始說新的語句時，從新的一行開始記錄。新的語句是指：當兒童向新的人說話、停頓至少兩秒鐘，或當兒童使用表示語句結束的語調時。如果你無法理解兒童所說的字詞，在無法辨別的字詞位置用「u」標示。假如整個片語或句子都難以聽懂，在單獨一行裡寫下一個有括弧的「u」（u）。

須記錄在標示「情境」欄位下的訊息包括：簡短描述一下物品，以及兒童溝通之前、之中及之後發生的事件。所記錄的訊息應可讓人精確地解讀兒童的詞彙及語句，但不必過於詳細，而干擾到對兒童溝通行為的正確記錄。

剩餘的欄位標題下提供了空間，以便註明兒童運用溝通來和他人建立關係的方式。這些標題包括「開啟話題」：表示兒童開始一個適當的話題；「回應他人的看法」：顯示兒童表達一個相關的看法來回應另一個人的看法；「回應問題」：顯示兒童表達一個有關的看法來回應一個問題；「模仿」：表示兒童仿說他人的話；「無關反應」：表示兒童的反應明顯地與活動或談話情境無關。

如果時間允許，在你記錄了每個語句後，且假如語句的功能很清楚的話，在記錄的語句右側適當的欄位處做一個記號，指出兒童語句所達成的功能。假如兒童的語句太多，而難以檢查與記錄實際的語句功能類型時，較重要的是集中精神在逐字記下實際的語句。經常在之後觀察時段的會話空檔裡，你有時間再回來分類兒童的語句。如果你不確定兒童語句的功能及／或意義，就讓該欄位空著。

☆ 社會溝通總結表（Social-Communication Summary Form）

在紀錄表上記下兒童的語言後，該語言樣本可用來分析，作為評量、評鑑及課程計畫系統測驗項目的計分依據。社會溝通總結表就是根據這個目的設計的（參考367頁）。

檢視每個語句的分類即可完成總結表。例如：如果兒童的第一句話是「我正要去外面」，可畫記在項目4.2的旁邊：使用人稱代名詞（「我」一詞）；再畫記在項目5.2的旁邊：使用副詞（「正要」一詞）；最後畫記在項目2.2的旁邊：使用方位詞（「外面」一詞）。每個短期目標的畫記數量並非直接轉換成分數（如：0、1或2）。畫記數量應與每個項目所列的特定標準做比較。當兒童的語言複雜度增加時，有些詞彙可能變得難以分類。例如：「還要」一詞根據其使用情形，可能算是

連接詞，或是用於問句中。諸如字典或漢語語法等參考書，可能有助於詞彙的分類。如果兒童的服務團隊中有語言方面的專家，評量、評鑑及課程計畫系統此部分應和他一起分析。

　　在將足夠的語句（至少五十個單獨的語句或手語／手勢）分類記在社會溝通總結表後，此訊息可用來作為社會溝通領域綱要 B 的計分。在決定某個項目的得分時，應參考評量、評鑑及課程計畫系統測驗手冊，而且個別項目的標準應與總結表上的資料做比較。

⮕ 參考文獻

Barrie-Blackley, S., Musselwhite, C., & Rogister, S. (1978). *Clinical oral language sampling.* Danville, IL: Interstate Printers and Publishers.

Lund, N.J., & Dunchan, J.F. (1993). *Assessing children's language in naturalistic contexts* (3rd ed.). Englewood Cliffs, NJ: Prentice Hall.

Retherford, S.K. (1987). *Guide to analysis of language transcripts.* Eau Claire, WI: Thinking Publications.

社會溝通領域

☆ 評量、評鑑及課程計畫系統 ☆

社會領域

社會領域的內容主要包括兒童與同儕之間的互動、對環境的反應，以及對自我與他人的概念。本領域中的項目主要用來測量下列技能：

- 與他人互動。
- 與環境互動。
- 認識自我和他人。

社會領域的發展與兒童在認知、社會溝通及生活適應領域的發展息息相關，所以在評量時也將參照以上各領域的評量結果。此外，在評量時也須考慮到家庭的文化價值觀對兒童社會行為的影響。

綱目 A　與他人互動

長期目標 G1　有玩伴
　短期目標 1.1　同儕難過或有需求時會回應
　短期目標 1.2　主動接近同儕並持續一段時間
　短期目標 1.3　主動向熟悉的同儕打招呼
　短期目標 1.4　對同儕的情感表達有回應

長期目標 G2　主動起始合作性的活動
　短期目標 2.1　加入他人合作性的活動
　短期目標 2.2　持續參與他人合作性的活動
　短期目標 2.3　分享或交換物品

長期目標 G3　選擇有效的策略解決衝突
　短期目標 3.1　與人妥協解決衝突

社會領域

短期目標 3.2　運用簡單的策略解決衝突

短期目標 3.3　聲明並保護自己的所有物

綱目 B　與環境互動

長期目標 G1　用合宜的方式滿足生理需求

短期目標 1.1　不舒服、生病、受傷或疲倦時，能滿足自己的生理需求

短期目標 1.2　滿足自己明顯的生理需求

短期目標 1.3　滿足自己餓和渴的生理需求

長期目標 G2　在家裡及教室以外的場所會遵守特定的規則

短期目標 2.1　尋求大人的許可

短期目標 2.2　遵守家裡和教室的既定常規

綱目 C　認識自我和他人

長期目標 G1　表達自己的好惡

短期目標 1.1　主動進行自己喜愛的活動

短期目標 1.2　選擇活動和／或物品

長期目標 G2　說出自己和他人的身分資料

短期目標 2.1　說出自己家的地址

短期目標 2.2　說出自己的電話號碼

短期目標 2.3　知道自己的生日

短期目標 2.4　說出自己的全名和兄弟姊妹的名字

短期目標 2.5　知道自己和他人的性別

短期目標 2.6　知道自己的名字和年齡

長期目標 G3　由自己和他人的行為表現正確辨識出其情感／情緒

短期目標 3.1　正確辨識他人的情感／情緒

短期目標 3.2　正確辨識自己的情感／情緒

綱目 A　與他人互動

長期目標 G1　有玩伴

通過標準

在以兒童為主導的時段中（如：下課時、戶外遊戲時、坐校車時），兒童能主動並維持一段時間和同伴一起遊戲。例如：下課時，兒童走到正在盪鞦韆的同學前說：「我來幫你推！」接著兩人輪流幫對方推鞦韆。

施測說明

器材

不需任何器材。

方法

觀察：下課時，觀察兒童主動並維持一段時間和同伴一起遊戲的能力。例如：下課時，兒童會走到在圖書角的同學前說：「我幫你做圖卡。」兒童即和同學一起創作圖卡。

直接施測：本項目不適合直接施測；然而依據個別興趣、同儕偏好，以及功能性發展水準等因素，將兒童組成適當的團體，有助於誘發社會行為。可以用互動式的玩具和教具進行。

註：兒童的行為可能會隨著對環境的熟悉度而改變。

短期目標 1.1　同儕難過或有需求時會回應

通過標準

當同儕難過或有需求時，兒童會有適當的回應。例如：當同學在哭時，兒童會拍拍他或抱抱他。兒童會幫同學一起搬很重的玩具箱。

施測說明

器材

　　不需任何器材。

方法

　　觀察：當同儕有困難或需求時，觀察兒童回應的能力。例如：兒童會幫同學清
　　　　　理打翻的果汁。

　　直接施測：本項目不適合直接施測。

> **短期目標 1.2　主動接近同儕並持續一段時間**

通過標準

　　在較沒有結構性，以兒童為主導的活動中，主動接近同儕並持續一段時間。

施測說明

器材

　　不需任何器材。

方法

　　觀察：在自由活動時，觀察兒童主動接近同儕並持續一段時間的能力，兒童會
　　　　　接近同儕並與他互動。例如：兒童向正在玩積木和車子的同學移動，在
　　　　　他旁邊玩車子和斜坡。兒童向在娃娃家玩的同學移動，在他旁邊玩玩具
　　　　　（兒童主動經由遊戲活動與同學接觸並持續一段時間的互動）。

　　直接施測：本項目不適合直接施測；然而依據個別興趣、同儕偏好，以及功能
　　　　　　性發展水準等因素，將兒童組成適當的團體，有助於誘發社會行為。
　　　　　　可利用任何能促進互動的玩具和教具。

> **短期目標 1.3　主動向熟悉的同儕打招呼**

通過標準

　　兒童會用聲音、口語、擁抱、輕拍、觸碰或微笑等方式向熟悉的同儕打招呼。

施測說明

器材

不需任何器材。

方法

觀察：觀察兒童主動向熟悉同儕打招呼的能力。例如：兒童向剛進校門的一位
同伴說：「嗨。」

直接施測：本項目不適合直接施測；然而依據個別興趣、同儕偏好，以及功能
性發展水準等因素，將兒童組成適當的團體，有助於誘發社會行為。
可利用任何能促進互動的玩具和教具。

短期目標 1.4　對同儕的情感表達有回應

通過標準

兒童會以合乎社交禮儀的方式回應同儕的情感表達。例如：同儕對兒童微笑時，
兒童也會以微笑回應；同儕向他打招呼時，他會說：「嗨。」同儕生氣時，兒童會
皺眉並轉開。

施測說明

器材

不需任何器材。

方法

觀察：當兒童和同儕在一起時，觀察兒童能夠以合乎社交禮儀的方式回應同儕
情感表達的能力。例如：當同儕挨近兒童時，兒童也會抱抱他。

直接施測：本項目不適合直接施測；然而依據個別興趣、同儕偏好，以及功能
性發展水準等因素，將兒童組成適當的團體，有助於誘發社會行為。
可利用任何能促進互動的玩具和教具。

長期目標 G2　主動起始合作性的活動

通過標準

兒童利用口語或非口語的方式起始合作性的活動，並鼓勵同儕們參與。例如：

兒童對同儕們說：「來！我們一起來蓋房子。」由兒童分配工作、角色或身分，並鼓勵大家共同完成。當兒童有另一部車子時，會將原來正在玩的車子交給同儕，並說：「這部車給你玩。」

施測說明

器材

能促進兒童互動的玩具。

方法

觀察：觀察兒童利用口語或非口語的方式主動起始合作性的活動，並鼓勵同儕參與的能力。例如：兒童對一群同學說：「現在是清理時間了。」並由兒童分配工作，鼓勵大家共同完成。

直接施測：本項目不適合直接施測；然而依據個別興趣、同儕偏好，以及功能性發展水準等因素，將兒童組成適當的團體，有助於誘發社會行為。可利用任何能促進互動的玩具和教具。

註：本項可與社會溝通領域綱目 A 的短期目標 1.5 相互對照參考。

短期目標 2.1　加入他人合作性的活動

通過標準

兒童用合乎社交禮儀的口語或非口語方式參與同儕合作性的活動。例如：兒童走近正在堆沙堡的同學們，先坐在他們旁邊一會兒，然後開始幫忙在挖城堡通道的同學。兒童走近在娃娃家玩的同學並說：「嗨！我可以演娃娃。」同學們回答：「好哇！」

施測說明

器材

能促進兒童互動的玩具。

方法

觀察：觀察兒童利用口語或非口語的方式參與同學合作性活動的能力。例如：兒童走近正在玩醫生遊戲的同學們說：「嗨！我可以當醫生嗎？」同學們回答：「好哇！」

直接施測：本項目不適合直接施測；然而依據個別興趣、同儕偏好，以及功能

性發展水準等因素，將兒童組成適當的團體，有助於誘發社會行為。
可利用任何能促進互動的玩具和教具。

註：本項可與認知領域綱目 A 的長期目標 G2 相互對照參考。

短期目標 2.2　持續參與他人合作性的活動

通過標準

在合作性遊戲中，兒童擔任的工作、角色和身分能協助其他同學所擔任的工作、角色和身分。例如：兒童先拿兩個積木疊在一起，讓同學把第三個積木疊在上面，以共同完成一間房子。

施測說明

器材

能促進兒童互動的玩具。

方法

觀察：觀察在合作性遊戲中，兒童擔任的工作、角色和身分能協助其他同學所擔任的工作、角色和身分的能力。例如：同學在輪軸上放好輪子，兒童再裝上車身。

直接施測：本項目不適合直接施測；然而依據個別興趣、同儕偏好，以及功能性發展水準等因素，將兒童組成適當的團體，有助於誘發社會行為。可利用任何能促進互動的玩具和教具。

註：本項可與認知領域綱目 A 的長期目標 G2 相互對照參考。

短期目標 2.3　分享或交換物品

通過標準

在團體活動中，兒童會和同儕分享或交換物品。例如：兒童和同儕共用一瓶膠水把葉子和花貼在紙上。

施測說明

器材

能促進兒童互動的玩具。

社會領域

方法

觀察：在團體活動中，觀察兒童和同儕在同一個活動中分享或交換教材的能力。

　　　例如：兩個人一起畫畫時，兒童會和同儕共用水彩。

直接施測：在團體活動中呈現教材，觀察兒童和同儕分享或交換的能力。

長期目標 G3　選擇有效的策略解決衝突

通過標準

在特殊的情境下，兒童會選擇合適的方式解決衝突，包括：

- 與人妥協。
- 運用簡單的策略。
- 聲明並保護自己的所有物。

施測說明（詳見短期目標 3.1 至 3.3 的施測說明）

註：如果兒童在所有短期目標上都得到 2 分，則長期目標評為 2 分。如果兒童在短期目標上的得分是 0、1 或 2 分的任何一種組合，則長期目標分數評為 1 分。如果兒童在所有短期目標都得到 0 分，則長期目標評為 0 分。

短期目標 3.1　與人妥協解決衝突

通過標準

與同學或大人發生衝突時，兒童能主動提出解決方案並達成協議。例如：當兒童和同學都想在沙坑的同一個角落開始工作時，兒童對同學說：「我挖這裡，你挖那裡。」

施測說明

器材

不需任何器材。

方法

觀察：當兒童和他人發生衝突時，觀察兒童會主動提出解決方案並與對方達成協議的能力。例如：當兒童和同學都想玩鋸子時，他會對同學說：「我玩槌子，你玩鋸子。」

直接施測：本項目不適合直接施測。

短期目標 3.2　運用簡單的策略解決衝突

通過標準

　　兒童會運用簡單的策略（如：提出要求、走開／跑開、跟大人說）來解決和他人之間的衝突。例如：當同學打他時，兒童會轉向大人，說：「蘇珊打我。」或直接跑開。

施測說明

器材

　　不需任何器材。

方法

　　觀察：觀察兒童運用簡單的策略解決和他人之間的衝突的能力。例如：當同學搶走兒童的玩具時，他會對同儕說：「把玩具還給我。」

　　直接施測：本項目不適合直接施測。

短期目標 3.3　聲明並保護自己的所有物

通過標準

　　兒童會用口語或非口語的方式聲明並保護自己的所有物。例如：兒童說：「這個玩具是我的。」並把玩具從同儕那兒拿回來。

施測說明

器材

　　兒童喜歡的玩具。

方法

　　觀察：觀察兒童運用口語或非口語的方式聲明並保護自己所有物的能力。例如：兒童從同儕手中搶回被拿走的玩具。

　　直接施測：本項目不適合直接施測。

社會領域

綱目 B　與環境互動

長期目標 G1　用合宜的方式滿足生理需求

通過標準

　　兒童會使用合宜的方式滿足生理需求，舉例如下：

- 覺得不舒服、生病、受傷或疲倦時。
- 有明顯的生理需求時。
- 有餓和渴的生理需求時。

施測說明（詳見短期目標 1.1 至 1.3 的施測說明）

註：如果兒童在所有短期目標上都得到 2 分，則長期目標評為 2 分。如果兒童在短
　　期目標上的得分是 0、1 或 2 分的任何一種組合，則長期目標分數評為 1 分。如
　　果兒童在所有短期目標都得到 0 分，則長期目標評為 0 分。

短期目標 1.1　不舒服、生病、受傷或疲倦時，能滿足自己的生理需求

通過標準

　　當兒童覺得不舒服、生病、受傷或疲倦時，他會用合宜的方法滿足生理上的需
要。例如：當兒童受傷或生病時，會請求大人的協助；疲倦時會小睡片刻；覺得冷
時會穿上外套。

施測說明

器材

　　不需任何器材。

方法

　　觀察：當兒童覺得不舒服、生病、受傷或疲倦時，觀察他用合宜的方法滿足生

理需求的能力。例如：兒童不舒服時會躺下來；覺得熱時會脫外套。

直接施測：本項目不適合直接施測。

短期目標 1.2　滿足自己明顯的生理需求

通過標準

兒童會用合宜的方法滿足自己明顯的生理需求。例如：手髒時會洗手；會脫掉濕的或髒的衣物。

施測說明

器材

不需任何器材。

方法

觀察：觀察兒童有運用合宜的方法滿足自己明顯生理需求的能力。例如：兒童會脫下濕的襪子和鞋子。

直接施測：本項目不適合直接施測。

短期目標 1.3　滿足自己餓和渴的生理需求

通過標準

兒童用合宜的方法表達或滿足自己餓和渴的生理需求。例如：兒童會要求食物或飲料；口渴時兒童會自己去拿牛奶喝。

施測說明

器材

不需任何器材。

方法

觀察：觀察兒童用合宜的方法滿足自己餓和渴的生理需求能力。例如：當兒童肚子餓時他會說：「我餓了。」

直接施測：本項目不適合直接施測。

社會領域

長期目標 G2　在家裡及教室以外的場所會遵守特定的規則

通過標準

　　兒童能在家裡及學校以外的場所（如：商店、公園、診所、餐廳、公車上）遵守特定的規則。例如：兒童能遵守規定在雜貨店不亂碰東西。

施測說明

器材

　　不需任何器材。

方法

　　觀察：觀察兒童在家裡及學校以外的場所遵守特定規則的能力。例如：兒童能遵守規定，當公車行駛時乖乖坐在座位上。

　　直接施測：先告知該活動／環境的特定規則後，觀察兒童遵守的能力。例如：行走時，兒童會依照大人的指令和同學牽手。

註：因為不是所有的班級都有機會進行戶外教學，本項目的計分主要根據家長陳述。

短期目標 2.1　尋求大人的許可

通過標準

　　當兒童想參加家中、學校和社區的既定例行活動時，會徵求大人的同意。例如：要上廁所時，兒童會先徵求大人的同意再離開團體；兒童會徵求大人的同意後再去鄰居家。

施測說明

器材

　　不需任何器材。

方法

　　觀察：觀察兒童想參加家中、學校和社區的既定例行活動時，是否會先徵求大人的同意。例如：團體活動後，兒童會先徵求大人的同意後再去外面玩。

　　直接施測：本項目不適合直接施測。

短期目標 2.2　遵守家裡和教室的既定常規

通過標準

　　兒童在家中和在教室裡會遵守既定的常規,大人可提供團體指令或提示(如:「現在是故事課時間」或「現在要排隊了」)。例如:兒童吃點心前要洗手,或兒童必須等待輪到自己時才說話。

施測說明

器材

　　不需任何器材。

方法

　　觀察:觀察兒童在家中和教室裡遵守既定常規的能力。例如:團體課點名時會
　　　　　舉手。

　　直接施測:本項目不適合直接施測。

綱目 C　認識自我和他人

長期目標 G1　表達自己的好惡

通過標準

　　兒童會表達自己喜歡與不喜歡的人、物品和活動。例如：吃蛋糕時，兒童說：「嗯！我喜歡吃巧克力蛋糕。」兒童說：「我不喜歡去葛蘭成家玩。」

施測說明

器材

　　不需任何器材。

方法

　　觀察：觀察兒童表達自己喜歡與不喜歡的人、物品和活動的能力。例如：兒童說：「我今天不去外面玩。」

　　直接施測：本項目不適合直接施測。

註：本項可與社會溝通領域綱目 A 的短期目標 1.3 相互對照參考。

短期目標 1.1　主動進行自己喜愛的活動

通過標準

　　自由活動時，兒童會主動進行自己喜歡的活動。大人可以給予提示（如：「自己去找些事情做。」）。例如：自由活動時，兒童走到書架前選一本書看；兒童完成工作後，自己拿彩色筆和紙去畫畫。

施測說明

器材

　　兒童感興趣的物品。

方法

觀察：自由活動時，觀察兒童主動進行自己喜歡的活動的能力。例如：兒童會選擇和同學一起玩積木。

直接施測：本項目不適合直接施測。

短期目標 1.2　選擇活動和／或物品

通過標準

在日常生活中，兒童能最少從兩樣活動或物品中挑選出一樣。例如：兒童在一盤餅乾和糖果中挑選餅乾；兒童在桌上的書籍、拼圖和茶具組中選出拼圖。

施測說明

器材

兒童感興趣的東西。

方法

觀察：在日常生活中，觀察兒童在最少兩樣活動或物品中挑選出一樣的能力。例如：兒童在三項活動中選擇畫畫。

直接施測：提供至少兩樣活動或物品的選擇，觀察兒童挑選出其中一樣的能力。例如：兒童在一籃蘋果、香蕉和橘子中選出蘋果。

長期目標 G2　說出自己和他人的身分資料

通過標準

兒童能正確說出下列有關自己及他人的身分資料：

- 地址（城市名稱、街道名稱、門牌號碼）。
- 電話號碼。
- 生日（月和日）。
- 自己的全名和兄弟姊妹的名字。
- 性別（自己和別人）。
- 名字和年齡。

施測說明（詳見短期目標 2.1 至 2.6 的施測說明）

註：如果兒童在所有短期目標上都得到 2 分，則長期目標評為 2 分。如果兒童在短期目標上的得分是 0、1 或 2 分的任何一種組合，則長期目標分數評為 1 分。如果兒童在所有短期目標都得到 0 分，則長期目標評為 0 分。

短期目標 2.1　說出自己家的地址

通過標準

兒童能正確說出家裡的住址（包括城市名稱、街道名稱和門牌號碼）。

施測說明

器材

不需任何器材。

方法

觀察：觀察兒童能正確說出自己地址的能力。

直接施測：要求兒童告訴你住址，觀察兒童說出自己地址的能力。

註：本項可與認知領域綱目 E 的長期目標 G2 相互對照參考。

短期目標 2.2　說出自己的電話號碼

通過標準

兒童能正確說出家裡的電話號碼。

施測說明

器材

不需任何器材。

方法

觀察：觀察兒童能正確說出自己電話號碼的能力。

直接施測：要求兒童告訴你電話號碼，觀察兒童說出自己電話號碼的能力。

短期目標 2.3　知道自己的生日

通過標準

兒童能正確說出自己生日是幾月幾日。

施測說明

器材

不需任何器材。

方法

觀察：觀察兒童能正確說出自己生日是幾月幾日的能力。

直接施測：要求兒童告訴你生日，觀察兒童能說出自己生日是幾月幾日的能力。

註：本項可與認知領域綱目 E 的短期目標 2.1 相互對照參考。

短期目標 2.4　說出自己的全名和兄弟姊妹的名字

通過標準

兒童能正確說出自己的全名和兄弟姊妹的名字。

施測說明

器材

不需任何器材。

方法

觀察：觀察兒童能正確說出自己的全名和兄弟姊妹的名字的能力。

直接施測：要求兒童告訴你自己的全名和兄弟姊妹的名字，觀察兒童能正確說出自己的全名和兄弟姊妹的名字的能力。

註：本項可與認知領域綱目 E 的短期目標 2.1 相互對照參考。

短期目標 2.5　知道自己和他人的性別

通過標準

兒童能正確分辨自己和他人的性別是女生或男生。

社會領域

施測說明

器材

不需任何器材。

方法

觀察：觀察兒童能正確分辨自己和他人性別是女生或男生的能力。

直接施測：要求兒童分辨自己和他人的性別，觀察兒童能正確分辨自己和他人性別的能力。

短期目標 2.6　知道自己的名字和年齡

通過標準

兒童能正確說出自己的名字和年齡。

施測說明

器材

不需任何器材。

方法

觀察：觀察兒童能正確說出自己的名字和年齡的能力。

直接施測：要求兒童告訴你他的名字和年齡，觀察兒童能正確說出自己名字和年齡的能力。

註：本項可與認知領域綱目 E 的短期目標 2.1 相互對照參考。

長期目標 G3 由自己和他人的行為表現正確辨識出其情感／情緒

通過標準

兒童能從自己及他人的行為表現中，正確辨識出其感情／情緒（如：快樂、悲傷、生氣、惱怒、寂寞）。

施測說明（詳見短期目標 3.1 至 3.2 的施測說明）

註：如果兒童在所有短期目標上都得到 2 分，則長期目標評為 2 分。如果兒童在短期目標上的得分是 0、1 或 2 分的任何一種組合，則長期目標分數評為 1 分。如果兒童在所有短期目標都得到 0 分，則長期目標評為 0 分。

短期目標 3.1　正確辨識他人的情感／情緒

通過標準

　　兒童能從行為表現中準確辨識出他人的情感／情緒。例如：有位同學在操場跌倒後大哭，兒童回應他的情緒說：「他很痛！」

施測說明

器材

　　不需任何器材。

方法

　　觀察：觀察兒童從行為表現中準確辨識出他人情感／情緒的能力。例如：點心課時，一位同學看著好吃的餅乾微笑，兒童回應說：「她喜歡吃這種餅乾。」

　　直接施測：給兒童看一張圖片，圖中的人顯現出幾種情緒，問兒童他有哪些情緒。觀察兒童能正確辨識出他人情感／情緒的能力。

短期目標 3.2　正確辨識自己的情感／情緒

通過標準

　　兒童能從行為表現中準確辨識出自己的情感／情緒。例如：在吃到不合胃口的食物時，兒童皺著眉頭說：「哇！我不喜歡吃這個。」

施測說明

器材

　　不需任何器材。

方法

　　觀察：觀察兒童從行為表現中準確辨識出自己情感／情緒的能力。例如：洋娃娃弄丟了，兒童哭著說：「我好難過噢！」

　　直接施測：要求兒童辨識自己的情感／情緒，觀察兒童情感／情緒與行為連結的能力。例如：兒童把玩具和小零件丟出遊戲區，老師問他：「你怎麼了？」兒童回答：「我很生氣。」

社會領域

家庭參與
評量、評鑑及
課程計畫系統

第三篇

家庭參與過程

為了能圓滿的協助所有的家庭實現他們的期望，早療人員必須相當有彈性的處理每個家庭的相異點、優勢和需求。本章提出七個步驟的流程來鼓勵家庭積極參與評量，以及個別化教育計畫（IEP）或個別化家庭服務計畫（IFSP）中對療育活動的設計，還有兒童後續進展的評鑑。但是這個流程僅能視為建議指南，並非一成不變的順序。

以下為各步驟，七個步驟的架構及其運作的順序和關係列於圖 8.1。茲將七個步驟分別說明如下：

1. 介紹性會議。早療人員簡要的向家庭解釋本服務方案的理念和宗旨，服務網絡和可提供的資源。同時家庭也可表達他們的考量和關切事項，確定他們重視的評量內容以及他們想扮演的角色，並且決定評量的程序（此步驟於本章後段有詳細說明）。

2. 課程評量。家庭單獨或與介入人員一起填寫評量、評鑑及課程計畫系統家庭關切事項調查表及評量、評鑑及課程計畫系統家庭報告的時間，專業團隊可以執行評量、評鑑及課程計畫系統測驗或其中一位人員單獨測試兒童，並於稍後與團員分享結果。

3. 成果目標與療育計畫會議。測驗完成，所有的資料必須加以摘要整理。因此這次會議的目的是要蒐集資料，以便撰寫

IEP/IFSP；建立目標的優先順序，界定期待的成果，以及設計療育和評鑑計畫，以達到預定目標（本章後段會詳細討論此步驟）。

　　4.撰寫 IEP/IFSP 及有關人員簽章。可能還包括額外的評量資料以及選定預期目標。

　　5.執行計畫。依照 IEP/IFSP 的目標之優先順序開始執行療育，並且在 IEP/IFSP 設定的情境中執行，而且要依 IEP/IFSP 檢查進度。

　　6.持續的評鑑。依照計畫目標進行評鑑。家庭可使用評量、評鑑及課程計畫系統兒童進展紀錄來檢查兒童的進度。預期成果及療育活動應隨兒童的進度及評鑑的資訊而有所修正。

　　7.完成年度課程評鑑。

　　除了介紹性會議以及療育目標與計畫會議，施行上述七個步驟的方法已詳述於本書第二至五章。茲將進行晤談的方法介紹如下：

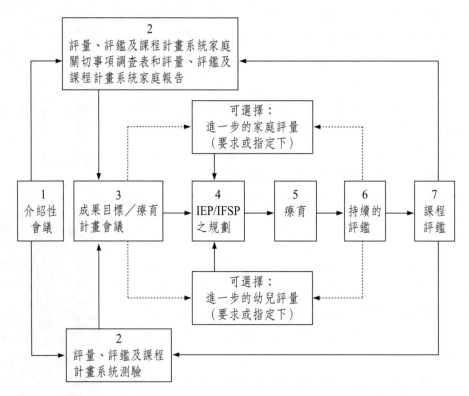

圖 8.1　評量、評鑑及課程計畫系統家庭參與評量、療育和評鑑過程

▓▶ 介紹性會議

鼓勵家長積極參與的首要階段，即是透過此介紹性會議，向家長及其他家庭成員解釋接案流程和本服務方案。會議的安排應盡量讓家庭舒適且方便。早療方案的代表人員必須熟悉轉介的來源，了解整體課程的運作，並且具備面談和溝通資訊的技巧。

介紹性會議的施行有兩個主要的目的：(1)提供資料和解釋課程；(2)建立課程評量的模式。這個會議不僅提供了家庭對課程熟悉的機會，同時也討論到保密性，並且完成填寫與課程有關的表格。

課程規劃所需要的資料會因個別家庭的轉介來源及先前的經驗而有所不同。有些家庭只需要簡短的面談，而另一些家庭則需要詳盡的資料。向家庭說明課程規劃的原理、長期目標、相關服務以及課程資源是絕對必要的。某個家庭或許已準備好考慮運用各種不同的服務方案和資源，或者他們還需要多一些時間及評量的資料來做決定。另一方面，提供家庭書面性的補充資料或許能有所幫助，但要注意避免提供超過家庭所能處理的資訊。

在為將來的會議及評量建立模式的同時，應鼓勵家庭表達他們關切的事項，確定他們認為應評量的重點，並且決定評量程序的形式。提供家庭對評量過程的形式或程度之參與有所選擇時，有助於建立他們在課程規劃過程中扮演決策者和夥伴的角色。有些家庭可以單獨填寫家庭關切事項調查表和家庭報告，而有些卻寧願開會來提供資料。有些家庭希望能直接參與兒童的評量過程，有些則希望在旁觀察並提供意見。此外，還有一些家庭則是選擇由專業團隊人員來完成評量。其實任何方式都可行，但最好的辦法就是直接詢問家庭他們所喜歡的方式。

▓▶ 成果目標與療育計畫會議

這個會議是安排在完成兒童初步課程的評量（如：評量、評鑑及課程計畫系統測驗）和了解家庭的優勢及關切事項（如：評量、評鑑及課程計畫系統家庭關切事項調查表）之後召開。在此同時，介入人員已將所有評量資料摘要整理完畢，而療育計畫的優先事項也已經由家庭和專業人員共同確認擬訂。因此這個會議的目的就

是藉著：(1)確認所列目標的先後次序；(2)設計療育課程活動；(3)決定預期成果的合理評鑑計畫，來準備 IEP/IFSP 會議。

參加會議的人員中應該包括與家長和兒童熟識且能融洽相處的工作人員，若有專門協助家庭規劃IEP/IFSP的專業人員（如：個案管理員）參與會議，則幫助更大。

會議進行程序可能會因每個家庭而有所不同。不過，以下所列之基本要素都必須涵蓋在會議程序中：(1)詳細說明計畫的過程及預計完成的工作；(2)一份有用的評量資料摘要報告；(3)一個可更新、改變、補充、刪除評量資料的機會。另外，要確認家庭優先事項的順序，同時，成果目標也應與療育課程活動及評鑑計畫同時發展完成。最後，在會議結束前的口頭摘要報告中，可提醒所有與會人員日後的職責，澄清疑慮；若適當的話，還可確認下次會議的時間和地點。

療育計畫可先從將評量資料整理成摘要開始。應鼓勵家庭決定採取何種方式來陳述並討論所蒐集到的資料。有些人喜歡帶頭討論，有些人則樂意先聽取別人的摘要說明。讓家庭來確認他們自己和兒童的優勢及關切事項是極具重要性的。可在此時從家人處蒐集到額外的資料，或是要求其他的評量或資料。家庭可根據他們已有的資料及療育人員的報告，決定所有事項的優先順序。然後，依據所敘述的每個成果目標，發展出其療育和評鑑計畫。

為了協助療育及評鑑計畫的發展，專業人員可以發展出一系列探索性（開放式）及確認性（封閉式）的問題。圖 8.2 列舉出可能提出的問題。楷體字為探索性的問題，而斜體字為確認性的問題。這些問題有助於確保為了達到預期目標所需要的資訊都包括在內。探索性的問題可提供引發想法，確認選擇性及分享資訊的機會。這類問題應該用來引導療育或評鑑計畫的初步討論。而確認性問題的設計是為了澄清，並且提供一個確認系統，以確保所做的選擇都是有用的，能適時並有效的達到預期成效。

上述問題應該僅提供作為指南，對某些成果目標的陳述而言，療育和評鑑計畫已經相當明確，並不需要再經過選擇或替代的策略。但對另一些成果目標來說，則需要透過相當的探討，才能發展出對家庭有效且實用的計畫。在提出這一系列問題時，應先詢問家庭的看法並考量他們的反應，然後再參考其他與會人員所提供的資訊或建議。

1. 您希望這個成果如何達成？可否想到一些能促使其實現的方法？
   目的：這兩個探索性的問題是在鼓勵家庭確認「最理想」的計畫以發展這項成果。這些問題也是在鼓勵家庭及早療團隊人員在確認特定的活動之前，想出一些策略及探討各種變通的方法。
2. 誰能來參加？
   目的：這個探索性問題是在確認可能參與的人員和機構。
   A：這些人員和機構是否願意且可以參加？
   B：來參與的人員和機構是否能協助家庭獲得資訊或技巧，以加強他們的能力來促使兒童的發展？
   目的：上述確認性問題係為確認來參加的人員未來確實可能是療育介入者，其提供的服務也確實可達到預期的成果。這類問題也藉機鼓勵團隊人員在發展介入活動之前，選擇最恰當的資源，以便團隊有效運用他們的時間。
3. 我們（你們）該怎麼做？從何著手？如何繼續？
   目的：集體腦力激盪設計療育活動，有助於確定這些活動能適合家庭的結構和價值觀。透過各種可能性的探討，提供所有參與人員投入及提出建議的機會。優先療育活動的選擇應考量家庭最後的決定，再與團隊共同討論後確定。
   A：這些活動是否以合乎邏輯或有順序性的進展來進行？
   B：所選擇的活動是否可達到成果？
   C：這些活動是否符合家庭的價值觀？
   D：任何一個家庭成員的參與是否會對其他家人造成反作用？如果會，家庭是否願意付出這種代價？如果不會，是否有其他變通的辦法？
   目的：這些確認性的問題是在協助團隊發展出一個有效果和效率的療育計畫。這些問題所提供的檢查及平衡的系統，不僅可發展出一個創新且個別化的計畫，同時也是有相當效力，具指導性內容的計畫。這些問題再一次地提醒了所有團隊人員要優先考量家庭的需求；確定家庭完全同意並接受這項計畫，同時這項計畫不會造成任何家庭成員和其他家人的疏離，或因此而忽略了其他家人。
4. 要完成這些活動需要什麼樣的資源？
   目的：確認這些資源和確認參與人員的流程相似。
   A：是否有可使用的資源？
   B：能否獲得資源？
   C：由誰取得資源？
   D：由誰負擔費用？
   目的：周詳的計畫常因資源的缺乏而被放棄。為節省時間和挫敗感，最好先確定完成活動所需的資源已預備好並可取得。
5. 我們（你們）怎麼知道已達到預期的成果？如何訂定有效的評鑑活動？哪些評鑑活動對家庭及預期的成果是最具功能性的？
   目的：發展評鑑的標準對許多家庭來說是新鮮且具挑戰性的；對專業人員而言，將評鑑標準書寫成「家庭親和性」的語言，更是一項又新又富挑戰性的工作，這也就是 IFSP 與 IEP 最明顯不同之處。家庭不需要在特定天數內達成一定比例的行為表現，成果的敘述應能反映家庭所認為最重要的事項。因此，評鑑的活動也必須能反映出療育計畫中家庭及其他參與人員的需求和興趣。
   A：參與人員能否接受所設定的期限？
   B：誰負責督導整個過程？
   C：進度應在何時及多久受到監測？
   目的：最後這組確認性的問題是在強調療育與評鑑計畫的細節部分，以確定目標成果能如期完成。

圖 8.2　成果目標及療育會議問題實例。楷體字為探索性問題，斜體字為確認性問題

　　在專業人員提出問題進行面談時，有些家庭會覺得寫下他們所知道的資料或許比較有幫助。因此 IEP/IFSP 計畫指南及家庭療育計畫工作表便應運而生。圖 8.3 和 8.4 就是此兩種表格實例。

　　在成果目標與療育計畫會議或 IEP/IFSP 會議中，可能決定需要額外的資料，屆時可再轉介家庭或兒童另外進行評量，例如：親子互動量表或構音方面的評鑑。

IEP/IFSP 計畫指南

兒童姓名：泰勒‧麥克羅　　　　出生日：1992 年 1 月 5 日　　　性別：男
IEP/IFSP 日期：1995 年 6 月 6 日　　時間：4：30pm　　地點：麥克羅家中
參與計畫人員：馬利（祖母）、雷（早療教師）、凱特（物理治療師）、玲達（療育
　　　　　　　服務負責人）

優　勢

兒童的優勢：
（包括最近的進展或變化、最喜歡的活動、特質）
開始會用兩個字的句子
喜歡他的新眼鏡
喜歡唱遊及替娃娃洗澡

家庭的優勢：
（包括可用的資源、特質、能力、支援）
保險方面沒問題
給兒童良好的照顧

家庭優先事項

兒童目標：
（取自評量、評鑑及課程計畫系統家庭報告）
1. 多和小朋友玩
2. 轉介物理治療師
3. 說較長的句子
4.
5.

家庭關切事項：
（取自評量、評鑑及課程計畫系統家庭興趣調查表）
1. 想知道更多的服務項目
2. 希望得到有關視覺訓練的資料
3. 希望托兒所老師知道怎麼教泰勒
4. 想知道更多泰勒在進食和坐車的擺位
5.

圖 8.3　IEP/IFSP 計畫指南實例

家庭療育計畫工作表

兒童姓名：泰勒_____ 優先序號：4_____

日期：1995 年 5 月 25 日_____ 評量工具：家庭關切事項調查表（FIS）_____

成果敘述：

泰勒的父母（喬和愛莉絲）將在家中和開車旅行時把泰勒擺位成一個舒適的姿勢。

療育活動：

• 當地醫院的物理治療諮詢師凱特，將於家庭訪問時示範移動及擺位泰勒最適當的方法。這個訪視訂於週六上午，以便父母均能參加。

• 凱特將改裝泰勒母親已購置的汽車安全座椅，以提供泰勒最好的支撐，喬已確認其家庭保險計畫將會支付改裝的費用。凱特還將協助改裝一張適合泰勒用餐的座椅。

• 父母於外出旅遊或用餐時，不須再把泰勒抱在腿上，而是使用改裝的汽車安全座椅及餐椅。

• 早療教師雷和療育服務負責人玲達將提供後續由家長要求或觀察到所需要的資訊和協助。

• 當家庭有需要時，玲達將聯絡凱特提供進一步的協助。

評鑑活動：

• 物理治療師應在三十天內進行初次訪視，並且在訪視後兩週內完成座椅的改裝。家長及早療介入人員將使用下列三點評分標準來評定活動的成效：

  1. 成果如預期完成。

  2. 有進展；繼續後續的監控。

  3. 成果沒改變；修正活動。

• 喬、愛莉絲、凱特、雷和玲達將在九十天內完成複檢的程序。

圖 8.4　家庭療育計畫工作表實例

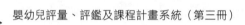

評量、評鑑及課程
計畫系統家庭關切
事項調查表

　　評量、評鑑及課程計畫系統家庭關切事項調查表包含了三十個勾選項目和一個開放式問題來確認家庭的關切事項。本表不僅可以排出家庭關切事項的優先順序，同時也容許家庭表示他們所喜歡接受服務的方式。

➡家庭關切事項調查表的發展過程

　　這份表格所有的項目是根據廣泛的家庭評量和早療文獻發展而成的。在製作本表之前，作者曾就為障礙兒童家庭所設計最相關且最常用的調查表做了一次分析〔如：家庭需求調查表（Bailey & Simeonsson, 1988）；家庭資訊選擇調查表（Turnbull & Turnbull, 1986）；家長需求調查表（Seligman, & Darling, 1989）；家長需求優先順序量表（Finn & Vadasy, 1988）。經過校閱分析後，初步的家庭關切事項調查表就此產生。草案由十二位早療介入人員、八位障礙兒童家長，以及二十位一般兒童家長來檢視。他們的意見和回饋被用來刪減、增加和闡明這份表格中的項目。

　　修訂後的家庭關切事項調查表由三十位早療介入人員和三十個家庭來使用。由這些使用者的回饋指出，此調查表能產生有用的資料。此外，使用的家庭認為它不具侵犯性，而且有助

於他們注意到自己的需求和興趣。

運用 Fry 方法（Fry method; Collins-Cheek & Collins, 1984）來分析家庭關切事項調查表各項目的閱讀水準之後，確定句子長度適合國小六年級的閱讀程度。因此作者決定加入如擺位（positioning）及發展（development）等專有名詞，來代替簡單但詞不達意的通用名詞。

☆ 內容

家庭關切事項調查表的三十個項目可分為針對兒童、家庭及社區的關切事項三大類別。其內容之設計係為了協助家長或照顧者及介入人員確認下列幾方面的關切事項：(1)以兒童為中心（如：協助兒童進食的輔助器材）；(2)以家庭為中心（如：增進家庭的休閒活動）；以及(3)以社區為中心（如：尋找托兒所或短期照顧）。每一類別中都包括了能確認以下需求的項目：資訊的取得，正式及非正式的支持，活動的參與和資源的運用等。

調查表內的項目是用來反應家庭對資訊、活動、資源或相關服務的關切事項（如：「我有興趣學習怎麼跟兒童交談和玩遊戲」或「我有興趣知道如何為兒童的兄弟姊妹爭取支持」），而非著眼於家長如何養育特殊需求兒童的相關問題。為了避免以問題為中心或導向，家庭關切事項調查表的項目一向著重於正向的態度。希望家庭指出的是他們的興趣，而不是他們的問題、需求或不足。這個用意是讓早療介入人員著重於家長或照顧者認為有建設性和積極性的活動上。同時，項目中正向的用字遣詞有助於提升家庭扮演合作者的角色。若將重點放在「需要」和「想要」的字眼上，容易讓家庭扮演療育服務的接受者，而不是和早療介入人員共同解決困難的夥伴。

☆ 形式

家庭關切事項調查表設計成一本小冊子，為了隱秘性及確認性的資料（如：兒童和家人的姓名），還包括了一張封面。本表的使用說明和範例都於調查表格正文前加以敘述。

兒童興趣部分有十一項，家庭興趣部分有九項，而社區興趣則有十項。結尾有一個開放式的問題，鼓勵家庭確認先前三大部分有任何未提及的事項。例如：家庭可能有興趣獲得有關住宿性療育課程的資料。

在每個項目的右邊有兩組的三個格子，家庭可以在「優先關切」，「關切但非優先」或「目前不關切」格內打勾。第一組的格子可作為初步決定療育的參考，而第二組格子則可在之後作為更新 IFSP 之檢視。圖 9.1 顯示的是一頁家庭關切事項調查表的樣本。完整的調查表請參閱附錄 D。

➠執行

雖然這份表格可以在任何時間內完成，但是對家庭最有利的，就是在介紹性會議之後或在成果目標及療育計畫會議之前，完成這份調查表。對有需要協助的家庭，則可在成果目標及早療計畫會議中完成此表。

如果可能，此調查表最好由兒童最主要的照顧者填寫。照顧者可以單獨或與其他家人一起填寫。早療介入人員應對家庭詳細解說填表方法，如果家庭傾向在成果目標與療育計畫會議中完成此表，他們可以先不做填寫。建議用鉛筆填寫此表，以方便更改。

每次填寫時，請於每行中勾選其中一格。

針對兒童的關切事項 我關切……	日期：＿＿＿＿＿			日期：＿＿＿＿＿		
	優先 關切	關切但 非優先	目前 不關切	優先 關切	關切但 非優先	目前 不關切
了解更多兒童目前的優勢與需求						
了解提供給兒童的相關服務及課程						
了解更多兒童的狀況與障礙						
為將來的相關服務與課程做計畫						
了解兒童如何成長與學習（如：社交、動作、自我照顧方面）						
學習如何照顧和幫助兒童的方法（如：擺位、飲食、健康）						
學習相關法令，我的權利及如何為兒童爭取權益						
教導兒童						

（下頁續）

（續上頁）

針對家庭的關切事項 我關切……	優先 關切	關切但 非優先	目前 不關切	優先 關切	關切但 非優先	目前 不關切
處理兒童的行為問題						
學習如何與兒童交談和遊戲						
與老師和專業人員談論兒童的課程						
向手足、祖父母及朋友解釋兒童的特殊需求						
獲得兒童兄弟姊妹的支持						
將家人和朋友納入兒童的照顧或自由活動時間內						
為我的家庭諮商						
學習自己解決家庭問題						

圖 9.1　評量、評鑑及課程計畫系統家庭關切事項調查表樣本

➡ 參考文獻

Bailey, D., & Simeonsson, R. (1988). Assessing family stress and needs. In D. Bailey & R. Simeonsson (Eds.), *Family assessment in early intervention* (pp. 95–118). Columbus, OH: Charles E. Merrill.

Collins-Cheek, M., & Collins, E. (1984). *Reading instruction through content teaching.* Columbus, OH: Charles E. Merrill.

Finn, D., & Vadasy, P. (1988). *Prioritizing Family Needs Scale.* Birmingham: University of Alabama.

Seligman, M., & Darling, R. (Eds.). (1989). Applying a systems approach to the identification of family strengths and needs: The individualized family service plan and beyond. In M. Seligman & R. Darling (Eds.), *Ordinary families, special children: A systems approach to childhood disability* (pp. 245–260). New York: Guilford.

Turnbull, A., & Turnbull, H.R. (Eds.). (1986). Family participation in developing the IEP. In A. Turnbull & H.R. Turnbull III (Eds.), *Families, professionals, and exceptionality: A special partnership* (pp. 269–303). Columbus, OH: Charles E. Merrill.

評量、評鑑及課程計畫系統家庭報告

　　填寫評量、評鑑及課程計畫系統家庭報告對家長和照顧者而言，是一份具體並與實際生活有關的評量和評鑑工作。這份表格不僅可以讓家庭對自己兒童的能力多一分了解，同時也可以培養家長敏銳的觀察力。藉由在評量／評鑑過程中使用這份評量、評鑑及課程計畫系統家庭報告，有助於將評量／評鑑的過程透明化，並且向家庭澄清各專業人員的角色。

➡ 評量、評鑑及課程計畫系統家庭報告的特色

　　本評量、評鑑及課程計畫系統家庭報告有幾個重要的特色。第一，家庭報告中所有的項目與專業人員所使用的評量、評鑑及課程計畫系統測驗項目有一致性。家庭報告的項目將評量、評鑑及課程計畫系統測驗中的長期和短期目標改寫成較簡單的用語。如此家長便可與專業人員比對兒童評量的結果。

　　第二，本報告可測量兒童的功能性技能。也就是說，只有那些可促進兒童應付及適應社會與物理環境所需的技能，才被包含於內。這些強調功能性技能的項目，未來均可能成為適合的療育目標。這個特色使得家庭報告與評量結果有直接的關聯性，同時也可用來規劃兒童的 IEP/IFSP。評量資料除了有助於 IEP/IFSP 的發展外，也可作為後續療育計畫的藍圖。

　　評量、評鑑及課程計畫系統家庭報告的第三個特色是，它既可作為初步評量之用，又可追蹤兒童後續的進展，是一個完整而全面的工具。兒童主要發展領域：精細動作、粗大動作、生活適應、認知、社會溝通以及社會都包括在這份工具內。

　　第四，雖然家長可以依照經驗及對兒童的了解來填寫此表，但還是要鼓勵家長透過在熟悉環境中對兒童的觀察，來印證他們對兒童的認識。所以，評量、評鑑及課程計畫系統家庭報告的特點，就是提供有關兒童運用功能性技能的訊息，以及兒童在什麼時候或多久會使用這些功能性技能。

⇒ 適用對象

　　本評量、評鑑及課程計畫系統家庭報告的適用對象，為高危險群、有障礙以及功能發展的三至六歲階段兒童的父母和其他照顧者。這個工具特別適合用於兒童已經進入家庭或中心本位療育課程的家長，其目的是為了蒐集有關兒童的資料，以規劃適合的療育目標。

　　這份評量、評鑑及課程計畫系統家庭報告並不建議給生理年齡大於六歲但心智發展仍低於三歲兒童的家長使用。此工具的內容較適用於幼兒的照顧者，對於學齡兒童照顧者的適用性則令人存疑。

⇒ 內容與編排方式

　　與評量、評鑑及課程計畫系統測驗相似，評量、評鑑及課程計畫系統家庭報告也分為以下六大領域：

　　精細動作領域──著重於操弄物品及寫前技能。

　　粗大動作領域──著重於站立、行走的平衡和移位能力以及遊戲技能。

　　生活適應領域──著重於飲食、個人衛生及穿脫衣物。

　　認知領域──著重於團體活動的參與、概念理解、分類、序列、回憶事件、問題解決能力、遊戲、數學前備技能以及閱讀前備技能。

　　社會溝通領域──著重於社會互動性溝通，以及詞彙、片語及句子表達。

　　社會領域──著重於與他人和環境的互動，以及對自我和他人的認識。

　　每一個領域所包含的項目不等。精細動作領域有五項，粗大動作領域有六項，

生活適應領域有八項，認知領域有三十一項，社會溝通領域有三十四項，而社會領域則有八項。有些項目之下另附有英文字母為標題的的副項。

　　所有的項目都是用淺顯易懂的語句編寫，以幫助父母了解內容。這份報告設計為可分別使用四次。每一頁表格的最上方一排空格為日期欄，以下的空格則是填寫得分的欄位。圖 10.1 顯示的是一份評量、評鑑及課程計畫系統家庭報告的樣本。完整的家庭報告則請參閱附錄 D。

⫸ 施測說明

　　評量、評鑑及課程計畫系統家庭報告是一份以觀察為依據的評量和評鑑工具。應盡量鼓勵家長或照顧者在沒有專業人員協助下完成這份表格。在填寫得分時，應注意觀察兒童是否嘗試或能做出目標行為。不過，仍有些項目可根據照顧者對兒童的了解（如：家長多半知道自己的兒童是否能獨立上下階梯）來評分。此外，對於某些無法觀察到的項目，家長或照顧者可製造情境來誘發兒童的目標行為。

　　照顧者在評分前應觀察或試驗數次以確定兒童表現出一致且獨立的技能。家長若對某個項目有疑問或無法解釋兒童呈現的行為時，應立即求助於專業人員。如果有必要，可與家長以面談的方式來填寫這份報告。例如：若家長的閱讀能力有限，早療介入人員可以逐項念給家長聽，並說明其反應類別，再依據家長的回答填入得分。

　　很重要的一點是，在填寫報告之前，介入人員必須告知照顧者，不應期待兒童能夠成功做到每一個項目。這一點尤其對重度障礙幼兒的照顧者要特別強調。

　　其實評量、評鑑及課程計畫系統家庭報告並不需要一定的填寫順序；不過，仍應極力鼓勵照顧者在第一次評量時就填寫所有九十二個項目，包括副項。如果這份報告是用來定期追蹤兒童的進展，之後三次的填寫，就可僅重點式的聚焦在療育目標上。

⫸ 評分方式

　　在指導家長對九十二個項目計分時要強調，在「是」（Y）、「有時候」（S）、「尚未」（N）中，一定要選擇最能確切表達兒童目前發展能力的得分。當兒童能

夠一致的、獨立的針對不同情境、器材和人表現出該項技能或行為時，就可在適當的空格中填入「Y」。「Y」也可用於兒童就原本已具備的能力，展現出更加成熟的技能（如：若題目問兒童是否會仿畫形狀，但他其實已經能夠獨立畫出形狀來時）。

粗大動作領域

日期

1. 兒童是否可以不依賴扶手或牆壁，兩腳交替上下樓梯？（A1）

2. 兒童是否可以雙腳同時向前跳？（B1）

3. 兒童是否可以在跑步時避開不去撞上大型玩具、家具和人等障礙？（B2）

4. 兒童是否會拍、接、踢和丟不同大小的球？（B3）
（註：如果此項評分為「S」或「N」，請在下列 a 至 d 兒童能做的項目前打勾。）
____a.會拍大球至少兩下？（B3.1）
____b.能在 1.8 至 3 公尺內雙手接球？（B3.2）
____c.能踢腳前的球而不會跌倒？（B3.3）
____d.能單手過肩丟球？（B3.4）

5. 兒童是否可以雙腳交替躍走前進至少 5 公尺？（B4）

6. 兒童是否會騎兩輪腳踏車前進至少 6 公尺？（B5）

評分方法：Y ＝是；S ＝有時候；N ＝尚未。

圖 10.1　評量、評鑑及課程計畫系統家庭報告粗大動作領域樣本

若是對兒童所表現的特定技能或行為有疑問時,如剛開始出現的技能(emerging skill),就在適當的空格中填入「S」(有時候)。例如:兒童只能在使用特定的用具(如:用特定的杯子喝飲料),或在特定的情境下(如:只對照顧者說話但不與他人說話),才能表現出該技能。「有時候」也可用於兒童需要一些口頭或肢體提示才能表現出行為時。倘若兒童確定無法表現出該技能,在適當的空格中填入「N」(尚未)。在每一個領域最下方,另留有欄位書寫該領域的優先目標。

　　在本評量、評鑑及課程計畫系統家庭報告中有些副項需要照顧者填寫,以提供額外的或更清楚的資料。在副項中詢問額外資料的例子像是:請照顧者在回答「您的兒童知道八種顏色嗎?」的題目後,另列出兒童所認識的顏色。另外有些副項則讓家長或照顧者確認兒童所能做到的部分技能。例如:生活適應領域第三題問到:「兒童是否能每口吃適量食物,每口喝適量飲料,用餐時會坐在位子上直到餐畢,用餐巾擦臉和手,以及幫忙清理餐桌?」若照顧者觀察到兒童只能做到每口吃適量的食物,他應將此題評分為「S」(有時候);並且只在副項中兒童能做到的項目前打勾即可。

　　評量、評鑑及課程計畫系統家庭報告所有項目與評量、評鑑及課程計畫系統測驗中的長短期目標是一致的。例如:若評量、評鑑及課程計畫系統家庭報告的認知領域中一個項目的結尾為(C1),介入人員應該知道這個項目與評量、評鑑及課程計畫系統測驗中的認知領域綱目C,長期目標G1相對應。另一例子是:若評量、評鑑及課程計畫系統家庭報告的精細動作領域中某一項結尾為(A3.1),早療介入人員就知道這個符號代表本項與綱目A的短期目標3.1相對應。圖10.2即為評量、評鑑及課程計畫系統家庭報告部分完成的範例。

⮞ 結果總結

　　若有需要,早療介入人員可將評量、評鑑及課程計畫系統家庭報告的得分予以轉換,「Y」代表2分,「S」代表1分,「N」代表0分。各領域的原始總分便是將所有用數字編號項目中的1分和2分相加。用字母編號的副項沒有評分欄,在計算原始總分時不應併入計算。

　　各領域的百分比是將原始總分除以該領域的最高得分。圖10.3便是一份家庭報告結果摘要的範例,其中包括間隔六個月的兩次評量。

粗大動作領域

	1-96	6-96		日期

1. 兒童是否可以不依賴扶手或牆壁，兩腳交替上下樓梯？（A1）

1-96	6-96		
Y	Y		

2. 兒童是否可以雙腳同時向前跳？（B1）

Y	Y		

3. 兒童是否可以在跑步時避開不去撞上大型玩具、家具和人等障礙？（B2）

Y	Y		

4. 兒童是否會拍、接、踢和丟不同大小的球？（B3）
   （註：如果此項評分為「S」或「N」，請在下列 a 至 d 兒童能做的項目前打勾。）

S	S		

　1-96　a. 會拍大球至少兩下？（B3.1）
　1-96　b. 能在 1.8 至 3 公尺內雙手接球？（B3.2）
　6-96　c. 能踢腳前的球而不會跌倒？（B3.3）
　＿＿＿　d. 能單手過肩丟球？（B3.4）

5. 兒童是否可以雙腳交替躍走前進至少 5 公尺？（B4）

N	N		

6. 兒童是否會騎兩輪腳踏車前進至少 6 公尺？（B5）

N	S		

評分方法：Y＝是；S＝有時候；N＝尚未。

圖 10.2　評量、評鑑及課程計畫系統家庭報告粗大動作領域部分填寫樣本

家庭報告摘要表

兒童姓名：<u>吉米‧瓊思</u>

第一次施測				第二次施測		
日期：<u>1/96</u>	家長：<u>媽媽</u>			日期：<u>6/96</u>	家長：<u>媽媽</u>	
領域	原始得分	最高總分	百分比	領域	原始得分	最高總分	百分比

領域	原始得分	最高總分	百分比	領域	原始得分	最高總分	百分比
精細動作	7	10	70	精細動作	8	10	80
粗大動作	10	12	83	粗大動作	10	12	83
生活適應	12	16	75	生活適應	13	16	81
認　知	40	62	65	認　知	45	62	73
社會溝通	42	68	62	社會溝通	51	68	75
社　會	8	16	50	社　會	9	16	56
總　分	119	184	65	總　分	136	184	74

圖 10.3　評量、評鑑及課程計畫系統家庭報告摘要表範例

　　家庭報告表的各項得分以及副項所提供的額外資料，都可協助介入人員（團隊）在評量、評鑑及課程計畫系統資料紀錄表內的評分。如果專業人員的觀察與家長的看法有歧異時，雙方應該再重新觀察兒童的行為，並想辦法了解和解決彼此看法的差異。例如：照顧者和專業人員也許會發現兒童在家裡具備某些行為，但在學校卻不會，反之亦然。

　　評量、評鑑及課程計畫系統家庭報告讓家庭成員有機會在各種自然環境中觀察兒童的行為，對 IEP/IFSP 的發展提供了關鍵性的資料；同時，還能夠讓家長在有關的兒童的評量、療育以及進展的評鑑過程中，完全參與其中，一同來做決定。

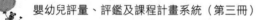

評量、評鑑及課程計畫系統測驗的心理計量特性與效用

　　三至六歲評量、評鑑及課程計畫系統測驗的前身是出生到三歲評量、評鑑及課程計畫系統測驗，同樣地，後者受到適應行為表現工具（Adaptive Performance Instrument, API）的影響很大〔適應表現評量彙篇（Consortium on Adaptive Performance Evaluation, CAPE, 1978）〕。API的工作在一九七〇年代早期，由一群CAPE的研究人員開始。雖然有許多人和CAPE有關，且參與 API 的早期發展與測試，從一九七〇年代中期到一九八〇年代早期，一直持續領導的人是 Dale Gentry、Owen White、Lisbeth Vincent、Evelyn Brown、Jeff Seibert、Verna Hart、Kathleen McCartan 及 Diane Bricker。

　　正式的 API 測驗資料是從一九七七到一九八一年蒐集的。這些資料包含在一份完整報告中，送到美國聯邦特殊教育計畫部（U.S. Office of Special Education Programs），該部門提供協助，檢驗 API 的信度與效度。對這些結果有興趣的讀者，可參考Bricker（1981）的報告。出生到三歲評量、評鑑及課程計畫系統測驗的正式心理計量研究開始於一九八一年，然而三至六歲評量、評鑑及課程計畫系統測驗的部分則在一九八五年開始。

➡ 心理計量特性

　　三至六歲評量、評鑑及課程計畫系統測驗心理計量特性的部分研究完成於一九八六年（Slentz, 1986）。年齡從三十四到七十六個月大的五十三個兒童參與此研究。一半的兒童是高危險群或有障礙，但其餘兒童發展則無困難。所有五十三個個案皆蒐集到觀察者間的資料。個別領域的皮爾森積差相關（Pearson product-moment correlations）係數範圍是：最低社會領域 r = .60，最高精細動作領域 r = .94。整個測驗的相關是 r = .94。所有相關係數都有 p < .0001 的顯著水準。重測信度資料是由十八個個案身上蒐集的，皮爾森積差相關係數是：精細動作領域 .86（p < .0001）、粗大動作領域 .07、生活適應領域 .13、認知領域 .91（p < .0001）、社會溝通領域 .77（p < .0001）、社會領域 .50（p < .05），整個測驗則是 .91（p < .0001）。

　　Slentz（1986）的報告提出由十八個兒童蒐集的共同效度資料。把這些兒童的評量、評鑑及課程計畫系統測驗表現，拿來和他們在瑪凱西兒童能力量表（McCarthy Scales of Children's Abilities, McCarthy, 1972）和單一表現評鑑系統（Uniform Performance Assessment System, Haring, White, Edgar, Affleck, & Hayden, 1981）的表現做比較。就 McCarthy 量表而言，其動作量表和評量、評鑑及課程計畫系統精細動作、粗大動作領域的皮爾森積差相關係數分別是：.35 和 .06。一致性部分：McCarthy 一般認知指標和評量、評鑑及課程計畫系統認知領域間是 .66（p < .001），McCarthy 語文量表和評量、評鑑及課程計畫系統社會溝通領域間是 .72（p < .0001）。單一表現評鑑系統和評量、評鑑及課程計畫系統間相關達顯著的是：精細動作領域（r = .52, p < .01）、認知領域（r = .77, p < .0001）、社會溝通領域（r = .87, p < .0001），以及社會領域（r = .75, p < .0001）。相關低且未顯著的是：粗大動作領域（r = .39）和生活適應領域（r = .30）。

　　計算評量、評鑑及課程計畫系統測驗總分的平均評量等級，分別比較三和四歲兒童，以及四和五歲兒童。利用 Mann-Whitney U 檢定，發現四歲組顯著高於三歲組（p < .0009），但四歲組和五歲組整個測驗分數的差異並不顯著。

　　由五十三個兒童得到的評量、評鑑及課程計畫系統測驗資料，用來檢驗各領域和總測驗得分間的關係。所有相關皆達顯著，分布範圍為：由生活適應領域 .37（p < .01），到認知領域 .97（p < .0001）不等。各綱要與其領域間，一般則是呈現中

度到高度相關。

　　第二個研究由 Hsia 於一九九三年完成，針對三至六歲評量、評鑑及課程計畫系統測驗，選定某些心理計量特性做檢驗。八十二個三至六歲兒童參與此項研究。其中五十一個兒童被判定為「沒有障礙」、十一個是「高危險群」，其餘二十個兒童則已確定為「有障礙」（即鑑定需要接受早期療育者）。每個兒童的評量、評鑑及課程計畫系統測驗由訓練過的人員完成。測驗的評量主要透過觀察兒童上日托課程時，參與計畫性與自由遊戲活動時的表現。

　　藉由計算評量、評鑑及課程計畫系統測驗領域得分及總測驗得分間的相關，檢驗兩個獨立評分者觀察者間的信度。本分析包含所有八十二個兒童的資料，但並非所有兒童皆有機會參與全部的粗大動作與生活適應活動——雖然那是完整評量所需的。運用皮爾森積差相關係數，來計算評量、評鑑及課程計畫系統測驗各領域得分及總測驗得分間的相關，結果發現以整組人數來計算時（有和無障礙兒童合併，N ＝ 82），一致性很高（r ＝.99），若兩組受試分別計算亦是（有障礙組與高危險組：r ＝.97；無障礙組：r ＝.93）。在各領域方面，以全組的相關係數而言：精細動作領域是 .75、生活適應領域是 .82、粗大動作領域與社會領域是 .83、認知領域是 .95、社會溝通領域是 .96，而測驗總分則是 .97。所有相關皆達 p ＜.01 的顯著水準。以各受試組為分析族群，得到的相關較低，但仍然達到顯著水準——除了「有障礙組」的社會領域一項。

⤷ 測驗敏感度

　　評量、評鑑及課程計畫系統測驗設計的目的，是希望對不同年齡及不同障礙程度兒童表現的變化夠敏感；因此，年齡較大及能力較好兒童的得分，應該比年齡較小或能力較弱的兒童高。評量、評鑑及課程計畫系統測驗敏感度也是由 Hsia（1993）檢驗的。

☆ 年齡敏感度

　　在分析此測驗區辨不同年齡兒童的精確度時，只有包括「無障礙組」的兒童。根據其出生日期，將兒童分為三個年齡組（三、四及五歲組）。

　　運用單因子單變異量分析，來檢驗受試在所有六個領域及總測驗的得分。若 F

值達顯著水準，則利用Scheffé檢驗做事後多重比較。除了生活適應領域之外，所有其他五個領域及測驗總分的 F 值皆達顯著水準。五歲組顯著高於三歲組與四歲組，但三歲組與四歲組彼此間的差異則不顯著。

☆ 障礙程度敏感度

由於有些障礙組兒童未參與評量粗大動作與生活適應的活動，此部分的分析乃是總和其他四個領域的分數（即精細動作、認知、社會溝通及社會領域）。使用單因子單變異量分析三組兒童：無障礙組、高危險／輕度障礙組及中重度障礙組。就所有領域及測驗總分而言，組別間有顯著的統計差異。Scheffé檢驗顯示：無障礙組兒童的領域及測驗總分，比其他兩組兒童高。

除了精細動作領域之外，三組間的分數皆發現顯著的差異。無障礙組兒童的精細動作分數顯著高於中重度障礙組，但並未高於高危險／輕度障礙組。高危險／輕度障礙組的測驗總分顯著高於中重度障礙組，但在各領域的分數方面，只有社會溝通領域有顯著差異。

➠ 總結

從邏輯、技術及經費的觀點而言，檢驗一個像評量、評鑑及課程計畫系統測驗的心理計量特性，是一件困難的工作。然而，對使用者而言，建立一個測量工具的信度與效度是非常重要的。三至六歲評量、評鑑及課程計畫系統測驗仍有許多工作尚未完成，然而，截至目前的研究顯示：這個工具具備了良好設計的測驗特質。

評量、評鑑及課程計畫系統測驗的開發人員仍在繼續研究它的特性、效用與實用性。這類研究的執行部分由一個基金贊助──將評量、評鑑及課程計畫系統測驗銷售的版稅集中而成的，致力於支援此一持續的工作。

➠ 參考文獻

Bricker, D. (1981). *Adaptive assessment for evaluating the progress of severely/profoundly handicapped children functioning between birth and two years.* Final report submitted to the U.S. Department of Education, Office of Special Education Programs, Washington, DC.

The Consortium on Adaptive Performance Evaluation (CAPE). (1978). *Adaptive Performance Instrument (API).* Seattle: Author.

Haring, N., White, O., Edgar, E., Affleck, J., & Hayden, A. (1981). *Uniform performance assessment system.* Columbus, OH: Charles E. Merrill.

Hsia, T. (1993). *Evaluating the psychometric properties of the Assessment, Evaluation, and Programming System for Three to Six Years: AEPS Test.* Unpublished doctoral dissertation, University of Oregon, Eugene.

McCarthy, D. (1972). *McCarthy Scales of Children's Abilities.* New York: Psychological Corporation.

Slentz, K. (1986). *Evaluating the instructional needs of young children with handicaps: Psychometric adequacy of the Evaluation and Programming System—Assessment Level II (EPS–II).* Unpublished doctoral dissertation, University of Oregon, Eugene.

IEP/IFSP
長期目標和短期目標

➠ 精細動作領域

綱目 A　操弄物品

長期目標 G1　兒童將可用雙手同時操弄兩件小物品（如：串小
　　　　　　　珠珠；堆疊樂高積木；Tinkertoys）。

短期目標 1.1　兒童將可同時操弄兩件手掌大小的物品（如：串
　　　　　　　大珠珠；將大型塑膠套珠串接在一起）。

長期目標 G2　兒童將可在 0.6 公分寬的範圍內剪出曲線構成的
　　　　　　　簡單形狀（如：圓形或橢圓形）。

短期目標 2.1　兒童將可在 0.6 公分寬的範圍內剪出直線構成的
　　　　　　　簡單形狀（如：正方形、長方形或三角形）。

短期目標 2.2　兒童將可用剪刀將紙張剪成兩半，邊緣可能是不
　　　　　　　整齊的。

長期目標 G3　兒童將可綁好或繫好線狀的配件（如：鞋帶、蝴
　　　　　　　蝶結、繩子）。

短期目標 3.1　兒童將可扣好鈕釦。

短期目標 3.2　兒童將可扣好拉鍊頭並將拉鍊拉合。

綱目 B　寫前技能

長期目標 G1　兒童將會依據範例仿畫有角度的形狀（如：長方形、正方形、三角
　　　　　　　形）。

短期目標 1.1　兒童將會依據範例，仿畫曲線或直線的形狀（如：圓形、十字或 T
　　　　　　　形）。

長期目標 G2　兒童將能不需範例書寫自己的名字。筆劃有錯誤是可接受的，但字體
　　　　　　　必須可辨識。

短期目標 2.1　兒童將能依範例仿寫自己的名字。筆劃有錯誤是可接受的，但字體必
　　　　　　　須可辨識。

短期目標 2.2　兒童將會依範例書寫三個簡單筆劃字，筆劃有錯誤是可接受的，但字
　　　　　　　體必須可辨識。

短期目標 2.3　兒童將會依範例仿寫三個簡單筆劃字，筆劃有錯誤是可接受的，但字
　　　　　　　體必須可辨識。

➠ 粗大動作領域

綱目 A　站立及行走的平衡和移位

長期目標 G1　兒童會兩腳交替上下階梯，不需扶扶手或牆壁。

短期目標 1.1　兒童以兩腳同階的方式上下階梯，可用一手扶扶手或牆壁來支撐。

綱目 B　遊戲技能

長期目標 G1　兒童會雙腳同時向前跳並同時著地，沒有跌倒。

短期目標 1.1　兒童會雙腳原地跳並同時著地不跌倒，大人可先示範。

短期目標 1.2　兒童會雙腳由低平台跳下來（如：人行道邊緣、低的階梯、有點高度
　　　　　　　的平面），雙腳同時著地、沒跌倒。大人可先示範。

短期目標 1.3　在下列行走活動中，兒童至少有兩項能維持動態平衡：

　　　　　　　• 走在 1.8 公尺長 10 公分寬的平衡板上。

　　　　　　　• 在直線上走 3 公尺。

- 踮腳尖走 3 公尺。

- 後退走 3 公尺。

大人可先示範。

短期目標 1.4 單腳站立至少 5 秒。大人可先示範。

長期目標 G2 兒童在跑步時，會用啟動、停止及突然改變方向的動作控制技巧來閃避障礙。

短期目標 2.1 兒童在跑步時，身體會些微前傾，雙臂自然擺動，雙腿屈曲及伸直動作交替變換著，且會有一段步態是任何一腳均無呈重的狀態。

長期目標 G3 兒童會拍、接、踢、丟大球。

短期目標 3.1 兒童會用手掌拍大球彈起至少兩下。

短期目標 3.2 兒童會用雙手手掌接住從 1.8 至 3 公尺遠丟來的球（直徑至少 15 公分）。

短期目標 3.3 兒童會單腳踢固定不動的球並維持平衡。

短期目標 3.4 兒童會單手用舉手過肩的方式將手掌大小的球向前丟出。

長期目標 G4 兒童會雙腳交替點跳前進 5 公尺。

短期目標 4.1 兒童會單腳連續向前跳至少五步。

長期目標 G5 兒童會騎兩輪腳踏車前進至少 6 公尺遠。

短期目標 5.1 兒童會坐在有輔助輪的腳踏車上，兩腳踏踏板騎行前進至少 3 公尺遠。

⯮生活適應領域

綱目 A　飲食

長期目標 G1 兒童會使用適當的餐具進食各種食物，很少掉落。

短期目標 1.1 兒童會進食多種質地的食物（如：軟的、液體的、耐嚼的）。

短期目標 1.2 兒童會選擇並進食不同種類的食物（如：乳酪類、肉類、水果類）。

短期目標 1.3 兒童會使用筷子進食。

短期目標 1.4 兒童會適當地選擇與使用叉子和湯匙進食（如：喝湯用湯匙、夾肉用叉子）。

長期目標 G2 兒童具有以下的餐前準備技能：

- 會處理食物。
- 會使用餐刀塗抹食物。
- 會將飲料倒至各種容器中。
- 會用餐具拿取食物放入碗盤。

短期目標 2.1 兒童處理食物時會先除去不能吃的部分（如：橘子皮、豆子殼、包裝紙）。

短期目標 2.2 兒童會使用餐刀塗抹軟的、可塗抹的醬料（如：花生醬、奶油乳酪、果醬）在麵包或餅乾上。這些麵包或餅乾必須要塗滿且保持完整，但不必塗得十分平整。

短期目標 2.3 兒童會從一個容器（如：水壺、瓶子）中將飲料倒到另一個容器（如：杯子、碗、玻璃杯）中。兒童在倒飲料時不會潑灑出來，且能在適量的時候停止，不會讓飲料溢出。

短期目標 2.4 兒童會使用餐具將食物從一個碗盤中取送到另一個碗盤。

長期目標 G3 兒童會表現出以下的用餐禮儀：

- 進食適量食物，閉口咀嚼，吞下食物後再吃下一口。
- 每口喝適量的飲料，喝完後將杯子放回桌上。
- 坐在位子上用餐，離座前先徵得同意。
- 餐後用餐巾擦臉和手。
- 餐後會收拾碗盤。

短期目標 3.1 進食時，兒童吃適量食物（如：不會溢出嘴巴），閉口咀嚼，吞下食物後再吃下一口。

短期目標 3.2 進食時，兒童從幼兒用的杯子喝適量飲料，並在喝完前會將杯子放回桌上至少一次。

短期目標 3.3 兒童會坐在位子上用餐，離座前先徵得同意。

短期目標 3.4 餐後，兒童會用餐巾擦臉和手，大人可協助擦乾淨。

短期目標 3.5 餐後，兒童會收拾碗盤（如：水槽、桌上或洗碗機內）。

綱目 B　個人衛生

長期目標 G1 兒童將主動走到廁所、脫下褲子、使用衛生紙、沖馬桶、穿好褲子、洗手，且能在下次上廁所前不尿濕。可以在提示下完成。

短期目標 1.1 兒童將完成下列如廁的步驟：脫下褲子、使用衛生紙、沖馬桶、穿好褲子和洗手。

短期目標 1.2 兒童將主動走進廁所大小便，且能在下次上廁所前不尿濕。可以在提示下完成（如：穿褲子、洗手）。

短期目標 1.3 兒童將清楚地告知（如：口語、手語、手勢）要上廁所大小便。

長期目標 G2 兒童將獨立完成下列漱洗的程序：

- 自己洗澡並擦乾。
- 梳理頭髮。
- 刷牙及漱口。
- 用衛生紙擤鼻涕。
- 洗臉並將臉擦乾。

短期目標 2.1 兒童會完成下列洗澡的例行程序：脫掉衣服、進澡盆或打開蓮蓬頭、用肥皂抹身體、沖水、拿毛巾、擦乾和掛回毛巾。可以在提示下完成，兒童可能需要協助才能完全洗乾淨和擦乾。

短期目標 2.2 兒童會用梳子梳理頭髮。

短期目標 2.3 兒童將牙膏擠在牙刷上，刷牙和漱口。可以在提示下完成（如：「你下一步要做什麼？」）。

短期目標 2.4 兒童會用衛生紙擤鼻涕。兒童可能需要協助才能完全擦乾淨。

短期目標 2.5 兒童會完成洗臉和擦乾的例行程序：打開水龍頭、抹洗面乳、用水洗淨、關上水龍頭、用毛巾擦乾，和掛回毛巾。

綱目 C　穿脫衣物

長期目標 G1 兒童會運用各種功能性的方式表現出解開繫扣物的技能：

- 解開衣物的鈕子、按鈕、子母貼等。
- 解開線狀的繫扣物。
- 解開拉鍊。

短期目標 1.1 脫衣服時，兒童會在不破壞衣服及鈕子的情況下，解開衣物上的鈕子、按鈕、子母貼等（如：襯衫、上衣、褲子）。

短期目標 1.2 脫衣服時，兒童會在不破壞衣服及鈕子的情況下，解開線狀的繫扣物（如：鞋帶、帽子的帶子）。

短期目標 1.3 脫衣服時，兒童在不破壞衣服及釦子的情況下，解開拉鍊。

長期目標 G2 兒童依情境選擇適當的衣物穿著（如：夏天時穿短袖、冬天穿毛衣、睡覺穿睡衣），並在指定的時段（如：早餐後）自己穿好。可以在提示下完成。

短期目標 2.1 兒童會將長褲從腳部穿到腰部。大人可以先幫忙解開繫扣物。

短期目標 2.2 兒童會穿中央前開式上衣（如：上衣、襯衫、外套）。大人可以先幫忙解開繫扣物。

短期目標 2.3 兒童會穿套頭式上衣（如：T 恤、上衣、毛衣）。

短期目標 2.4 兒童會穿上內褲、短褲或裙子（如：內褲、短褲、裙子）到腰部。大人可以先幫忙解開繫扣物。

短期目標 2.5 兒童會穿鞋子。大人可以先幫忙解開繫扣物。

長期目標 G3 兒童會表現出下列繫扣的技能：

- 會扣上線狀的繫扣物。
- 會扣上鈕釦、按釦和黏扣帶。
- 會套上拉鍊頭並拉上拉鍊。

短期目標 3.1 穿衣服時，兒童會綁線狀的配件（如：鞋帶）。

短期目標 3.2 穿衣服時，兒童會扣上釦子、按釦、子母貼等。

短期目標 3.3 穿衣服時，兒童會扣上並拉合拉鍊。

⯈ 認知領域

綱目 A　參與

長期目標 G1 不需大人提示，兒童會主動開始並完成適齡的活動（如：在自由活動時間，兒童會自己拿出拼圖，拼好後再放回原位）。

短期目標 1.1 兒童對於大人第一次要他結束活動的指令即有回應（如：兒童遵從大人的要求，將所有的積木都撿起來）。

短期目標 1.2 兒童對於大人第一次要他開始活動的指令即有回應（如：兒童坐在桌前看同儕畫圖，回應大人第一次的要求，開始動手畫畫）。

長期目標 G2 兒童在結構化的小團體活動中（五名或更少兒童的小組），能夠從事

下列行為：

- 適當的操弄器材、材料。
- 對指令有適當的回應。
- 適時的注意人、物或事件。
- 留在團體裡。

大人可給予團體的指令。

短期目標 2.1　在結構化的小團體活動中（五名或更少兒童的小組），兒童能夠功能性的或依照示範操弄器材（如：用槌子敲板子上的木釘）。大人可給予團體的指令。

短期目標 2.2　在結構化的小團體活動中（五名或更少兒童的小組），兒童能夠以適當的口語或動作回應大人的團體指令（如：兒童遵從大人的指示，將水彩筆蘸顏料並在紙上揮灑畫畫）。

短期目標 2.3　在結構化的小團體活動中（五名或更少兒童的小組），兒童會適時的注意主要的人、物或事件（如：兒童會注意看正在講話的那個人）。大人可給予團體的指令。

短期目標 2.4　在結構化的小團體活動中（五名或更少兒童的小組），兒童能夠持續靜坐或是留在指定的區域（如：桌面活動時能持續坐在桌前）。大人可給予團體的指令。

長期目標 G3　兒童在大團體活動中（六名或更多兒童的團體），能夠從事下列行為：

- 適當的操弄器材、材料。
- 對指令有適當的回應。
- 適時的注意人、物或事件。
- 留在團體裡。

大人可給予團體的指令。

短期目標 3.1　在結構化的大團體活動中（六名或更多兒童的團體），兒童能功能性的或依照示範操弄器材（如：在團體遊戲中兒童把球傳給旁邊的小朋友）。大人可給予團體的指令。

短期目標 3.2　在結構化的大團體活動中（六名或更多兒童的團體），兒童能以適當的口語或動作回應大人的團體指令（如：兒童能夠選擇樂器，並配合大人的指導在行進間操弄樂器）。

短期目標 3.3　在結構化的大團體活動中（六名或更多兒童的團體），兒童會適時的注意主要的人、物或事件（如：兒童會注意看那個邊說話邊展示玩具船的人）。大人可給予團體的指令。

短期目標 3.4　在大團體活動中（六名或更多兒童的團體），兒童能夠持續靜坐或留在指定的區域裡（如：吃點心時在桌子前面坐好）。

綱目 B　概念理解

長期目標 G1　兒童在執行指令、回答問題，或指認人、事、物時，能夠運用至少八個描述顏色的語彙（如：回應大人的指令：「把車子塗成紅色」，兒童會選擇紅色的蠟筆著色）。

短期目標 1.1　兒童在執行指令、回答問題，或指認人、事、物時，能夠運用至少六個描述顏色的語彙（如：回應同儕的要求：「給我一個黃色的」，兒童會給他一個黃色的積木）。

短期目標 1.2　兒童在執行指令、回答問題，或指認人、事、物時，能夠運用至少三個描述顏色的語彙（如：兒童用綠色顏料作畫時說：「我在畫綠色的房子。」）。

長期目標 G2　兒童在執行指令、回答問題，或指認人、事、物時，能夠運用至少五個描述形狀的語彙（如：大人說：「找正方形。」兒童找到一個正方形給他）。

短期目標 2.1　兒童在執行指令、回答問題，或指認人、事、物時，能夠運用至少三個描述形狀的語彙（如：兒童正要將剪下的三角形貼在紙上時，說：「這個三角形貼在這裡！」）。

短期目標 2.2　兒童在執行指令、回答問題，或指認人、事、物時，能夠運用至少一個描述形狀的語彙（如：看到書中的圖畫，兒童說：「這個時鐘好像圓圈。」）。

長期目標 G3　兒童在執行指令、回答問題，或指認人、事、物時，能夠運用至少六個描述尺寸的語彙（如：回應大人的指令：「給我小的」，兒童給他一個小積木）。

短期目標 3.1　兒童在執行指令、回答問題，或指認人、事、物時，能夠運用至少四個描述尺寸的語彙（如：兒童在著色時選擇短蠟筆，說：「我喜歡這

支小的蠟筆。」）。

短期目標 3.2　兒童在執行指令、回答問題，或指認人、事、物時，能夠運用至少兩
個描述尺寸的語彙（如：兒童從一堆汽車中選了一台大車，說：「這
個人想坐大車子。」）。

長期目標 G4　兒童在執行指令、回答問題，或指認人、事、物時，能夠運用至少十
個描述「質」的語彙（如：兒童在地上推玩具卡車到對面，說：「這
輛車跑得很快！」）。

短期目標 4.1　兒童在執行指令、回答問題，或指認人、事、物時，能夠運用至少六
個描述「質」的語彙（如：兒童喝了一口湯，說：「好燙！」）。

短期目標 4.2　兒童在執行指令、回答問題，或指認人、事、物時，能夠運用至少四
個描述「質」的語彙（如：洗手後兒童說：「我弄濕了！」）。

短期目標 4.3　兒童在執行指令、回答問題，或指認人、事、物時，能夠運用至少兩
個描述「質」的語彙（如：著色時兒童拿起兩支藍色的蠟筆，說：「它
們的顏色一樣！」）。

長期目標 G5　兒童在執行指令、回答問題，或指認人、事、物時，能夠運用至少八
個描述「量」的語彙（如：回應成人的指令：「拿空杯子給我」，兒
童蒐集了一些空杯子）。

短期目標 5.1　兒童透過執行指令、回答問題，或是指認人、物或事件的方式，能夠
至少運用五個描述「量」的語彙（如：穿珠子時，小朋友說：「可以
給我一些珠子嗎？」兒童就給他一些珠子）。

短期目標 5.2　兒童在執行指令、回答問題，或指認人、事、物時，能夠運用至少兩
個描述「量」的語彙（如：吃點心時，兒童看到其他小朋友有餅乾，
說：「我一塊餅乾都沒有！」）。

長期目標 G6　兒童在執行指令、回答問題，或指認人、事、物時，能夠運用至少十
二個描述空間關係的語彙（如：兒童將娃娃排成一排，排到最後一個
時，說：「這個娃娃最後！」）。

短期目標 6.1　兒童透過執行指令、回答問題，或是指認人、物或事件的方式，能夠
至少運用九個描述空間位置關係的語彙（如：畫畫時，兒童說：「我
要在這朵花旁邊畫一隻貓。」他就如此畫）。

短期目標 6.2　兒童在執行指令、回答問題，或指認人、事、物時，能夠運用至少六

個描述空間關係的語彙（如：問到：「誰在山姆的後面？」兒童能夠正確地說出那個人的名字）。

短期目標 6.3 兒童在執行指令、回答問題，或指認人、事、物時，能夠運用至少三個描述空間關係的語彙（如：兒童看到有小朋友躲起來了，說：「克里斯躲在門後面。」）。

長期目標 G7 兒童在執行指令、回答問題，或指認人、事、物時，能夠運用至少七個描述時間關係的語彙（如：兒童一邊堆積木一邊說：「我蓋了好高以後，就要把它推倒。」之後他就將積木堆高再推倒）。

短期目標 7.1 兒童在執行指令、回答問題，或指認人、事、物時，能夠運用至少五個描述時間關係的語彙（如：提醒兒童點心前要先洗手，他能夠配合照做）。

短期目標 7.2 兒童在執行指令、回答問題，或指認人、事、物時，能夠運用至少三個描述時間關係的語彙（如：兒童走近小朋友身旁對他說：「今天是我的生日！」）。

綱目 C　分類

長期目標 G1 兒童會預設某個標準（如：類別、功能、物理特性），並將所有的物品依據該標準分類（如：兒童將模型玩具分成下列幾類：人、動物、交通工具）。

短期目標 1.1 兒童會依據某些特定類別的標準（如：食物類、動物類、衣著類）將物品分類。大人可給予一般性的提示（如：「食物放在桌上，交通工具放進盒子裡。」）。

短期目標 1.2 兒童會依功能分類物品（如：兒童從一堆物品中選出適合玩水的東西）。

短期目標 1.3 兒童會依物理特性分類物品（如：兒童將大車子收在同一個櫃子裡，小車子收在另一個櫃子裡）。

綱目 D　序列

長期目標 G1 兒童能夠正確依序執行含三個功能性步驟（與情境相關）、非常態性的的指令（如：粗大動作活動時，大人用手勢和口語告訴兒童：「跑

到椅子那邊、撿起球，然後跑去溜滑梯那邊。」兒童能夠正確依序執行指令）。可給予和情境相關的手勢提示。

短期目標 1.1 兒童能夠正確依序執行含三個功能性步驟（與情境相關）、常態性的的指令（如：戶外活動結束後，大人用動作和口語告訴兒童：「脫外套、把它掛起來，然後去洗手。」兒童能夠正確依序執行）。可給予和情境相關的手勢提示。

長期目標 G2 兒童會依照物品的長度或尺寸，依序放置三件或三件以上的物品（如：兒童將書本依照高度排列在書架上）。允許兒童自我修正。

短期目標 2.1 兒童會依兩組物品的長度、尺寸等特性來配對（如：兒童將兩組不同大小的碗蓋，正確搭配大小相符的碗）。允許兒童自我修正。

長期目標 G3 兒童能夠透過口語、手勢和動作，或排列圖卡的方式，依序重述至少三件事（如：大人說了一個含有三個重點的故事，然後請兒童將故事再說一次，兒童能夠透過口語、手勢和動作，或是將故事圖卡依正確的順序排列，來重述這個故事）。

短期目標 3.1 兒童能夠以口語、手勢和動作，或排列圖卡的方式，適當回答有關故事或事件下一步的相關問題（如：講故事時，兒童能夠適當回答大人的問題：「然後發生什麼事？」）。

綱目 E　回憶事件

長期目標 G1 無情境線索下，兒童對於當天所發生的事情，於事件發生至少三十分鐘後，還能夠自發而正確的描述或示範（如：放學時，大人問兒童：「你今天美勞課做了什麼？」於美勞教材及作品均未呈現的情況下，兒童仍能正確回答他在活動中做了什麼）。

短期目標 1.1 有情境線索下，於事件發生至少三十分鐘後，兒童能夠自發而正確的說出或以動作表示該事件（如：團討時，將玩具呈現在兒童面前，問他們：「自由遊戲時玩了些什麼？」兒童能夠說出他們剛才玩過的玩具）。

短期目標 1.2 兒童能主動或於要求下，正確描述或示範剛才發生的事情（如：兒童洗完手走出浴室，告訴大人：「我洗好手了！」）。

長期目標 G2 兒童能夠主動或於要求下，背誦出下列其中兩項順序性語言：

• 電話號碼。

　　　　　　　　　• 英文字母或注音符號。

　　　　　　　　　• 數字 1 至 20。

　　　　　　　　　• 拼出英文名字。

　　　　　　　　　• 星期一到星期日。

短期目標 2.1 兒童能夠主動或於要求下，說出下列其中兩項：

　　　　　　　　　• 自己的姓名。

　　　　　　　　　• 生日。

　　　　　　　　　• 年齡。

　　　　　　　　　• 兄弟姊妹的名字。

　　　　　　　　　• 父母的名字。

綱目 F　問題解決能力

長期目標 G1 兒童能夠主動或於要求下指出（如：透過說明或示範），情境中某個
　　　　　　　問題的解決方法為什麼有效或無效（如：問到：「為什麼我們不能用
　　　　　　　水來黏東西？」兒童會有理由回應）。

短期目標 1.1 兒童能夠主動或於要求下指出（如：透過說明或示範）問題可行的解
　　　　　　　決方法（如：兒童剪東西有困難時，被問到：「我們可以試試什麼方
　　　　　　　法？」會指向另一把剪刀）。

短期目標 1.2 在問題呈現時，兒童能主動或於要求下，說出或選擇適當的或功能性
　　　　　　　的方法來達成目標（如：大人說：「找東西來裝積木。」兒童就找來
　　　　　　　一個大的空容器）。

長期目標 G2 兒童對於下列各項能力可予以評論並適切的回答問題：

　　　　　　　　　• 用適當的理由解釋論點。

　　　　　　　　　• 預測未來的或假設的事情。

　　　　　　　　　• 推測事件可能的原因。

短期目標 2.1 兒童能夠主動或於要求下，用合理、可信的理由解釋其論點（如：兒
　　　　　　　童說：「她很傷心。」大人問：「你怎麼知道這個小女孩很傷心？」
　　　　　　　兒童回答：「她在哭。」）。

短期目標 2.2 兒童能夠主動或於要求下，對未來的或假設的事件，做出合理、可信

的推測（如：大人正在講述兒童不熟悉的故事時，停下來問他：「你想然後會發生什麼事？」兒童能夠說出可能發生的事情）。

短期目標 2.3 兒童能夠主動或於要求下，對其所觀察的事件推測可能的原因（如：對於大人「你覺得她為什麼在哭？」的問題，兒童說出一個可能的理由）。

綱目 G　遊戲

長期目標 G1 兒童會參與下列想像性遊戲行為：
- 扮演或認識角色。
- 計畫並演出出某個熟悉的事件、主題或故事。
- 運用想像的道具。

短期目標 1.1 兒童在扮演某個可辨認的角色或人物時，會聲明他是某人物，或是會改變聲音、態度或行為以符合該角色的特質（如：兒童坐在假想的公車前排說：「我要當公車司機。」同時還用大人的口氣說：「我在開車的時候要安靜坐好。」）。

短期目標 1.2 兒童會計畫並演出某個熟悉的事件、主題或故事（如：兒童戴帽子、拿皮包，假裝去商店買東西，然後回家，做晚餐）。

短期目標 1.3 兒童運用想像的道具來遊戲（如：兒童假裝握著韁繩，騎馬在屋內奔馳，並說：「馬兒，跑快一點！」）。

長期目標 G2 兒童能藉由下列行為，參與玩有規則的遊戲：
- 持續參與活動。
- 遵守遊戲規則。

短期目標 2.1 兒童能夠持續參與有組織性的遊戲，直到遊戲結束。大人可給予團體性的指示。

短期目標 2.2 兒童能夠遵守遊戲規則（如：能夠輪流等待、遵守遊戲的步驟、了解遊戲的開始與結束）。大人可給予團體性的指示。

綱目 H　數學前備技能

長期目標 G1 自發的或於要求下，兒童能夠正確地依序從 1 唱數到 20。
短期目標 1.1 自發的或於要求下，兒童能夠正確地依序從 1 唱數到 10。

短期目標 1.2 自發的或於要求下，兒童能夠正確地依序從 1 唱數到 5。

短期目標 1.3 自發的或於要求下，兒童能夠正確地依序從 1 唱數到 3。

長期目標 G2 兒童能夠正確點數所呈現的十個物品。

短期目標 2.1 兒童能夠正確點數所呈現的五個物品。

短期目標 2.2 兒童能夠正確點數所呈現的兩個物品。

短期目標 2.3 自發的或於要求下，兒童能夠將一件物品逐一對應四個以上的人或物，呈現出一對一的對應概念（如：兒童在每個盤子旁放一支叉子）。

長期目標 G3 自發的或於要求下，兒童能夠指認數字 1 至 10（如：兒童看數字書時，能夠正確指出其中 1 到 10 的數字）。

短期目標 3.1 自發的或於要求下，兒童能夠指認數字 1 至 8（如：大人在兒童面前呈現許多數字，並問：「這些是什麼數字？」兒童能正確指認數字 1 到 8）。

短期目標 3.2 自發的或於要求下，兒童能夠指認數字 1 至 5（如：兒童在玩數字磁鐵板時，能夠選擇並正確指認數字 1 到 5）。

短期目標 3.3 自發的或於要求下，兒童能夠指認數字 1 至 3（如：兒童在玩數字拼圖時，大人指著某個數字問：「這是什麼數字？」兒童能正確指出數字 1 到 3）。

長期目標 G4 要求下，兒童能夠正確的將數字與一至十件物品配對（如：兒童在玩數字卡 1、2、3、4、5、6、7、8、9、10 時，能夠將數字正確對應該數量的物品）。

短期目標 4.1 要求下，兒童能夠正確的將數字與一至八件物品配對（如：被要求找出與八件物品對應的數字時，兒童能夠正確選擇數字 8 來予以配對）。

短期目標 4.2 要求下，兒童能夠正確的將數字與一至五件物品配對（如：被要求找出與五件物品對應的數字時，兒童能夠正確選擇數字 5 來予以配對）。

短期目標 4.3 要求下，兒童能夠正確的將數字與一至三件物品配對（如：被要求找出與三件物品對應的數字時，兒童能夠正確選擇數字 3 來予以配對）。

綱要 I 閱讀前備技能

長期目標 G1 透過下列閱讀前備技能的表現，顯示兒童了解書本目的、功能和用途：
　　　　　　• 會功能性的使用書本。

- 描述書中的圖案。

- 積極參與說故事的活動。

短期目標 1.1　兒童表現出下列其中三項閱讀前備技能：

- 看書時正確的擺放書本（不會上下顛倒）。

- 能將書由頭至尾逐一翻頁。

- 看書時口中念念有詞好似在閱讀。

- 試圖架構並說個故事。

短期目標 1.2　兒童會描述書本中的圖案，並表達其想法，表示他了解故事的內容。大人也可以稍加提示（如：「這個故事在說什麼？」）。

短期目標 1.3　大人在故事時間裡講故事時，兒童會積極參與，並表現出下列其中四項閱讀前備技能：

- 提出相關評論。

- 指書中的圖畫。

- 翻頁。

- 補充漏掉的詞句。

- 說熟悉故事的結局（如：在讀有關動物的故事書時，大人給兒童看某張圖片，說：「然後，突然間，小兔子看到一隻紅色的……」兒童依照圖片的提示接著說：「狐狸！」）。

長期目標 G2　兒童表現出下列閱讀前備技能：

- 拼音。

- 說出同韻字。

短期目標 2.1　兒童會將聽到的注音組合成一個字音（例如：大人說：「ㄇ—ㄚ」，兒童會說：「ㄇㄚ」）。

短期目標 2.2　要求下，兒童能夠說出同韻字（有意義或無意義的字）（如：大人說「貓」，兒童說「包」）。

長期目標 G3　兒童能夠看注音符號直接拼出字音（如：兒童看到「ㄏㄠˇ」，會直接說出「好」）。

短期目標 3.1　要求下，兒童能夠念出至少十個注音符號（如：兒童看到「ㄅ」時，會正確念出來）。

長期目標 G4　自發的或於要求下，兒童能夠念讀出至少五個常見的國字，其中可能

包括他的名字。

短期目標 4.1 自發的或於要求下，兒童能夠指認至少五個國字（如：大人在兒童面前呈現一些國字，並問他：「哪一個是『大』？」「哪一個是『中』？」兒童能夠正確指出來）。

➡ 社會溝通領域

綱目 A　社會互動性溝通

長期目標 G1　兒童會使用詞彙、片語或句子來達到下列目的：
- 表達預期的結果。
- 描述假想的物品、事件或人物。
- 命名自己或他人的情感與情緒。
- 描述過去的事件。
- 對他人提出看法或要求。
- 獲得訊息。
- 傳達訊息。

句法錯誤是可接受的。

短期目標 1.1 兒童會使用詞彙、片語或句子，來傳達關於未來事件的訊息（如：兒童說：「明天我們要去公園。」）。句法錯誤是可接受的。

短期目標 1.2 兒童會使用詞彙、片語或句子，描述想像的物品、事件或人物（如：兒童假裝在開車並說：「我的車真的很快。」）。句法錯誤是可接受的。

短期目標 1.3 兒童會使用詞彙、片語或句子，來命名自己或他人的情感與情緒（如：兒童看到小朋友皺眉頭就說：「泰瑞生氣了。」）。句法錯誤是可接受的。

短期目標 1.4 兒童會使用詞彙、片語或句子，來描述剛發生不久或已過了一段時間的行動和事件（如：當兒童要告訴父母她之前在美勞課做了什麼時，兒童說：「我做了一頂帽子。」）。句法錯誤是可接受的。

短期目標 1.5 兒童會使用詞彙、片語或句子，對他人說出看法或要求（如：當小朋

友搶走他的玩具時，兒童說：「還給我！」）。句法錯誤是可接受的。

短期目標 1.6 兒童會使用詞彙、片語、句子，或上揚的語調來獲得訊息（如：兒童問小朋友說：「你幾歲？」）。句法錯誤是可接受的。

短期目標 1.7 兒童會使用詞彙、片語或句子，來描述物品、行動及事件，以便傳達計畫、意圖及經驗給他人（如：兒童對父母喊著說：「我要去外面。」）。句法錯誤是可接受的。

長期目標 G2 兒童會運用會話的規則，開始及維持一來一往的溝通兩回合或連續更多回。一回合包含來自兒童及另一人兩者的回應。

短期目標 2.1 兒童在談話中會運用適當的反應，輪流扮演說者和聽者的角色（如：兒童發表一個看法後，停下來並看著溝通的夥伴）。

短期目標 2.2 當別人開始轉換話題時，兒童以發表看法、回答或問問題的方式回應，以連結到新的話題上（如：兒童說：「我要在外面玩久一點。」接著大人說：「我們現在必須進去準備點心。」兒童回說：「我們要吃什麼？」）。

短期目標 2.3 在一來一往的溝通時，兒童會以評論或問問題的方式，表示需要澄清，例如：重複、修飾或確認（如：當聽不懂另一個人說什麼時，兒童會問「什麼？」）。

短期目標 2.4 當別人對兒童先前說的話要求澄清、重複、修飾或確認時，兒童會提供相關的訊息（如：兒童說：「她丟那個。」大人問：「誰？」兒童回答說：「瑞秋。」）。

短期目標 2.5 兒童會主動談起與情境或溝通夥伴有關的話題（如：兒童看到小朋友拿著蠟筆，便說：「我可以要一支紅色的嗎？」）。

短期目標 2.6 對別人的談話，兒童會以相關的話題來回應，包括對別人看法的認可、回答別人的問題、要求澄清，或發表有關的看法（如：大人表示：「你今天穿新的鞋子。」兒童說：「我媽媽在鞋店裡買的。」）。

長期目標 G3 兒童會配合聽者的需求及社會角色，改變片語及句子的形式、長度，及語法複雜度（如：兒童用較短、較簡單的句子，問一個小小孩說：「要餅乾嗎？」）。

短期目標 3.1 兒童會使用適合於情境、聽者及溝通意義的嗓音音調（高、低）及強度（大聲、輕柔）。例如：在玩的時候兒童雖然會喊叫，但注意到他

爸爸正在睡覺後，開始輕聲說話。

短期目標 3.2 在一來一往的溝通時，兒童會看著說話者的臉，並和他人維持適當的身體距離及姿勢（如：當被叫到名字時，兒童會轉頭並注視說話的人）。

綱目 B　詞彙、片語及句子表達

長期目標 G1 兒童會使用下列與動詞相關的詞類：
- 動介詞。
- 動態助詞。
- 動詞補語。
- 助動詞。

短期目標 1.1 兒童會使用適當的動介詞和名詞結合，來修飾動詞：
- 把（如：「把小明叫過來」）。
- 給（如：「我不要給他玩」）。
- 讓（如：「姊姊說要讓我騎」）。
- 被（如：「我剛剛被球打到」）。

短期目標 1.2 兒童會適當地將動態助詞與動詞結合，來表示動作正在進行或已經完成：
- 了（如：「他蓋了兩間房子」）。
- 著（如：「她戴著大人的帽子」）。
- 過（如：「妹妹已經洗過澡」）。
- 在（如：「他在房間玩」）。

短期目標 1.3 兒童會在動詞後面結合適當的動詞補語來修飾動詞（如：兒童說：「你趕快站起來。」）。

短期目標 1.4 兒童會使用適當的助動詞來與其他的動詞結合，助動詞包括下列：
- 會（表示能力、意願或未來，如：「我不會游泳」）。
- 能、能夠（表能力或允許，如：「我能夠很快寫完作業」）。
- 可以（表能力或允許，如：「我可以跑得很快」）。
- 得、必須（如：「我得做這個嗎？」）。

長期目標 G2 兒童會使用下列名詞相關詞類：

- 量詞。
- 方位詞。
- 所有格「的」。

短期目標 2.1 兒童會使用適當的量詞（除了「個」以外）來表示人、事、物或動作的單位：
- 個體量詞（如：「盒子裡只剩下一塊餅乾」）。
- 動量詞（如：「我還要再聽一次」）。
- 借用量詞（如：「妹妹喝了三瓶養樂多」）。

短期目標 2.2 兒童會使用適當的方位詞，來表示空間關係。方位詞包括：上面、下面、裡面、外面、前面、後面、旁邊、中間、左邊及右邊（如：兒童說：「我要把鉛筆放在書包裡面。」）。

短期目標 2.3 兒童會在名詞後加上「的」來表示所有權（如：「媽媽的帽子掉下來」）。

長期目標 G3 兒童會使用下列方式問問題：
- 「什麼時候」問句。
- 「是／非」問句。
- 「為什麼」、「誰」、「怎麼」問句。
- 「語尾助詞」問句。
- 「什麼」、「哪裡」問句。
- 提高語調。

短期目標 3.1 兒童會使用「什麼時候」的疑問詞來問問題（如：兒童問：「我們什麼時候可以去？」）。

短期目標 3.2 兒童會使用「×不×」形式的是非問句來問問題：
- 有沒有（如：「你有沒有帶戰鬥陀螺？」）。
- 要不要（如：「妹妹要不要看黃金鼠？」）。
- 可不可以（如：「我可不可以出去玩？」）。
- 是不是（如：「那是不是你爸爸的車子？」）。
- 會不會（如：「他會不會寫名字？」）。

短期目標 3.3 兒童會使用「為什麼」、「誰」、「怎麼」的疑問詞來問問題（如：兒童問：「他為什麼做那個？」）。

短期目標 3.4　兒童會使用「語尾助詞」（如：嗎、呢）來問問題（如：兒童問：「你
　　　　　　　的小汽車呢？」）。

短期目標 3.5　兒童會使用「什麼」、「哪裡」的疑問詞來問問題（如：兒童問：「她
　　　　　　　要去哪裡？」）。

短期目標 3.6　兒童會以提高句尾語調（使整句話聽起來像問句）的方式問問題（如：
　　　　　　　兒童問：「看到那個飛機了？」）。

長期目標 G4　兒童會使用適當的代名詞來達到下列功能：
- 顯示所有權。
- 當作片語或句子的主詞及受詞。
- 表示非特定的人與物。
- 用來確認或指出物品。

短期目標 4.1　兒童會在片語或句子中，適當地使用所有格人稱代名詞（如：他的、
　　　　　　　他們的）來表示所有權。

短期目標 4.2　兒童會使用適當的人稱代名詞，作為片語或句子的主詞及受詞（如：
　　　　　　　他、他們），即接受一個物品或關係。

短期目標 4.3　兒童會適當地使用不定代名詞（如：一些、很多）來指稱非特定的人
　　　　　　　或物。

短期目標 4.4　兒童會適當地使用指示代名詞（如：這個、那個、這些、那些）來挑
　　　　　　　出或確認物品。

長期目標 G5　兒童會使用描述性及關聯性詞彙，如：
- 連接詞。
- 副詞。
- 形容詞。

短期目標 5.1　兒童會使用連接詞來連結詞彙、片語與句子（如：兒童說：「我要一
　　　　　　　個杯子和一些果汁。」）。

短期目標 5.2　兒童會使用適當的副詞來修飾動詞及形容詞，副詞包括下列：
- 表示程度（如：我哥哥比你更壯）。
- 表示動作的狀態（如：我們走快一點）。
- 表示時間（如：我今天不舒服）。
- 表示範圍（如：你們統統不可以看電視）。

- 表示重複及連續（如：他又忘記帶水壺了）。
- 表示語氣（如：我偏偏不借你玩）。

短期目標 5.3 兒童會使用形容詞來修飾名詞及代名詞（如：兒童說：「我的手很冷。」）。

⇒ 社會領域

綱目 A　與他人互動

長期目標 G1 在以兒童為主導的自主選擇性活動中，兒童能盡可能地開始並維持與同伴一起玩，並有合作性的遊戲行為（如：兒童走向一位坐在鞦韆上的同伴說：「我來幫你推！」接著兩人輪流盪鞦韆及幫忙互推）。

短期目標 1.1 同儕難過或有需求時兒童會適當地回應（如：同儕哭泣時，兒童會拍拍他或抱抱他）。

短期目標 1.2 兒童會開始並持續與同伴一起玩（如：兒童走向一位正在玩洋娃娃的同儕，跟他一起玩）。

短期目標 1.3 兒童會以聲音、口語、擁抱、輕拍、碰觸或微笑的方式跟熟悉的同儕打招呼。

短期目標 1.4 兒童會以適合的方式回應同儕的情感表達（如：同儕向兒童笑，兒童也向他笑）。

長期目標 G2 兒童以口語或非口語的方式主動開始合作性的活動，並鼓勵同儕一起參與（如：兒童向一群同儕說：「來！我們一起來蓋房子。」）。

短期目標 2.1 兒童以合適的口語或非口語方式參與同儕合作性的活動（如：兒童走近蓋沙堡的同儕，先在旁邊坐了一會兒，然後幫他們一起挖隧道）。

短期目標 2.2 在合作性的活動中，兒童會配合同儕延續活動（如：兒童將兩個積木排在一起，讓同儕將一塊積木放在上面當作房子的屋頂）。

短期目標 2.3 在群體中，兒童能夠與同儕分享及交換物品（如：和同儕一起進行黏貼活動時會分享膠水）。

長期目標 G3 兒童會選擇有效的策略解決衝突，包括：
- 與人妥協解決衝突。

● 運用簡單的策略解決問題。

　　　　　　　● 聲明並保護自己的所有物。

短期目標 3.1　與同儕或大人發生衝突時，兒童會設法解決以達成協議（如：當兒童
　　　　　　和同儕都想去沙箱角玩時，兒童說：「我在這邊玩，你在那邊
　　　　　　玩。」）。

短期目標 3.2　兒童用不同的簡單策略（如：發牢騷、提出要求、走開、閒談）來解
　　　　　　決與同儕間的衝突（如：當同儕打他時，兒童轉向大人說：「蘇珊打
　　　　　　我。」）。

短期目標 3.3　兒童會以口語或非口語的方式聲明並保護自己的所有物（如：兒童說：
　　　　　　「這件外套是我的。」並將外套從同儕手上取回）。

綱目 B　與環境互動

長期目標 G1　兒童會用合宜的方式滿足生理需求：

　　　　　　　● 當不舒服、生病、受傷或疲倦時，能滿足自己的生理需求。

　　　　　　　● 滿足自己明顯的生理需求。

　　　　　　　● 滿足自己餓和渴的生理需求。

短期目標 1.1　當兒童不舒服、生病、受傷或疲倦時，能以合宜的方式滿足自己的生
　　　　　　理需求（如：當兒童受傷或生病時，會請求大人的協助）。

短期目標 1.2　兒童會用合宜的方法滿足自己明顯的生理需求（如：會脫掉濕的或髒
　　　　　　的衣物）。

短期目標 1.3　兒童用合宜的方法去表達或滿足自己餓和渴的生理需求（如：兒童會
　　　　　　要求食物或飲料）。

長期目標 G2　兒童能在家裡及學校以外的場所遵守特定的規則（如：商店、公園、
　　　　　　診所；兒童能遵守規定在雜貨店不亂碰東西）。

短期目標 2.1　當兒童想參加家中、學校和社區的既定例行活動時，會徵求大人的同
　　　　　　意（如：兒童會徵求大人的同意後再去鄰居家）。

短期目標 2.2　兒童在家中和在教室裡會遵守既定的常規，大人可提供團體指令或提
　　　　　　示（如：「現在是故事課時間」或「現在要排隊了」）。

綱目 C　認識自我和他人

長期目標 G1　兒童會表達個人喜歡與不喜歡的人、物品和活動（如：吃蛋糕時，兒童說：「嗯！我喜歡吃巧克力蛋糕。」）。

短期目標 1.1　自由活動時，兒童會主動進行自己喜歡的活動。大人可以給予提示（如：「找自己喜歡的事去做」）。

短期目標 1.2　在日常生活中，兒童能最少從兩樣活動或物品中挑選出一樣（如：兒童在一盤餅乾和糖果中挑選餅乾）。

長期目標 G2　兒童能正確說出下列有關自己及他人的身分資料：

- 地址（城市名稱、街道名稱、門牌號碼）。
- 電話號碼。
- 生日（月和日）。
- 自己的全名和兄弟姊妹的名字。
- 性別（自己和別人）。
- 名字和年齡。

短期目標 2.1　兒童能正確說出家裡的住址（包括城市名稱、街道名稱和門牌號碼）。

短期目標 2.2　兒童能正確地說出家裡的電話號碼。

短期目標 2.3　兒童能正確地說出自己生日是幾月幾日。

短期目標 2.4　兒童能正確說出自己的全名和兄弟姊妹的名字。

短期目標 2.5　兒童能正確辨別知道自己和他人的性別。

短期目標 2.6　兒童能正確說出自己的名字和年齡。

長期目標 G3　兒童能從自己和他人的行為表現正確辨識出其情感或情緒（如：快樂、悲傷、生氣、惱怒、寂寞）。

短期目標 3.1　兒童能從行為表現中準確地辨識出他人的情感／情緒（如：同儕在操場跌倒大哭，兒童用手語回應他的情緒：「他很痛！」）。

短期目標 3.2　兒童能從行為表現中準確地辨識出自己的情感或情緒（如：在吃到不合胃口的食物時，兒童皺著眉頭說：「哇！我不喜歡吃這個。」）。

評量、評鑑
及課程計畫系統
評量活動計畫

附錄

C

　　附錄中包含了六個評量、評鑑及課程計畫系統評量活動計畫，可作為設計其他活動計畫的範本，或者稍作修改以配合特定兒童或情境的需求。每個計畫均包含以下要素：對活動的描述、需要的器材，以及執行活動的方法。建議可依照兒童不同的發展階段或特殊障礙，將這些活動加以修改，或設計其他的活動以因應他們的需求。

　　活動計畫的使用應該得到兩項重要的結果。第一，以活動的方式來評量兒童，有助於確保評量者對兒童的技巧和能力得到正確的全貌。其次，以活動的方式評量一組兒童，可提升評量流程的效率，有助於介入人員和主要照顧者更快展開療育活動。

　　本附錄之範例所介紹的活動，大部分都適合在中心本位的機構進行。透過這些活動來評量一組兒童時，通常對原本進行的課程所造成的干擾很小。此外，運用這些活動來評量兒童，其結果應足以正確反映兒童所具備的功能性技能。

　　若要同時評量一組兒童時，可以特別設計幾個為期數天的評量站，每個評量站有不同的活動，兒童們可在一天內輪替至各站進行活動。每個評量站的活動設計，應注意確保長期目標及短期目標行為能夠經常出現。同時，為配合兒童的個別需求，活動的內容及形式必須做適當的修正。

ⅲ➡ 活動區／自由遊戲

☆ 準備工作

在教室裡規劃一些活動區，並在其中擺設各式器材，供兒童在非結構的遊戲時間裡使用。第一個區域裡可準備各種不同形狀、大小和顏色的積木，還有各式拼圖，以及各種套接組合玩具（如：Tinkertoys、樂高或 Lincoln Logs）。這類材料可以放置在容易取拿的開架櫃、玩具箱，或是有蓋子的大型容器中。

在第二個區域裡，供應紙張和蠟筆讓兒童畫畫、做美勞。將含有熟悉物品、人物或形狀的海報畫和圖片貼在牆上，同時兒童也可將他們的美勞作品布置在牆上。

在第三個區域中放置一面鏡子，以及裝扮用的各式服裝，還可將上衣和外套掛在矮掛鉤上，帽子、飾品和鞋子則放在櫃子或盒子裡。

為了容易弄髒的活動之事後清理，以及每日如廁的便利性，盥洗設備應該位於方便進出使用的位置。在兒童手搆不到的水槽下放一個小板凳，可提升兒童在清洗時的獨立性。

在戶外設施方面，應有機會讓兒童騎腳踏車、玩球，以及各式不同的遊樂器材。

☆ 領域：精細動作（精細）、粗大動作（粗大）、生活適應（適應）、認知、社會溝通（溝通）、社會

器材

美勞區	裝扮區
蠟筆	外套
鉛筆	帽子
紙張	鞋子
	褲子
操作區	上衣
拼圖	襪子
積木	
Tinkertoys	戶外

樂高　　　　　　　　　　　腳踏車
Lincoln Logs　　　　　　　球
　　　　　　　　　　　　　遊樂設施

領域及綱目	長期和／或短期目標	活動流程說明
社會 A	1.3 主動向熟悉的同儕打招呼	**每日早晨作息** 幼兒進到教室時，觀察他們和別人打招呼的能力。
精細 B	G1 仿畫複雜的形狀 1.1 仿畫簡單的形狀 G2 書寫自己的名字 2.1 仿寫自己的名字 2.2 書寫簡單筆劃字 2.3 仿寫簡單筆劃字	**美勞區** 在此區域示範書寫和畫畫。 觀察兒童是否表現出這些技能。運用牆上海報中的形狀、物品和文字做範本，讓兒童仿畫或仿寫，必要時可示範。
精細 A	G1 同時操弄兩個小物品 1.1 同時操弄兩個手掌大小的物品	**操作區** 在此區域中，觀察幼兒操弄積木、拼拼圖，以及套接樂高、雪花片等組合玩具的能力。
精細 A	G3 綁衣物上的線狀配件 3.1 扣釦子 3.2 扣上並拉合拉鍊	**裝扮區** 在此區域觀察幼兒穿脫衣物的技能。
適應 C	G1 解開衣物的各種繫扣物 1.1 解開衣物的釦子、按釦、子母貼等 1.2 解開線狀的繫扣物 1.3 解開拉鍊 2.1 穿上長褲 2.2 穿上開襟式上衣 2.3 穿上套頭上衣 2.4 穿上內褲、短褲或裙子	

（下頁續）

（續上頁）

2.5 穿上鞋子
G3 繫好衣物的各種繫扣物
3.1 綁線狀的配件
3.2 扣上釦子、按釦、子母貼等
3.3 扣上並拉合拉鍊

認知 G　G1 玩想像的遊戲
1.1 扮演或認識角色
1.2 計畫並演出熟悉的事件、主題或故事
1.3 運用想像的道具

當幼兒在穿脫裝扮用的衣物時，觀察他們是否表現出玩想像性遊戲的技巧（如：有人戴上帽子、穿上高跟鞋假裝是媽媽去買東西；或者有人說：「我要騎我的摩托車。」然後兩手握拳伸向前方，並發出「車子引擎」的聲音）。

粗大 A　G1 兩腳交替上下階梯
1.1 上下階梯
粗大 B　G1 雙腳向前跳
1.1 雙腳原地跳
1.2 雙腳由低矮平台跳下來
1.3 走路時維持平衡
1.4 單腳站立
G2 跑步時會閃避障礙物
2.1 跑步
G3 拍、接、踢、丟球
3.1 拍球
3.2 接球
3.3 踢球
3.4 丟球
G4 雙腳交替點跳前進
4.1 單腳連續向前跳
G5 騎兩輪腳踏車
5.1 騎有輔助輪的腳踏車

户外
當幼兒在室內或遊樂場移動和遊戲時，觀察他們所表現出的粗大動作技能。

（下頁續）

（續上頁）

認知 G	G2 玩有規則的遊戲 2.1 持續參與活動 2.2 遵守遊戲規則	當兒童在戶外玩規則性的遊戲時，觀察他們參與的技巧〔如：幾名兒童在一起玩「紅綠燈」（tag）或「跟從領袖」（follow-the-leader）的遊戲〕。
社會 A	1.1 同儕難過或有需求時會回應 1.2 主動接近同儕並持續一段時間 1.4 對同儕的情感表達有回應	當兒童從事戶外活動時，觀察他們是否會注意或回應同儕。
適應 B	G1 獨立完成如廁程序 1.1 如廁後使用衛生紙、沖馬桶及洗手 1.2 獨立去廁所大小便 1.3 主動表示要上廁所	**如廁／清洗** 兒童如廁時，觀察他有關個人清潔及脫衣物的技能。
適應 C	2.4 穿上內褲、短褲或裙子 G3 繫好衣物的各種繫扣物	
適應 B	G2 獨立完成漱洗程序 2.2 梳理頭髮 2.3 刷牙及漱口 2.5 洗臉並擦乾	**在一天的作息中** 在髒亂活動後的清洗過程中，或是吃點心前後，觀察兒童是否表現出適當的梳洗技能。
社會 C	G1 表達自己的好惡 1.1 主動進行自己喜愛的活動 1.2 選擇活動和／或物品	當兒童有機會選擇活動或物品時，觀察他們是否能夠適當的做選擇。
社會 A	G3 選擇有效的策略解決衝突 3.1 與人妥協解決衝突 3.2 運用簡單的策略解決衝突 3.3 聲明並保護自己的所有物	在一天的活動當中，觀察兒童解決衝突的能力（如：當甲說她想要乙的玩具時，乙會將其中一個玩具給她，並說：「你可以玩這個！」）。
適應 B 社會 B	2.4 用衛生紙擤鼻涕 G1 用合宜的方式滿足生理需求	觀察兒童以適當的方式滿足生理需求的能力（如：會向人要衛生紙擤鼻

（下頁續）

（續上頁）

	1.1 不舒服、生病、受傷或疲倦時，能滿足自己的生理需求	涕，或是會告訴大人：「我肚子餓。」）。
	1.2 滿足自己明顯的生理需求	
	1.3 滿足自己餓和渴的生理需求	
社會 A	G1 有玩伴	當兒童們各自在玩耍時，觀察每個人與同儕互動的技能（如：邀請小朋友和他一起玩，或是拿玩具給小朋友）。
	G2 主動起始合作性的活動	
	2.1 加入他人合作性的活動	
	2.2 持續參與他人合作性的活動	
	2.3 分享或交換物品	
社會 B	2.1 尋求大人的許可	在自由活動結束時，觀察兒童遵守各項教室常規的能力，包括：收拾玩具、轉換活動、準備吃點心或戶外活動、上廁所以及準備放學回家。
	2.2 遵守家裡和教室的既定常規	
認知 D	G1 依序執行含三個以上步驟、非常態性的指令	觀察兒童在一天的作息活動中，配合遵守指令的能力。
	1.1 依序執行含三個以上步驟、常態性的指令	
認知 A	G1 主動開始並完成適齡的活動	觀察兒童適當的參與小團體及大團體活動的能力。
	1.1 對結束活動的指令有回應	
	1.2 對開始活動的指令有回應	
	G2 在小團體活動中能注意、聆聽並參與	
	2.1 在小團體活動中適當的操弄器材	
	2.2 在小團體活動中對指令有適當的回應	
	2.3 在小團體活動中會適時的注意人、物或事件	
	2.4 在小團體活動中能留在團體裡	

（下頁續）

（續上頁）

	G3 在大團體活動中能注意、聆聽並參與	
	3.1 在大團體活動中適當的操弄器材	
	3.2 在大團體活動中對指令有適當的回應	
	3.3 在大團體活動中會適時的注意人、物或事件	
	3.4 在大團體活動中能留在團體裡	
溝通 A	G2 使用會話規則	觀察兒童所表現的溝通技能。非結構性的遊戲時間和轉換時間，通常是蒐集語言樣本的好時機。
	2.1 輪流扮演說者和聽者的角色	
	2.2 回應別人轉換的話題	
	2.3 問問題要求澄清	
	2.4 回應後續相關的話題	
	2.5 主動談起與情境有關的話題	
	2.6 回應他人談起的話題	
溝通 B	G1 使用動詞相關詞類	
	G2 使用名詞相關詞類	
	G3 使用問句	
	G4 使用代名詞	
	G5 使用描述性詞彙	
認知 D	G3 依序重述事件	活動或課程結束後，觀察兒童對不知情者（如：父母）描述某個故事或課堂中所發生的事情的能力。
	3.1 依序完成熟悉的故事或事件	

⇒ 活動名稱：郵局

☆ 準備工作

　　將教室的某個區域布置成郵局，並設有櫃台和郵筒。在書面紙上畫好各種不同的形狀和顏色，大的當作卡片，小的則作為郵票。預先將一些剪刀開口處用膠帶黏起來，讓兒童有機會去解決問題。限制剪刀和鉛筆的數量，以提供兒童彼此互動的機會。

☆ 領域：精細動作（精細）、認知、社會溝通（溝通）、社會

器材

　　　剪刀

　　　玩具錢

　　　郵差帽

　　　裝信件的袋子

　　　橡皮圖章

　　　鉛筆

　　　膠帶

　　　紙張

　　　郵筒

　　　信封（不同大小）

領域及綱目	長期和／或短期目標	活動流程說明
認知 A	G2 在小團體活動中能注意、聆聽並參與	介紹本活動時，依序描述寄信的步驟（如：「首先，把信寫好、裝進信封裡，然後寫地址、貼郵票，最後才把信投進郵筒裡。」）。要求兒童說明這些步驟，並告知他們要依
認知 E	G2 背誦出順序性語言	

（下頁續）

（續上頁）

		照這些步驟寄信給朋友或家人。
認知 D	G1 依序執行含三個以上步驟、非常態性的指令	觀察兒童配合執行指令的能力。
認知 A 精細 A	1.2 對開始活動的指令有回應 G1 同時操弄兩個小物品 1.1 同時操弄兩個手掌大小的物品 G2 剪曲線構成的形狀 2.1 剪直線構成的形狀 2.2 將紙張剪成兩半	鼓勵兒童剪下卡片和郵票，並區辨各種形狀、尺寸和顏色（如：問他們想要哪種顏色的紙，想要剪哪種形狀，想要哪種尺寸的紙張）。
認知 B	G1 具有八種顏色的概念 G2 具有五種形狀的概念 G3 具有六種尺寸的概念	
認知 F	G1 衡量解決問題方法的成效 1.1 建議可行的問題解決方法	觀察兒童如何解決剪刀被膠帶黏住，以及材料有限所造成的問題。
社會 C 認知 E	2.3 知道自己的生日 2.1 背誦出自己的基本資料	當兒童在剪紙時，詢問他們的生日是什麼時候，以決定是否要送生日卡片給班上的人。
社會 C	2.6 知道自己的名字和年齡	在上述討論中，要兒童説出他們的年齡。
社會 C	2.4 説出自己的全名和兄弟姊妹的名字	然後，詢問兒童他家人的名字，並説明是否有人的生日快到了。
認知 I	4.1 指認國字	給兒童看印有國字的卡片，看看上面是否有他們認識的字。然後他可以在卡片上寫名字或畫圖送給小朋友或家人。
認知 B	G3 具有六種尺寸的概念	當兒童寫好或畫好卡片時，請他們從一堆不同大小的信封中挑出一個來。

（下頁續）

327

附錄 C　評量、評鑑及課程計畫系統評量活動計畫

（續上頁）

社會 C	2.1 説出自己的住址 2.2 説出自己的電話號碼 2.4 説出自己的全名和手足的名字 2.6 知道自己的名字和年齡	詢問每個兒童要寫在信封上的姓名和住址（同時也詢問他們的電話號碼）。
精細 B	G1 仿畫複雜的形狀 1.1 仿畫簡單的形狀 G2 書寫自己的名字 2.1 仿寫自己的名字 2.2 書寫簡單筆劃字 2.3 仿寫簡單筆劃字	要兒童將收信人的姓名和住址寫在信封上（他可能需要範本來仿寫）。
認知 A	G1 主動開始並完成適齡的活動 1.1 對結束活動的指令有回應	完成信件後，讓兒童們假裝在郵局裡，大家輪流當客人和郵務人員；客人要買郵票和寄信，郵務人員則需要對客人做説明和賣郵票。
認知 G	G1 玩想像的遊戲 1.1 扮演或認識角色	
溝通 A	G2 使用會話規則 2.1 輪流扮演説者和聽者的角色 2.2 回應別人轉換的話題 2.3 問問題要求澄清 2.4 回應後續相關的話題 2.5 主動談起與情境有關的話題 2.6 回應他人談起的話題	
社會 A	G2 主動起始合作性的活動 2.1 加入他人合作性的活動 2.2 持續參與他人合作性的活動 2.3 分享或交換物品	
認知 I	4.1 指認國字	兒童能夠指認出信封上的名字和國字，蒐集信件，並將信送到小朋友的盒子或置物櫃裡。
認知 E	1.1 有情境線索下能回憶當天發生的事情	當兒童完成信件的寄送後，讓他們描述之前所做活動的步驟。

⇒ 活動名稱：洗娃娃

☆ 準備工作

　　布置一個區域，將幾張桌子的四周鋪上塑膠布或毛巾。同時在旁邊的另一張桌上或櫃子上放一些有穿衣服的娃娃、摺好的毛巾、抹布、肥皂、洗髮精、盆子、海綿、容器和圍裙。

☆ 領域：精細動作（精細）、生活適應（適應）、認知、社會

器材

　　抹布

　　淺桶或盆子

　　娃娃（防水的）

　　裝水的容器

　　圍裙或工作服

　　毛巾

　　海綿

　　肥皂

　　洗髮精

領域及綱目	長期和／或短期目標	活動流程說明
認知 A	G2 在小團體活動中能注意、聆聽並參與	集合三至五名兒童圍在布置好的桌子前，對他們說：「今天要幫小娃娃洗澡。」
認知 F	1.1 建議可行的問題解決方法	詢問兒童幫娃娃洗澡需要些什麼東西。
認知 F	G1 衡量解決問題方法的成效 1.1 建議可行的問題解決方法	活動開始前先提醒兒童，要想辦法讓自己的衣服保持乾燥，並建議一些

（下頁續）

（續上頁）

		可行的解決方法（如：「如果你在衣服上圍個紙巾會怎麼樣？」或者「如果你不站得太靠近盆子會怎麼樣？」）。讓兒童有機會做回應。
認知 H	2.1 點數五個物品 2.3 具有一對一的對應概念	在建議大家穿上圍裙之後，請一名兒童數數看小組中共有幾位小朋友，然後再請另一名兒童，從盒子中拿出該數目的圍裙發給每一個小朋友。
適應 C 認知 D	G3 繫好衣物的各種繫扣物 G1 依序執行含三個以上步驟、非常態性的指令	要求每個兒童穿上圍裙、從盒子中拿出娃娃，並將它放在桌上；或者說一串含三個步驟的相似指令。
認知 F	1.2 找到達成目標的方法	讓兒童用容器從水槽中裝水，然後倒在盆子裡。
認知 B	G4 具有十個「質」的概念 G5 具有八個「量」的概念	利用問問題或在指令中，加入各種有關質或量的概念（如：「水是熱的還是冷的？」或是「給我那個空的罐子。」）。
認知 D	3.1 依序完成熟悉的故事或事件	對兒童說：「我們先把娃娃的衣服脫掉，然後洗娃娃，之後再把它擦乾穿上衣服。」觀察兒童可否將上述步驟依序複述一次。
精細 A	G1 同時操弄兩個小物品 1.1 同時操弄兩個手掌大小的物品	讓兒童用海綿、清洗布、肥皂和洗髮精來洗娃娃。
認知 B 認知 H	G3 具有六種尺寸的概念 G6 具有十二個空間關係的概念 G2 點數十個物品 2.1 點數五個物品	讓兒童主導活動，並利用機會以問問題或指令的方式，觀察兒童如何功能的運用有關尺寸的概念（如：「你的手指比娃娃的大還是

（下頁續）

（續上頁）

	2.2 點數兩個物品	小？」），以及空間關係的概念（如：「把你的娃娃放在我的旁邊。」或是「清洗娃娃手指間的縫隙。」），還有數學相關概念（如：「我們數數看娃娃有幾個腳趾頭。」）。
認知 A	G2 在小團體活動中能注意、聆聽並參與 2.1 在小團體活動中適當的操弄器材 2.2 在小團體活動中對指令有適當的回應 2.3 在小團體活動中會適時的注意人、物或事件 2.4 在小團體活動中能留在團體裡	在活動進行中，觀察兒童在小團體裡注意、聆聽和參與的能力。
社會 A	G2 主動起始合作性的活動 2.1 加入他人合作性的活動 2.2 持續參與他人合作性的活動 2.3 分享或交換物品 G3 選擇有效的策略來解決衝突 3.1 與人妥協解決衝突 3.2 運用簡單的策略解決衝突 3.3 聲明並保護自己的所有物	鼓勵兒童和同儕互動，並觀察其社交互動情形（如：「你可以把肥皂分給湯米一起用。」或者「我們只有一瓶洗髮精，該怎麼辦呢？」）。
認知 C	G1 依據特定標準將人、物品、事件分類	將娃娃洗好、擦乾並穿上衣服後，請兒童幫忙清理善後。請他們把東西分類收拾在不同的容器裡：所有濕的毛巾和布放在同一個容器裡，肥皂和洗髮精放在另一個容器裡，海綿放第三個容器裡，盆子放在洗手

（下頁續）

（續上頁）

<table>
</table>

			台上。
認知 E	1.2 能立即回憶剛才發生的事情	活動結束時，討論活動進行的過程，同時也討論每個兒童如何幫娃娃洗澡，以及他們在活動中所做過的事情。

➠活動名稱：玩黏土

☆ 準備工作

　　將各式尺寸的餅乾切割模型放在不同的容器中，並用蓋子蓋緊。再將一些可改變黏土質感的工具（如：牙刷、篩網、叉子、滾筒等）裝在另一個容器裡。多預備幾種顏色的黏土供兒童使用。

☆ 領域：精細動作（精細）、粗大動作（粗大）、認知、社會溝通（溝通）、社會

器材

　　　滾筒

　　　叉子

　　　湯匙

　　　餅乾切割模型

　　　篩網數片

　　　牙刷

　　　黏土（各種不同的顏色）

　　　有蓋子的容器（至少四個）

領域及綱目	長期和／或短期目標	活動流程說明
社會 C	G1 表達個人的好惡 1.2 選擇活動和／或物品	活動開始時請兒童各自選擇一小盒餅乾切割模型。
認知 B	G1 具有八種顏色的概念 G2 具有五種形狀的概念	讓兒童自由選擇玩他們喜歡的黏土或物品，可指定某個兒童來「負責管理」某個顏色的黏土或某件玩具。鼓勵兒童多用顏色或形狀來辨別物品。

（下頁續）

（續上頁）

認知 A	1.2 對開始活動的指令有回應	觀察兒童可否運用其解決問題能力打開盒子。
認知 F	G1 衡量解決問題方法的成效 1.1 建議可行的問題解決辦法 1.2 找到達成目標的方法	
認知 H	G2 點數十個物品 2.1 點數五個物品 2.2 點數兩個物品	用黏土做成幾個球，並示範逐一點數它們，觀察兒童模仿點數的能力。詢問沒有模仿點數的兒童，他們有幾塊黏土。
精細 A	G1 同時操弄兩個小物品 1.1 同時操弄兩個手掌大小的物品	讓兒童自己玩黏土，觀察他們精細動作的能力表現。
社會 A	G2 主動起始合作性的活動 2.1 加入他人合作性的活動 2.2 持續參與他人合作性的活動 2.3 分享或交換物品	觀察每個兒童主動開始、參與及維持與他人互動的能力（如：兒童會向他人要餅乾切割模型或某個顏色的黏土；有的兒童會用滾筒交換牙刷）。
社會 A	G3 選擇有效的策略解決問題 3.1 與人妥協解決衝突 3.2 運用簡單的策略解決衝突 3.3 聲明並保護自己的所有物	觀察兒童解決彼此間衝突的能力。
認知 D	G1 依序執行含三個以上步驟、非常態性的指令	要求兒童執行含好幾個步驟的指令，也讓他們彼此輪流下指令（如：「把切餅乾的模型放在桌上，然後拿一支叉子插進你的餅乾裡。」）。
認知 B	G1 具有八種顏色的概念 G2 具有五種形狀的概念 G3 具有六種尺寸的概念 G4 具有十個「質」的概念	將顏色、形狀、尺寸、質、量、空間和時間的概念運用於對兒童的指示中。

（下頁續）

（續上頁）

G5 具有八個「量」的概念
G6 具有十二個空間關係的概念
G7 具有七個時間關係的概念

認知 A	G2 在小團體活動中能注意、聆聽並參與	觀察兒童在參與小團體活動時所表現的相關技能。
	2.1 在小團體活動中適當的操弄器材	
	2.2 在小團體活動中對指令有適當的回應	
	2.3 在小團體活動中會適時的注意人、物或事件	
	2.4 在小團體活動中能留在團體裡	
認知 C	1.3 將物品依物理特性分類	結束活動時，讓兒童將材料依物理特性分類（如：拿起一塊黏土說：「把黏土放在蓋子顏色一樣的盒子裡。」）。
溝通 A	G1 使用詞彙、片語和句子，來告知、引導、詢問及表達預期、想像、情感與情緒	發給前三組兒童每組一個容器，但刻意不發給第四組的兒童，藉機引起他們的溝通討論。
認知 H	G2 點數十個物品	當兒童將材料收拾歸位時，引導他們去數一數餅乾切割模型。
	2.1 點數五個物品	
	2.2 點數兩個物品	
社會 B	2.2 遵守家裡和教室的既定常規	觀察兒童對活動結束後收拾的慣例的配合度。
粗大 B	1.3 走路時維持平衡	在兒童收拾材料及轉換到下一個活動時，觀察他們每個人的行走能力。

ⅢⅢ➡️ 活動名稱：過五關

☆ 準備工作

　　用平衡木、跳繩、階梯和遊樂器材設計成過五關的區域，先有一個人示範，然後兒童們逐一穿過一個個的障礙。用線繩或膠帶圍出其界線範圍。本活動可在戶外或是體育館、活動室等較大的室內開放空間中進行。可另提供一隱秘空間作為更衣用。

　　在進行評量、評鑑及課程計畫系統評量活動時，可能因為時間的限制而刪去部分活動（如：換衣服）。同時，如果某個目標之前已經評量過了，那些項目也可以略過不評。同樣地，若是有額外的項目需要評量，也可以把它們融入活動當中。

☆ 領域：精細動作（精細）、粗大動作（粗大）、生活適應（適應）、認知、社會溝通（溝通）、社會

器材

　　腳踏車

　　膠帶

　　平衡木

　　線繩

　　跳繩

　　球

　　遊樂器材

　　階梯

　　從家裡帶來：

　　　T恤

　　　短褲

　　　運動鞋

　　　襪子

領域及綱目	長期和／或短期目標	活動流程說明
認知 D	1.1 依序執行含三個以上步驟、非常態性的指令	告知兒童將要進行通過障礙的活動，並下達含三個步驟的指令（如：「脫下你們的鞋子，放在椅子上，然後穿上運動鞋。」或「去廁所、換上短褲，然後在門旁邊排隊。」）。
適應 C	G1 解開衣物的各種繫扣物 1.1 解開衣物的釦子、按鈕、子母貼等 1.2 解開線狀的繫扣物 1.3 解開拉鍊	如果兒童需要換衣服，觀察每個人解開衣服上釦子、按鈕、子母貼、線繩以及拉鍊的能力。
精細 A	G3 綁衣物上的線狀配件 3.1 扣釦子 3.2 扣上並拉合拉鍊	觀察兒童在換穿運動服時的精細動作技能。
適應 C	2.3 穿上套頭上衣 2.4 穿上內褲、短褲或裙子 2.5 穿上鞋子 G3 繫好衣物的各種繫扣物 3.1 綁線狀的配件 3.2 扣上釦子、按鈕、子母貼等 3.3 扣上並拉合拉鍊	同樣在兒童換穿衣服時，觀察他們的自理技能。
認知 B	G6 具有十二個空間關係的概念	兒童在換衣服時，運用含空間關係概念的詞彙，告訴他們要把衣服收好、排隊等（如：「把鞋子放在櫃子上。」「把你的襪子放在鞋子裡。」「站在線後面。」或「在鞍轆前面排隊。」）。
粗大 B	1.3 走路時維持平衡	在準備的過程中，觀察每個兒童在行走時的平衡及移動能力。
粗大 A	G1 兩腳交替上下階梯	第一次由大人帶領走過設置的障礙，

（下頁續）

（續上頁）

	1.1 兩腳同階上下階梯	並示範如何上下階梯。
粗大 B	G1 雙腳向前跳 1.1 雙腳原地跳 1.2 雙腳由低平台跳下來 1.4 單腳站立	觀察兒童如何運用各項器材，鼓勵他們單腳站、雙腳原地跳、由低矮處跳下，以及跳過地上的繩子。
粗大 B	G2 跑步時會閃避障礙物 2.1 跑步	觀察兒童穿越開放空間，以及繞過障礙物跑步的能力。
粗大 B	G4 雙腳交替點跳前進 4.1 單腳連續向前跳	然後，鼓勵兒童在場中雙腳交替點跳前進，以及單腳連續向前跳。
粗大 B	G5 騎兩輪腳踏車 5.1 騎有輔助輪的腳踏車	讓兒童騎腳踏車穿越場地的另一角。
粗大 B	G3 拍、接、踢、丟球 3.1 拍球 3.2 接球 3.3 踢球 3.4 丟球	讓兒童圍成圓圈就定位站好，兩兩一組，發給每組一顆球，鼓勵他們拍、丟、接和踢球。
溝通 A	1.5 使用詞彙、片語或句子來對他人提出看法或要求	繞場過一次之後，可請兒童輪流當領隊並指導別人。
社會 A	G1 有玩伴 1.1 同儕難過或有需求時會回應 1.2 主動接近同儕並持續一段時間	觀察兒童彼此間的社交互動情形。
認知 A	G3 在大團體活動中能注意、聆聽並參與 3.1 在大團體活動中適當的操弄器材 3.2 在大團體活動中對指令有適當的回應 3.3 在大團體活動中會適時的注	在活動進行的過程中，觀察兒童在大團體活動中參與的能力。

（下頁續）

（續上頁）

	意人、物或事件	
	3.4 在大團體活動中能留在團體裡	
		活動快結束前，讓兒童自由玩障礙場中的各項器材，如此，可提供額外的機會觀察目標行為。
認知 D	1.1 依序執行含三個以上相關步驟、常態性的指令	活動結束時，下達含三個步驟的指令，指示兒童脫掉運動服、換上便服，或者轉換到下一個活動（如：「去廁所、洗手，然後坐下吃點心。」）。
精細 A	G3 綁衣物上的線狀配件 3.1 扣釦子 3.2 扣上並拉合拉鍊	若兒童穿著運動服，觀察他們在換便服時的相關精細動作技能。
適應 C	G1 解開衣物的各種繫扣物 1.1 解開衣物的釦子、按釦、子母貼等 1.2 解開線狀的繫扣物 1.3 解開拉鍊 G3 繫好衣物的各種繫扣物 3.1 綁線狀的配件 3.2 扣上釦子、按釦、子母貼等 3.3 扣上並拉合拉鍊	同時，觀察兒童換衣服時的自我照顧技巧。
認知 D	1.1 依序執行含三個以上步驟、常態性的指令	當兒童換好衣服時，用含三個步驟的指令告訴他們將衣服收拾好（如：「把鞋子和短褲放在袋子裡，把袋子放進你的工作櫃，然後去洗手準備吃點心。」）。

Ⅲ➡ 活動名稱：說故事

☆ 準備工作

準備一些適合剛開始閱讀的兒童念讀以及詞句有押韻的書，另外也準備一些有關國家、動物、注音符號、國字、顏色或形狀的書。為了能明確區隔目標（如：特定概念），所選的書中最好能經常出現那些概念。可在此區域放些枕頭，使座位更加舒適。

☆ 領域：認知、社會

器材
　　書
　　枕頭

領域及綱目	長期和／或短期目標	活動流程說明
社會 C	1.2 選擇活動和／或物品	多預備幾本書讓兒童選擇。
認知 I	1.1 功能性的使用書本 1.2 描述書中的圖畫	讓兒童自在的看書或閱讀。
認知 I	G1 具有閱讀的前備技能	觀察兒童是否具有閱讀的相關技能。
認知 I	G3 看注音符號拼音 3.1 念出個別的注音符號 G4 念讀國字 4.1 指認國字	請兒童指認個別的注音符號、念讀拼音，或直接認讀國字。
認知 F	G2 對有關人、物和情境的問題能合理的解釋 2.1 用適當的理由解釋論點 2.2 預測未來或假設的事情	觀察兒童推理的技能。可藉由問問題來誘發兒童呈現這方面的技能（如：「這隻狗為什麼一直在叫？」或「大野狼來了小豬要怎麼辦？」）。

（下頁續）

（續上頁）

認知 B	G1 具有八種顏色的概念 G2 具有五種形狀的概念 G3 具有六種尺寸的概念 G4 具有十個「質」的概念 G5 具有八個「量」的概念 G6 具有十二個空間關係的概念 G7 具有七個時間關係的概念	兒童在看書時，請他們辨認有關顏色、形狀、尺寸、質量，以及時間和空間的概念（如：「這個球是什麼顏色？」「指最大的貓給我看。」「你看到幾隻鴨子？」或是「這張圖上有月亮和星星，那是白天還是晚上？」）。
認知 D	G3 依序重述事件 3.1 依序完成熟悉的故事或事件	等兒童看完了故事書後，鼓勵他們說出在書中看到了些什麼。
認知 F 認知 I	2.3 推測事件可能的原因 1.3 積極參與說故事的活動	找一本內容有押韻的書讀給兒童聽，觀察他們的參與能力（如：是否會注意說故事的人、預測故事下一步會發生什麼事，或是發表對故事內容的想法）。
認知 I	2.2 說出同韻字	同時，觀察兒童是否能夠想出書中語彙的同韻字（如：「貓」和「包」是同韻字，那「貓」還有哪些同韻字？）。
認知 A	G2 在小團體活動中能注意、聆聽並參與 2.1 在小團體活動中適當的操弄器材 2.2 在小團體活動中對指令有適當的回應 2.3 在小團體活動中會適時的注意人、物或事件 2.4 在小團體活動中能留在團體裡	在活動進行的過程中，觀察兒童注意、聆聽及參與小團體的能力（如：是否能一直待在團體中？是否能夠持續的看書，或是會拿娃娃來玩？是否會注意說故事的人？）。
社會 B	2.2 遵守家裡和教室的既定常規	鼓勵兒童在活動結束時把書本歸位。

☆ 延伸活動

閱讀

讀一本大部分兒童都熟悉的故事書，並在講故事的過程中，盡量讓他們多參與表達意見和問問題。

動物的聲音

讀一本內容包含各種動物的書。每次講到某個動物時，就請兒童學那個動物的叫聲。此外，也讓兒童盡量發表他們對各種不同動物的所見所聞。

絨布板

利用絨布板和絨布剪成的角色造型來講故事。將絨布板布置成故事背景，故事一邊進行，一邊隨著情節的變化，移動板面上的絨布人物。

故事扮演

讓兒童裝扮並演出他們所讀過的故事。選一則大家都很熟悉的故事，例如：「三隻小豬」、「小女孩與三隻熊」或「小紅帽」。

偶戲

讓兒童利用玩偶來演出故事，可在之前進行的美勞活動中安排玩偶的製作。

自製故事書

準備幾張白紙裝訂成冊，並蒐集一些舊雜誌。為所製作的書選定一個一般性的主題，例如：家庭、動物、交通工具、房子等。讓兒童選擇圖案並剪下來，然後將圖案貼在自己的書上。

教室故事

將學校的戶外教學、集會活動或特殊事件拍照存檔，可在幾天後讓兒童共同製作一本有關該活動的書。他們可直接將照片貼在書上，或是另外畫一些圖片黏貼成

一本書。此外，還可加上一些文字說明。

製作一本有關於「我」的書

　　讓兒童在書的封面畫一張自畫像，並寫上自己的名字及個人資料。在書的內頁裡，兒童可以畫好朋友、寵物、家人、住的房子、自己的喜好，以及任何他們感到有興趣的事物。

製作故事錄音帶

　　找一些內容有一連串事件的圖畫書，讓兒童自己講故事並錄成錄音帶。第一個兒童錄好時，就回帶到最前面，讓其他兒童可以配合著一邊看書一邊聽故事。

評量、評鑑
及課程計畫系統
表格

附錄D

❖ 評量、評鑑及課程計畫系統資料紀錄表

❖ 評量、評鑑及課程計畫系統家庭報告

❖ 評量、評鑑及課程計畫系統家庭關切事
　項調查表

❖ 評量、評鑑及課程計畫系統兒童進展紀錄

附錄 D 所列之表格有助於 AEPS 的實用性，包括：

• 評量、評鑑及課程計畫系統資料紀錄表
• 評量、評鑑及課程計畫系統家庭報告
• 評量、評鑑及課程計畫系統家庭關切事項調查表
• 評量、評鑑及課程計畫系統兒童進展紀錄

以上四份表格可向原文書出版社套裝購買，地址為 Paul H. Brookes
Publishing Co., P.O. Box 10624, Baltimore, Maryland 21285-0624;
1-800-638-3775.

☆ **評量、評鑑及課程計畫系統** ☆

資料紀錄表

嬰幼兒評量、評鑑及課程計畫系統
（AEPS）

針對三至六歲的測量

Diane Bricker, Ph.D.及 Kristie Pretti-Frontczak, Ph.D.
編輯

兒童姓名：＿＿＿＿＿＿＿＿＿＿＿＿＿＿＿＿＿＿＿＿＿＿＿＿＿＿＿

出生日期：＿＿＿＿＿＿＿＿年＿＿＿＿＿＿＿＿月＿＿＿＿＿＿＿日

填 表 者：＿＿＿＿＿＿＿＿＿＿＿＿＿＿＿＿＿＿＿＿＿＿＿＿＿＿＿

填表日期：＿＿＿＿＿＿＿＿年＿＿＿＿＿＿＿＿月＿＿＿＿＿＿＿日

家庭住址：＿＿＿＿＿＿＿＿＿＿＿＿＿＿＿＿＿＿＿＿＿＿＿＿＿＿＿

＿＿＿＿＿＿＿＿＿＿＿＿＿＿＿＿＿＿＿＿＿＿＿＿＿＿＿

⟱➡ 施測說明

在開始施測前，請先詳讀評量、評鑑及課程計畫系統第六章有關如何使用評量、評鑑及課程計畫系統測驗的說明。此外，還要複習評分索引和合格註解。

首先，在評分表封面上填寫兒童的姓名、出生日期、家庭資料以及填表人姓名。這份資料紀錄表的設計可使用四個測驗週期，因此，畫有欄位可供填寫四個施測日期，以及每次負責施測的人員姓名。建議每間隔三個月進行一次這套評量、評鑑及課程計畫系統的測驗，如此一份評分表可使用一整年。

在評分表中分別列出綱目，以及相關聯的長期目標和短期目標；在每項長短期目標旁都畫有五個欄位。第一欄，即 IFSP 欄，於該項目被選作為 IEP 或 IFSP 目標時打勾。第二欄和其後的欄位最上方標有「S」和「Q」，在「S」欄下方的空格是用來記錄該項目的分數，而「Q」欄下方則是用來記錄必要的合格註解。「S」欄和「Q」欄共出現四次以配合四個測驗週期。

在特定的測驗週期裡，其「S」欄下方的空格應用來記錄兒童在每個項目中的得分，每個測驗週期裡，其下的每個空格中都應標明分數。評分索引列於每領域的最上方，指出依照兒童的表現，將分數評為 2、1 或 0 分。得到 2 分代表兒童已持續達到該項目之通過標準，得到 1 分代表兒童還不能一致的達到通過標準，而得到 0 分則表示兒童沒有達到評量、評鑑及課程計畫系統測驗手冊中所描述的標準。若該項目已明顯超越兒童的能力水準而無從觀察得知時，應評為 0 分並在「Q」欄中註明 R（經由報告評量）。同樣的，對於明顯低於兒童能力水平的項目，可直接評為 2 分並在「Q」欄中註明 R。

每個「S」欄位均有其相關的「Q」欄以註明合格註解。合格註解索引列於每個領域的最上方，視每個項目的必要性，在「Q」欄下方適當的空格中，填入適當的合格註解。依據兒童的表現，每個項目在「Q」欄內可能有或沒有標明合格註解。

在表格的最下方，列出該領域之最高總分，以及兒童在該領域中所得的原始總分和百分比。

在這份資料紀錄表中，於每個領域的最後都另列有欄位，可書寫對每個測驗週期的評論。觀察者可能想要說明兒童因其個人或環境因素而影響其行為表現（如：兒童顯得不舒服或教室裡有幾名新來的兒童）。在社會溝通紀錄表中，除了有上述

可書寫評論的欄位外，還附有社會溝通紀錄表以及社會溝通總結表。請參考242-245頁中填寫這些表格的說明。

精細動作領域

S＝評分標準	Q＝註解
2＝一致的通過 1＝不一致的表現 0＝不通過	A＝提供協助 B＝行為受干擾 R＝由他人報告評量 M＝修改／調整 D＝直接施測

姓名：＿＿＿＿＿＿＿＿

施測週期：								
施測日期：		/		/		/		/
施測人員：								

	IFSP	S	Q	S	Q	S	Q	S	Q
A. 操弄物品									
G 1. 同時操弄兩個小物品									
1.1 同時操弄兩個手掌大小的物品									
G 2. 剪曲線構成的形狀（如：○、⬭）									
2.1 剪直線構成的形狀（如：□、△）									
2.2 將紙張剪成兩半									
G 3. 綁衣物上的線狀配件（如：鞋帶、髮帶）									
3.1 扣釦子									
3.2 扣上並拉合拉鍊									
B. 寫前技能									
G 1. 仿畫複雜的形狀（如：□、△）									
1.1 仿畫簡單的形狀（○、＋）									
G 2. 書寫自己的名字									
2.1 仿寫自己的名字									
2.2 書寫簡單筆劃字（如：大、小）									
2.3 仿寫簡單筆劃字（如：大、小）									

本領域原始得分的計算，係由將特定施測週期S欄內所得之2分及1分相加後所得。而本領域百分比分數的計算，則是將原始得分除以最高總分後，再乘以100所得。

結　果

施測日期	＿＿＿＿	＿＿＿＿	＿＿＿＿	＿＿＿＿
原始得分	＿＿＿＿	＿＿＿＿	＿＿＿＿	＿＿＿＿
最高總分	28	28	28	28
百分比	＿＿＿＿	＿＿＿＿	＿＿＿＿	＿＿＿＿

精細動作領域

施測者：_____ 日期：_____

評論：_____

_____

_____

_____

施測者：_____ 日期：_____

評論：_____

_____

_____

_____

施測者：_____ 日期：_____

評論：_____

_____

_____

_____

施測者：_____ 日期：_____

評論：_____

_____

_____

_____

粗大動作領域

S＝評分標準	Q＝註解
2＝一致的通過 1＝不一致的表現 0＝不通過	A＝提供協助 B＝行為受干擾 R＝由他人報告評量 M＝修改／調整 D＝直接施測

姓名：＿＿＿＿＿＿＿＿＿＿

施測週期：							
施測日期：	/		/		/		/
施測人員：							

	IFSP	S	Q	S	Q	S	Q	S	Q
A. 站立及行走的平衡和移位									
G 1. 兩腳交替上下階梯（不扶物）									
1.1 上下階梯（兩腳同階或扶物）									
B. 遊戲技能									
G 1. 雙腳向前跳									
1.1 雙腳原地跳									
1.2 雙腳由低平台跳下來									
1.3 走路時維持平衡									
1.4 單腳站立至少五秒									
G 2. 跑步時會閃避障礙物									
2.1 跑步									
G 3. 拍、接、踢、丟球									
3.1 拍球									
3.2 接球									
3.3 踢球									
3.4 丟球									
G 4. 雙腳交替點跳前進五公尺									
4.1 單腳連續向前跳至少五步									
G 5. 騎兩輪腳踏車至少六公尺遠									
5.1 騎有輔助輪的腳踏車三公尺遠									

本領域原始得分的計算，係由將特定施測週期 S 欄內所得之 2 分及 1 分相加後所得。而本領域百分比分數的計算，則是將原始得分除以最高總分後，再乘以 100 所得。

結　果

施測日期	＿＿＿＿	＿＿＿＿	＿＿＿＿	＿＿＿＿
原始得分	＿＿＿＿	＿＿＿＿	＿＿＿＿	＿＿＿＿
最高總分	36	36	36	36
百 分 比	＿＿＿＿	＿＿＿＿	＿＿＿＿	＿＿＿＿

粗大動作領域

施測者：＿＿＿＿＿＿＿＿＿＿＿＿＿＿＿＿＿＿＿＿＿　日期：＿＿＿＿＿＿

評論：＿＿＿＿＿＿＿＿＿＿＿＿＿＿＿＿＿＿＿＿＿＿＿＿＿

＿＿＿＿＿＿＿＿＿＿＿＿＿＿＿＿＿＿＿＿＿＿＿＿＿＿＿＿＿

＿＿＿＿＿＿＿＿＿＿＿＿＿＿＿＿＿＿＿＿＿＿＿＿＿＿＿＿＿

＿＿＿＿＿＿＿＿＿＿＿＿＿＿＿＿＿＿＿＿＿＿＿＿＿＿＿＿＿

施測者：＿＿＿＿＿＿＿＿＿＿＿＿＿＿＿＿＿＿＿＿＿　日期：＿＿＿＿＿＿

評論：＿＿＿＿＿＿＿＿＿＿＿＿＿＿＿＿＿＿＿＿＿＿＿＿＿

＿＿＿＿＿＿＿＿＿＿＿＿＿＿＿＿＿＿＿＿＿＿＿＿＿＿＿＿＿

＿＿＿＿＿＿＿＿＿＿＿＿＿＿＿＿＿＿＿＿＿＿＿＿＿＿＿＿＿

＿＿＿＿＿＿＿＿＿＿＿＿＿＿＿＿＿＿＿＿＿＿＿＿＿＿＿＿＿

施測者：＿＿＿＿＿＿＿＿＿＿＿＿＿＿＿＿＿＿＿＿＿　日期：＿＿＿＿＿＿

評論：＿＿＿＿＿＿＿＿＿＿＿＿＿＿＿＿＿＿＿＿＿＿＿＿＿

＿＿＿＿＿＿＿＿＿＿＿＿＿＿＿＿＿＿＿＿＿＿＿＿＿＿＿＿＿

＿＿＿＿＿＿＿＿＿＿＿＿＿＿＿＿＿＿＿＿＿＿＿＿＿＿＿＿＿

＿＿＿＿＿＿＿＿＿＿＿＿＿＿＿＿＿＿＿＿＿＿＿＿＿＿＿＿＿

施測者：＿＿＿＿＿＿＿＿＿＿＿＿＿＿＿＿＿＿＿＿＿　日期：＿＿＿＿＿＿

評論：＿＿＿＿＿＿＿＿＿＿＿＿＿＿＿＿＿＿＿＿＿＿＿＿＿

＿＿＿＿＿＿＿＿＿＿＿＿＿＿＿＿＿＿＿＿＿＿＿＿＿＿＿＿＿

＿＿＿＿＿＿＿＿＿＿＿＿＿＿＿＿＿＿＿＿＿＿＿＿＿＿＿＿＿

＿＿＿＿＿＿＿＿＿＿＿＿＿＿＿＿＿＿＿＿＿＿＿＿＿＿＿＿＿

生活適應領域

S＝評分標準	Q＝註解
2＝一致的通過 1＝不一致的表現 0＝不通過	A＝提供協助 B＝行為受干擾 R＝由他人報告評量 M＝修改／調整 D＝直接施測

姓名：＿＿＿＿＿＿＿＿＿＿

	施測週期：								
	施測日期：		/		/		/		/
	施測人員：								

	IFSP	S	Q	S	Q	S	Q	S	Q
A. 飲食									
G 1. 用適當的餐具進食各種食物，很少掉落									
1.1 進食多種質地的食物									
1.2 選擇並進食不同種類的食物（如：肉、青菜）									
1.3 使用筷子進食									
1.4 使用叉子和湯匙進食									
G 2. 餐前準備									
2.1 進食前會處理食物（如：剝皮、去殼）									
2.2 使用餐刀塗抹食物									
2.3 將飲料倒至各種容器中									
2.4 用餐具拿取食物放入碗盤									
G 3. 表現適當的用餐禮儀									
3.1 進食適量食物，閉口咀嚼，吞下食物後再吃下一口									
3.2 每口喝適量飲料，並會將杯子放回桌上									
3.3 坐在位子上用餐，離座前先徵得同意									
3.4 餐後用餐巾擦臉和手									
3.5 餐後會收拾碗盤									
B. 個人衛生									
G 1. 獨立完成如廁程序									
1.1 如廁後使用衛生紙、沖馬桶及洗手									
1.2 獨立去廁所大小便									
1.3 主動表示要上廁所									

（下頁續）

（續上頁）

姓名：＿＿＿＿＿＿＿＿＿＿

		施測週期：								
		施測日期：	/		/		/		/	
		施測人員：								
	IFSP	S	Q	S	Q	S	Q	S	Q
G 2. 獨立完成漱洗程序									
2.1 自己洗澡並擦乾									
2.2 梳理頭髮									
2.3 刷牙及漱口									
2.4 用衛生紙擤鼻涕									
2.5 洗臉並擦乾									
C. 穿脫衣物									
G 1. 解開衣物的各種繫扣物									
1.1 解開衣物的釦子、按釦、子母貼等									
1.2 解開線狀的繫扣物									
1.3 解開拉鍊									
G 2. 依情境選擇適當的衣物穿著									
2.1 穿上長褲									
2.2 穿上開襟式上衣									
2.3 穿上套頭上衣									
2.4 穿上內褲、短褲或裙子									
2.5 穿上鞋子									
G 3. 繫好衣物的各種繫扣物									
3.1 綁線狀的配件（如：鞋帶）									
3.2 扣上釦子、按釦、子母貼等									
3.3 扣上並拉合拉鍊									

本領域原始得分的計算，係由將特定施測週期 S 欄內所得之 2 分及 1 分相加後所得。而本領域百分比分數的計算，則是將原始得分除以最高總分後，再乘以 100 所得。

結　果

施測日期　＿＿＿＿＿＿　＿＿＿＿＿＿　＿＿＿＿＿＿　＿＿＿＿＿＿

原始得分　＿＿＿＿＿＿　＿＿＿＿＿＿　＿＿＿＿＿＿　＿＿＿＿＿＿

最高總分　　　80　　　　　80　　　　　80　　　　　80

百 分 比　＿＿＿＿＿＿　＿＿＿＿＿＿　＿＿＿＿＿＿　＿＿＿＿＿＿

生活適應領域

施測者：＿＿＿＿＿＿＿＿＿＿＿＿＿＿＿＿＿＿＿＿＿＿　日期：＿＿＿＿＿＿

評論：＿＿＿＿＿＿＿＿＿＿＿＿＿＿＿＿＿＿＿＿＿＿＿＿＿＿＿

＿＿＿＿＿＿＿＿＿＿＿＿＿＿＿＿＿＿＿＿＿＿＿＿＿＿＿＿＿＿＿

＿＿＿＿＿＿＿＿＿＿＿＿＿＿＿＿＿＿＿＿＿＿＿＿＿＿＿＿＿＿＿

＿＿＿＿＿＿＿＿＿＿＿＿＿＿＿＿＿＿＿＿＿＿＿＿＿＿＿＿＿＿＿

施測者：＿＿＿＿＿＿＿＿＿＿＿＿＿＿＿＿＿＿＿＿＿＿　日期：＿＿＿＿＿＿

評論：＿＿＿＿＿＿＿＿＿＿＿＿＿＿＿＿＿＿＿＿＿＿＿＿＿＿＿

＿＿＿＿＿＿＿＿＿＿＿＿＿＿＿＿＿＿＿＿＿＿＿＿＿＿＿＿＿＿＿

＿＿＿＿＿＿＿＿＿＿＿＿＿＿＿＿＿＿＿＿＿＿＿＿＿＿＿＿＿＿＿

＿＿＿＿＿＿＿＿＿＿＿＿＿＿＿＿＿＿＿＿＿＿＿＿＿＿＿＿＿＿＿

施測者：＿＿＿＿＿＿＿＿＿＿＿＿＿＿＿＿＿＿＿＿＿＿　日期：＿＿＿＿＿＿

評論：＿＿＿＿＿＿＿＿＿＿＿＿＿＿＿＿＿＿＿＿＿＿＿＿＿＿＿

＿＿＿＿＿＿＿＿＿＿＿＿＿＿＿＿＿＿＿＿＿＿＿＿＿＿＿＿＿＿＿

＿＿＿＿＿＿＿＿＿＿＿＿＿＿＿＿＿＿＿＿＿＿＿＿＿＿＿＿＿＿＿

＿＿＿＿＿＿＿＿＿＿＿＿＿＿＿＿＿＿＿＿＿＿＿＿＿＿＿＿＿＿＿

施測者：＿＿＿＿＿＿＿＿＿＿＿＿＿＿＿＿＿＿＿＿＿＿　日期：＿＿＿＿＿＿

評論：＿＿＿＿＿＿＿＿＿＿＿＿＿＿＿＿＿＿＿＿＿＿＿＿＿＿＿

＿＿＿＿＿＿＿＿＿＿＿＿＿＿＿＿＿＿＿＿＿＿＿＿＿＿＿＿＿＿＿

＿＿＿＿＿＿＿＿＿＿＿＿＿＿＿＿＿＿＿＿＿＿＿＿＿＿＿＿＿＿＿

＿＿＿＿＿＿＿＿＿＿＿＿＿＿＿＿＿＿＿＿＿＿＿＿＿＿＿＿＿＿＿

認知領域

S＝評分標準	Q＝註解
2＝一致的通過 1＝不一致的表現 0＝不通過	A＝提供協助 B＝行為受干擾 R＝由他人報告評量 M＝修改／調整 D＝直接施測

姓名：＿＿＿＿＿＿＿＿＿

施測週期：
施測日期：　／　　／　　／　　／
施測人員：

	IFSP	S	Q	S	Q	S	Q	S	Q
A. 參與									
G 1. 主動開始並完成適齡的活動									
1.1 對結束活動的指令有回應									
1.2 對開始活動的指令有回應									
G 2. 在小團體活動中能注意、聆聽並參與									
2.1 在小團體活動中適當的操弄器材									
2.2 在小團體活動中對指令有適當的回應									
2.3 在小團體活動中會適時的注意人、物或事件									
2.4 在小團體活動中能留在團體裡									
G 3. 在大團體活動中能注意、聆聽並參與									
3.1 在大團體活動中適當的操弄器材									
3.2 在大團體活動中對指令有適當的回應									
3.3 在大團體活動中會適時的注意人、物或事件									
3.4 在大團體活動中能留在團體裡									
B. 概念理解									
G 1. 具有八種顏色的概念									
1.1 具有六種顏色的概念									
1.2 具有三種顏色的概念									
G 2. 具有五種形狀的概念									
2.1 具有三種形狀的概念									
2.2 具有一種形狀的概念									

（下頁續）

（續上頁）

姓名：＿＿＿＿＿＿＿＿

	施測週期：								
	施測日期：	/		/		/		/	
	施測人員：								
	IFSP	S	Q	S	Q	S	Q	S	Q
G 3. 具有六種尺寸的概念（如：大小、長短）									
3.1 具有四種尺寸的概念									
3.2 具有兩種尺寸的概念									
G 4. 具有十個「質」的概念（如：快慢、冷熱）									
4.1 具有六個「質」的概念									
4.2 具有四個「質」的概念									
4.3 具有兩個「質」的概念									
G 5 具有八個「量」的概念（如：全部、一點點）									
5.1 具有五個「量」的概念									
5.2 具有兩個「量」的概念									
G 6. 具有十二個空間關係的概念（如：上下、前後）									
6.1 具有九個空間關係的概念									
6.2 具有六個空間關係的概念									
6.3 具有三個空間關係的概念									
G 7. 具有七個時間關係的概念（如：昨天、等一下）									
7.1 具有五個時間關係的概念									
7.2 具有三個時間關係的概念									
C. 分類									
G 1. 依據特定標準將人、物品、事件分類									
1.1 將人、物品、事件依類別分類									
1.2 將物品依功能分類									
1.3 將物品依物理特性分類									
D. 序列									
G 1. 依序執行含三個以上步驟、非常態性的指令									
1.1 依序執行含三個以上步驟、常態性的指令									
G 2. 依物品的尺寸依序放置									
2.1 將兩組物品依尺寸配對									
G 3. 依序重述事件（用口語、手勢或圖片表現皆可）									
3.1 依序完成熟悉的故事或事件									

（下頁續）

（續上頁）

姓名：＿＿＿＿＿＿＿＿＿＿

	施測週期：								
	施測日期：	/		/		/		/	
	施測人員：								
	IFSP	S	Q	S	Q	S	Q	S	Q
E. 回憶事件									
G 1. 無情境線索下能回憶當天發生的事情									
1.1 有情境線索下能回憶當天發生的事情									
1.2 能立即回憶剛才發生的事情									
G 2. 背誦出順序性語言（如：電話號碼、數字順序）									
2.1 背誦出自己的基本資料（如：姓名、年齡）									
F. 問題解決能力									
G 1. 衡量解決問題方法的成效									
1.1 建議可行的問題解決方法									
1.2 找到達成目標的方法									
G 2. 對有關人、物和情境的問題能合理的解釋									
2.1 用適當的理由解釋論點									
2.2 預測未來或假設的事情									
2.3 推測事件可能的原因									
G. 遊戲									
G 1. 玩想像的遊戲									
1.1 扮演或認識角色									
1.2 計畫及演出熟悉的事件、主題或故事									
1.3 運用想像的道具									
G 2. 玩有規則的遊戲									
2.1 持續參與活動									
2.2 遵守遊戲規則									
H. 數學前備技能									
G 1. 唱數 1 至 20									
1.1 唱數 1 至 10									
1.2 唱數 1 至 5									
1.3 唱數 1 至 3									
G2. 點數十個物品									
2.1 點數五個物品									
2.2 點數兩個物品									

（下頁續）

（續上頁）

姓名：＿＿＿＿＿＿＿＿＿

	施測週期：								
	施測日期：	/		/		/		/	
	施測人員：								
	IFSP	S	Q	S	Q	S	Q	S	Q
2.3 具有一對一的對應概念									
G 3. 指認數字 1 至 10									
3.1 指認數字 1 至 8									
3.2 指認數字 1 至 5									
3.3 指認數字 1 至 3									
G 4. 1 至 10 的數字與數量配對									
4.1 1 至 8 的數字與數量配對									
4.2 1 至 5 的數字與數量配對									
4.3 1 至 3 的數字與數量配對									
I. 閱讀前備技能									
G 1. 具有閱讀的前備技能									
1.1 功能性的使用書本									
1.2 描述書中的圖畫									
1.3 積極參與說故事的活動									
G 2. 具有閱讀前的聽覺技能									
2.1 拼音									
2.2 說出同韻字									
G 3. 看注音符號拼音									
3.1 念出個別的注音符號									
G 4. 念讀國字									
4.1 指認國字									

本領域原始得分的計算，係由將特定施測週期 S 欄內所得之 2 分及 1 分相加後所得。而本領域百分比分數的計算，則是將原始得分除以最高總分後，再乘以 100 所得。

結　果			
施測日期 ＿＿＿＿＿＿	＿＿＿＿＿＿	＿＿＿＿＿＿	＿＿＿＿＿＿
原始得分 ＿＿＿＿＿＿	＿＿＿＿＿＿	＿＿＿＿＿＿	＿＿＿＿＿＿
最高總分 184	184	184	184
百 分 比 ＿＿＿＿＿＿	＿＿＿＿＿＿	＿＿＿＿＿＿	＿＿＿＿＿＿

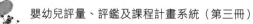

認知領域

施測者：＿＿＿＿＿＿＿＿＿＿＿＿＿＿＿＿＿＿＿＿＿＿＿＿　日期：＿＿＿＿＿

評論：＿＿＿＿＿＿＿＿＿＿＿＿＿＿＿＿＿＿＿＿＿＿＿＿＿＿＿＿＿＿＿＿＿

＿＿＿＿＿＿＿＿＿＿＿＿＿＿＿＿＿＿＿＿＿＿＿＿＿＿＿＿＿＿＿＿＿＿＿

＿＿＿＿＿＿＿＿＿＿＿＿＿＿＿＿＿＿＿＿＿＿＿＿＿＿＿＿＿＿＿＿＿＿＿

＿＿＿＿＿＿＿＿＿＿＿＿＿＿＿＿＿＿＿＿＿＿＿＿＿＿＿＿＿＿＿＿＿＿＿

施測者：＿＿＿＿＿＿＿＿＿＿＿＿＿＿＿＿＿＿＿＿＿＿＿＿　日期：＿＿＿＿＿

評論：＿＿＿＿＿＿＿＿＿＿＿＿＿＿＿＿＿＿＿＿＿＿＿＿＿＿＿＿＿＿＿＿＿

＿＿＿＿＿＿＿＿＿＿＿＿＿＿＿＿＿＿＿＿＿＿＿＿＿＿＿＿＿＿＿＿＿＿＿

＿＿＿＿＿＿＿＿＿＿＿＿＿＿＿＿＿＿＿＿＿＿＿＿＿＿＿＿＿＿＿＿＿＿＿

＿＿＿＿＿＿＿＿＿＿＿＿＿＿＿＿＿＿＿＿＿＿＿＿＿＿＿＿＿＿＿＿＿＿＿

施測者：＿＿＿＿＿＿＿＿＿＿＿＿＿＿＿＿＿＿＿＿＿＿＿＿　日期：＿＿＿＿＿

評論：＿＿＿＿＿＿＿＿＿＿＿＿＿＿＿＿＿＿＿＿＿＿＿＿＿＿＿＿＿＿＿＿＿

＿＿＿＿＿＿＿＿＿＿＿＿＿＿＿＿＿＿＿＿＿＿＿＿＿＿＿＿＿＿＿＿＿＿＿

＿＿＿＿＿＿＿＿＿＿＿＿＿＿＿＿＿＿＿＿＿＿＿＿＿＿＿＿＿＿＿＿＿＿＿

＿＿＿＿＿＿＿＿＿＿＿＿＿＿＿＿＿＿＿＿＿＿＿＿＿＿＿＿＿＿＿＿＿＿＿

施測者：＿＿＿＿＿＿＿＿＿＿＿＿＿＿＿＿＿＿＿＿＿＿＿＿　日期：＿＿＿＿＿

評論：＿＿＿＿＿＿＿＿＿＿＿＿＿＿＿＿＿＿＿＿＿＿＿＿＿＿＿＿＿＿＿＿＿

＿＿＿＿＿＿＿＿＿＿＿＿＿＿＿＿＿＿＿＿＿＿＿＿＿＿＿＿＿＿＿＿＿＿＿

＿＿＿＿＿＿＿＿＿＿＿＿＿＿＿＿＿＿＿＿＿＿＿＿＿＿＿＿＿＿＿＿＿＿＿

＿＿＿＿＿＿＿＿＿＿＿＿＿＿＿＿＿＿＿＿＿＿＿＿＿＿＿＿＿＿＿＿＿＿＿

社會溝通領域

S＝評分標準	Q＝註解
2＝一致的通過 1＝不一致的表現 0＝不通過	A＝提供協助 B＝行為受干擾 R＝由他人報告評量 M＝修改／調整 D＝直接施測

姓名：＿＿＿＿＿＿＿＿＿

	施測週期：								

	施測日期：	/		/		/		/	
	施測人員：								

	IFSP	S	Q	S	Q	S	Q	S	Q
A. 社會互動性溝通									
G 1. 使用詞彙、片語或句子，來告知、引導、詢問，以及表達預期、想像、情感與情緒									
1.1 使用詞彙、片語或句子來表達預期的結果									
1.2 使用詞彙、片語或句子來描述假想的物品、事件或人物									
1.3 使用詞彙、片語或句子來命名自己或他人的情感與情緒									
1.4 使用詞彙、片語或句子來描述過去的事件									
1.5 使用詞彙、片語或句子來對他人提出看法或要求									
1.6 使用詞彙、片語或句子來獲得訊息									
1.7 使用詞彙、片語或句子來傳達訊息									
G 2. 使用會話規則									
2.1 輪流扮演說者和聽者的角色									
2.2 回應別人轉換的話題									
2.3 問問題要求澄清									
2.4 回應後續相關的話題									
2.5 主動談起與情境有關的話題									
2.6 回應他人談起的話題									
G 3. 建立及變化社會溝通的角色									
3.1 變化說話的噪音以傳達意思									
3.2 使用適當的社會化肢體語言									
B. 詞彙、片語及句子表達									
G 1. 使用動詞相關詞類									
1.1 使用動介詞（如：把、讓）									
1.2 使用動態助詞（如：戴著、吃過）									

（下頁續）

嬰幼兒評量、評鑑及課程計畫系統（第三冊）

（續上頁）

姓名：＿＿＿＿＿＿＿＿＿＿＿

	施測週期：				
	施測日期：	／	／	／	／
	施測人員：				

	IFSP	S	Q	S	Q	S	Q	S	Q
1.3 使用動詞補語（如：站起來、走出去）									
1.4 使用助動詞（如：會、能）									
G 2. 使用名詞相關詞類									
2.1 使用量詞（如：隻、顆）									
2.2 使用方位詞（如：裡面、旁邊）									
2.3 使用所有格「的」（如：媽媽的、小華的）									
G 3. 使用問句									
3.1 使用「什麼時候」問句									
3.2 使用是／非問句									
3.3 使用「為什麼」、「誰」、「怎麼」問句									
3.4 使用「語尾助詞」問句									
3.5 使用「什麼」、「哪裡」問句									
3.6 提高句尾語調來問問題									
G 4. 使用代名詞									
4.1 使用所有格人稱代名詞（如：我的、他們的）									
4.2 使用人稱代名詞（如：你、我們）									
4.3 使用不定代名詞（如：每個、一些）									
4.4 使用指示代名詞（如：那個、這些）									
G 5. 使用描述性詞彙									
5.1 使用連接詞（如：因為、可是）									
5.2 使用副詞（如：很大、正在吃）									
5.3 使用形容詞（如：圓、漂亮）									

本領域原始分的計算，係由將特定施測週期 S 欄內所得之 2 分及 1 分相加後所得。而本領域百分比分數的計算，則是將原始得分除以最高總分後，再乘以 100 所得。

結　果

施測日期	＿＿＿＿＿＿	＿＿＿＿＿＿	＿＿＿＿＿＿	＿＿＿＿＿＿
原始得分	＿＿＿＿＿＿	＿＿＿＿＿＿	＿＿＿＿＿＿	＿＿＿＿＿＿
最高總分	86	86	86	86
百分比	＿＿＿＿＿＿	＿＿＿＿＿＿	＿＿＿＿＿＿	＿＿＿＿＿＿

社會溝通領域

施測者：_____　　日期：_____

評論：_____

_____

_____

_____

施測者：_____　　日期：_____

評論：_____

_____

_____

_____

施測者：_____　　日期：_____

評論：_____

_____

_____

_____

施測者：_____　　日期：_____

評論：_____

_____

_____

_____

社會溝通紀錄表

兒童姓名：＿＿＿＿＿＿＿＿＿＿　　觀察者／活動：＿＿＿＿＿＿＿＿＿＿＿

在場其他人：＿＿＿＿＿＿＿＿＿＿＿＿＿＿＿＿＿＿＿＿＿＿＿＿

日期：＿＿＿＿時間（開始）：＿＿＿＿時間（結束）：＿＿＿＿總時間：＿＿＿

逐字記錄兒童的語句 u ＝無法聽懂的字 （u）＝無法聽懂的片語	情境	開啟話題	回應他人的看法	回應問題	模仿	無關反應
1.						
2.						
3.						
4.						
5.						
6.						
7.						
8.						
9.						
10.						

（下頁續）

（續上頁）

11.							
12.							
13.							
14.							
15.							
16.							
17.							
18.							
19.							
20.							
21.							
22.							
23.							
24.							
25.							

（下頁續）

附錄 D　評量、評鑑及課程計畫系統表格

（續上頁）

26.						
27.						
28.						
29.						
30.						
31.						
32.						
33.						
34.						
35.						
36.						
37.						
38.						
39.						
40.						

社會溝通總結表

綱目 B：詞彙及句子表達

　　檢閱「社會溝通紀錄表」上的每個語句，每次一句，在以下適當的空白格子裡，以畫記符號（正）記錄特定類型的詞彙、詞彙組合，以及句型出現的次數。這個訊息應被用來對社會溝通領域中綱目 B 的所有項目計分──依照每個個別項目的特定計分標準。

1.1 使用動介詞（如：把、讓）	
1.2 使用動態助詞（如：戴著、吃過）	
1.3 使用動詞補語（如：站起來、走出去）	
1.4 使用助動詞（如：會、能）	
2.1 使用量詞（如：隻、顆）	
2.2 使用方位詞（如：裡面、旁邊）	
2.3 使用所有格「的」（如：媽媽的、小華的）	
3.1 使用「什麼時候」問句	
3.2 使用是／非問句	
3.3 使用「為什麼」、「誰」、「怎麼」問句	
3.4 使用「語尾助詞」問句	
3.5 使用「什麼」、「哪裡」問句	
3.6 提高句尾語調來問問題	
4.1 使用所有格人稱代名詞（如：我的、他們的）	
4.2 使用人稱代名詞（如：你、我們）	
4.3 使用不定代名詞（如：每個、一些）	
4.4 使用指示代名詞（如：那個、這些）	
5.1 使用連接詞（如：因為、可是）	
5.2 使用副詞（如：很大、正在吃）	
5.3 使用形容詞（如：圓、漂亮）	

社會領域

S＝評分標準	Q＝註解
2＝一致的通過 1＝不一致的表現 0＝不通過	A＝提供協助 B＝行為受干擾 R＝由他人報告評量 M＝修改／調整 D＝直接施測

姓名：＿＿＿＿＿＿＿＿＿＿＿

施測週期：				
施測日期：	／	／	／	／
施測人員：				

ISFP	S	Q	S	Q	S	Q	S	Q
A. 與他人互動								
G 1. 有玩伴								
1.1 同儕難過或有需求時會回應								
1.2 主動接近同儕並持續一段時間								
1.3 主動向熟悉的同儕打招呼								
1.4 對同儕的情感表達有回應								
G 2. 主動起始合作性的活動								
2.1 加入他人合作性的活動								
2.2 持續參與他人合作性的活動								
2.3 分享或交換物品								
G 3. 選擇有效的策略解決衝突								
3.1 與人妥協解決衝突								
3.2 運用簡單的策略解決衝突								
3.3 聲明並保護自己的所有物								
B. 與環境互動								
G 1. 用合宜的方式滿足生理需求								
1.1 不舒服、生病、受傷或疲倦時，能滿足自己的生理需求								
1.2 滿足自己明顯的生理需求								
1.3 滿足自己餓和渴的生理需求								

（下頁續）

（續上頁）

姓名：＿＿＿＿＿＿＿＿＿＿

	施測週期：								
	施測日期：	/		/		/		/	
	施測人員：								
	IFSP	S	Q	S	Q	S	Q	S	Q
G2. 在家裡及教室以外的場所會遵守特定的規則									
2.1 尋求大人的許可									
2.2 遵守家裡和教室的既定常規									
C. 認識自我和他人									
G1. 表達自己的好惡									
1.1 主動進行自己喜愛的活動									
1.2 選擇活動和／或物品									
G2. 說出自己和他人的身分資料									
2.1 說出自己家的地址									
2.2 說出自己的電話號碼									
2.3 知道自己的生日									
2.4 說出自己的全名和兄弟姊妹的名字									
2.5 知道自己和他人的性別									
2.6 知道自己的名字和年齡									
G3. 由自己和他人的行為表現正確辨識出其情感／情緒									
3.1 正確辨識他人的情感／情緒									
3.2 正確辨識自己的情感／情緒									

本領域原始得分的計算，係由將特定施測週期 S 欄內所得之 2 分及 1 分相加後所得。而本領域百分比分數的計算，則是將原始得分除以最高總分後，再乘以 100 所得。

結　果

施測日期	＿＿＿＿＿	＿＿＿＿＿	＿＿＿＿＿	＿＿＿＿＿
原始得分	＿＿＿＿＿	＿＿＿＿＿	＿＿＿＿＿	＿＿＿＿＿
最高總分	66	66	66	66
百 分 比	＿＿＿＿＿	＿＿＿＿＿	＿＿＿＿＿	＿＿＿＿＿

嬰幼兒評量、評鑑及課程計畫系統（第三冊）

社會領域

施測者：_____ 日期：_____

評論：_____

_____

_____

_____

施測者：_____ 日期：_____

評論：_____

_____

_____

_____

施測者：_____ 日期：_____

評論：_____

_____

_____

_____

施測者：_____ 日期：_____

評論：_____

_____

_____

_____

評量、評鑑及課程計畫系統結果摘要

針對每個領域,畫出每個施測週期(1-4)的百分比得分,來決定幼兒的表現是否隨著時間而進步。

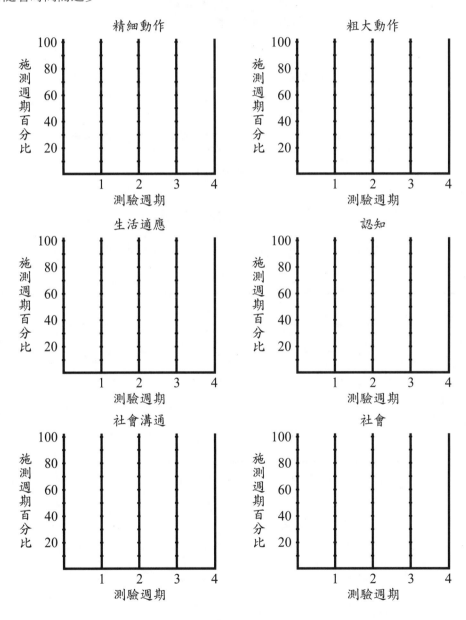

☆ 評量、評鑑及課程計畫系統 ☆

家庭報告

嬰幼兒評量、評鑑及課程計畫系統
（AEPS）

針對三至六歲的測量

Diane Bricker, Ph.D.及 Kristie Pretti-Frontczak, Ph.D.
編輯

兒童姓名：＿＿＿＿＿＿＿＿＿＿＿＿＿＿＿＿＿＿＿＿＿＿

出生日期：＿＿＿＿＿＿＿年＿＿＿＿＿＿＿月＿＿＿＿＿日

填 表 者：＿＿＿＿＿＿＿＿＿＿＿＿＿＿＿＿＿＿＿＿＿＿

填表日期：＿＿＿＿＿＿＿年＿＿＿＿＿＿＿月＿＿＿＿＿日

家庭住址：＿＿＿＿＿＿＿＿＿＿＿＿＿＿＿＿＿＿＿＿＿＿

＿＿＿＿＿＿＿＿＿＿＿＿＿＿＿＿＿＿＿＿＿＿

完成本表所有的九十二個項目，不僅可以幫助家長參與評量和評鑑兒童的技能，同時也可加強父母為參與兒童的個別化教育計畫（IEP）或個別化家庭服務計畫（IFSP）的會議做準備。

⟫➤填表說明

請逐一詳讀表格中的每個項目。所有的問題都是在請教家長，兒童是否能表達一些特定的動作或能力，例如：丟球、畫形狀以及運用詞彙等。在填寫每一項評分前，務必讓兒童有機會表現；於觀察兒童嘗試或實際做出行為幾次後，才在空格中填入適當的代號。

本表可施行四次個別測驗。每頁右上角為日期欄，日期下的空格則填寫項目的得分。該項目若被評為「是」則在方格內填「Y」；若被評為「有時候」則填入「S」；若被評為「尚未」則填入「N」。以下為評分標準：

「是」以「Y」代表。適用於兒童做得出問題中所描述的動作時（如：兒童自己可以拉上或拉下外套拉鍊）；或是兒童現在能使用比以前更純熟的技巧時（如：兒童可以獨立畫出從前仿畫過的形狀），將該項目評為「Y」。

「有時候」以「S」代表。適用於兒童還不能每次都做到問題所描述的行為，或剛開始表現出該行為，或是只能做出部分行為仍需要您的幫忙；例如：兒童有時候可以拉上外套拉鍊但通常都需要幫忙時，該項目評為「S」。

「尚未」以「N」代表。適用於兒童做不到問題中所描述的行為時；例如：若兒童還不能將果汁倒在杯子裡時，該項目評為「N」。

英文小寫字母（a、b、c）所代表的副項不必評為 Y、S 或 N，只要在兒童可以做的項目前打勾即可。

在每個項目結尾括弧內的字母和數字與介入人員可能已給兒童做過的評量、評鑑及課程計畫系統測驗中綱目和長短期目標是一致的。而且每個領域項目的最後也都有填空部分，讓家長填寫該領域的最重要目標。

介入人員請注意：家庭報告分數的換算請參閱第十章結果摘要一節，並使用家庭報告摘要表做登錄。

精細動作領域

				日期

1. 兒童是否會雙手同時操弄兩個手掌大小的物品？
   例如：玩積木或穿珠子。（A1）

2. 兒童是否會剪圓形和橢圓形的曲線，離線的距離
   不超過 0.6 公分？（A2）

3. 兒童是否能綁鞋帶、髮帶和繩子類細長物品？
   （A3）

4. 如果您畫些像正方形或長方形的形狀，孩子是否
   會仿畫，而且和您所畫的形狀很像？（B1）

5. 兒童是否會寫自己的名字？筆順不對沒有關係。
   （B2）

優先目標：＿＿＿＿＿＿＿＿＿＿＿＿＿＿＿＿＿＿＿＿＿
＿＿＿＿＿＿＿＿＿＿＿＿＿＿＿＿＿＿＿＿＿＿＿＿＿＿＿
＿＿＿＿＿＿＿＿＿＿＿＿＿＿＿＿＿＿＿＿＿＿＿＿＿＿＿

評分方法：Y＝是；S＝有時候；N＝尚未。

粗大動作領域

				日期

1. 兒童是否可以不依賴扶手或牆壁，兩腳交替上下樓梯？（A1）

2. 兒童是否可以雙腳同時向前跳？（B1）

3. 兒童是否可以在跑步時避開不去撞上大型玩具、家具和人等障礙？（B2）

4. 兒童是否會拍、接、踢和丟不同大小的球？（B3）
   （註：如果此項評分為「S」或「N」，請在下列
   　a 至 d 兒童能做的項目前打勾。）
   ＿＿a.會拍大球至少兩下？（B3.1）
   ＿＿b.能在 1.8 至 3 公尺遠內雙手接球？（B3.2）
   ＿＿c.能踢腳前面的球而不會跌倒？（B3.3）
   ＿＿d.能單手過肩丟球？（B3.4）

5. 兒童是否可以雙腳交替躍走前進至少 5 公尺？（B4）

6. 兒童是否會騎兩輪腳踏車前進至少 6 公尺？（B5）

優先目標：＿＿＿＿＿＿＿＿＿＿＿＿＿＿＿＿＿＿＿＿＿＿＿＿＿＿＿
＿＿＿＿＿＿＿＿＿＿＿＿＿＿＿＿＿＿＿＿＿＿＿＿＿＿＿＿＿＿＿＿＿
＿＿＿＿＿＿＿＿＿＿＿＿＿＿＿＿＿＿＿＿＿＿＿＿＿＿＿＿＿＿＿＿＿

評分方法：Y＝是；S＝有時候；N＝尚未。

生活適應領域

				日期

1. 兒童是否會用適當餐具進食各類食物並很少掉落食物？（A1）

（註：如果此項評分為「S」或「N」，請在下列 a 至 d 兒童能做的項目前打勾。）

_____ a. 能接受各種軟、硬等食物，像香蕉、牛奶和生的蔬菜？（A1.1）

_____ b. 會選擇並吃不同種類的食物，像乳製品、肉類和水果？（A1.2）

_____ c. 會用筷子進食並很少掉落食物？（A1.3）

_____ d. 會用叉子和湯匙進食並很少掉落食物？（A1.4）

2. 兒童是否會幫忙準備餐具、倒飲料及添食物？例如：進食前會剝皮和撕包裝；用餐刀塗抹食物；將飲料倒至各種容器中或使用餐具盛食物？（A2）

（註：如果此項評分為「S」或「N」，請在下列 a 至 d 兒童能做的項目前打勾。）

_____ a. 進食前會先剝（香蕉）皮或撕開（糖果紙）包裝？（A2.1）

_____ b. 會用餐刀塗抹奶油或果醬在餅乾或麵包上？（A2.2）

_____ c. 會將飲料倒至各種容器中？（A2.3）

_____ d. 會使用餐具盛食物？（A2.4）

3. 兒童是否能每口吃適量食物，每口喝適量飲料；用餐時會坐在位子上直到餐畢；用餐巾擦臉和手，以及幫忙清理餐桌？（A3）

（註：如果此項評分為「S」或「N」，請在下列

a 至 e 兒童能做的項目前打勾。)

_____a. 能每口吃適量的食物，閉口咀嚼，吞下食物後才吃下一口？（A3.1）

_____b. 能每口喝適量飲料，喝完後會將杯子放回桌上？（A3.2）

_____c. 用餐時會坐在位子上，在離座前會先徵得同意？（A3.3）

_____d. 會用餐巾擦臉和手？（A3.4）

_____e. 用餐後會幫忙清理餐桌？（A3.5）

4. 兒童是否能獨立上廁所（走去廁所、調整衣褲、上完後使用衛生紙、穿衣褲、沖馬桶及洗手）？（B1）

5. 兒童是否能獨立漱洗？例如：用衛生紙擤鼻涕，刷牙漱口，洗澡並擦乾，梳理頭髮以及洗臉？（B2）

（註：如果此項評分為「S」或「N」，請在下列 a 至 e 兒童能做的項目前打勾。）

_____a. 洗澡時會脫衣服，進澡缸，用肥皂擦身體，拿毛巾擦乾後並把毛巾放好？（B2.1）

_____b. 會自己梳頭？（B2.2）

_____c. 會刷牙（擠牙膏、刷牙及漱口）？（B2.3）

_____d. 會用衛生紙擤鼻涕？（B2.4）

_____e. 會洗臉（開關水、用肥皂，拿毛巾擦乾臉後並把毛巾放好）？（B2.5）

6. 兒童是否能解開衣服上的各種繫扣物，解開帶子類的繫扣物或解開拉鍊？（C1）

（註：如果此項評分為「S」或「N」，請在下列 a 至 c 兒童能做的項目前打勾。）

_____a. 能解開衣服上的釦子、按釦或子母貼帶？

嬰幼兒評量、評鑑及課程計畫系統（第三冊）

（C1.1）

_____b. 會解開像鞋帶或夾克帽上的繫扣物？
（C1.2）

_____c. 會解開拉鍊？（C1.3）

7.兒童是否會選擇適當的衣物並自己穿好？例如：會
在睡前換睡衣及出門前穿外套。（C2）
（註：如果此項評分為「S」或「N」，請在下列
a 至 e 兒童能做的項目前打勾。）

_____a. 能將雙腿套進長褲並將長褲拉至腰間？
（C2.1）

_____b. 會穿開襟式的襯衫、夾克等衣物？（C2.2）

_____c. 會穿套頭式的像T恤、洋裝或毛衣類衣物？
（C2.3）

_____d. 會穿由腿套入的像內褲、短褲或裙子類衣
物？（C2.4）

_____e. 會穿鞋子？（C2.5）

8.兒童是否能繫好衣服上的各種繫扣物，綁好帶子類
的繫扣物或拉上拉鍊？（C3）
（註：如果此項評分為「S」或「N」，請在下列
a 至 c 兒童能做的項目前打勾。）

_____a. 能綁好帶子類的東西，如鞋帶？（C3.1）

_____b. 會扣好衣服上的釦子、按釦和子母
貼帶？（C3.2）

_____c. 會對準拉鍊頭並拉上拉鍊？（C3.3）

優先目標：_____

_____

_____

評分方法：Y＝是；S＝有時候；N＝尚未。

認知領域

<table>
<tr><td></td><td></td><td></td><td></td><td>日期</td></tr>
<tr><td></td><td></td><td></td><td></td><td></td></tr>
</table>

1. 兒童是否知道何時該玩玩具並主動將玩具收好？例如：把拼圖拿出來，玩完了收好並歸位。（A1）

2. 兒童是否在小團體活動中能夠注意、聆聽並參與？
（A2）

（註：如果此項評分為「S」或「N」，請在下列 a 至 d 兒童能做的項目前打勾。）

　　____a. 能在小團體活動中適當的操弄器材？例如：用膠水黏貼圖片。（A2.1）

　　____b. 能在小團體活動中對指令有適當的回應？（A2.2）

　　____c. 在小團體活動中會適時的注意人、物或事件？（A2.3）

　　____d. 在小團體活動時能留在團體裡？（A2.4）

3. 兒童是否在大團體活動中能夠注意、聆聽並參與？
（A3）

（註：如果此項評分為「S」或「N」，請在下列 a 至 d 兒童能做的項目前打勾。）

　　____a. 能在大團體活動中適當的操弄器材？例如：在團體遊戲中傳球。（A3.1）

　　____b. 能在大團體活動中對指令有適當的回應？（A3.2）

　　____c. 在大團體活動中會適時的注意人、物或事件？（A3.3）

　　____d. 在大團體活動時能留在團體裡？（A3.4）

4. 兒童是否使用至少八種顏色（如：紅、藍、黃等）

的語彙？例如：兒童拿著綠色的球說：「我有一個綠球。」（B1）

請列出兒童能正確使用有關顏色的語彙：

_____　_____

_____　_____

_____　_____

_____　_____

_____　_____

5. 兒童是否正確使用至少五種形狀（如：圓形、正方形、星形等）的語彙？例如：向兒童要一塊正方形的拼圖時，他能正確的拿給您。（B2）

請列出兒童能正確使用有關形狀的語彙：

_____　_____

_____　_____

_____　_____

_____　_____

6. 兒童是否正確使用至少六種尺寸（如：大小、高矮、長短等）的語彙？例如：兒童在玩大積木時會說：「給我一塊大的積木。」（B3）

請列出兒童能正確使用有關尺寸的語彙：

_____　_____

_____　_____

_____　_____

_____　_____

_____　_____

7. 兒童是否正確使用至少十個「質」（如：乾濕、冷熱、軟硬等）的語彙？例如：兒童打開水龍頭時會

説：「水好冷。」（B4）

請列出兒童能正確使用有關質的語彙：

_____　　　_____

_____　　　_____

_____　　　_____

_____　　　_____

_____　　　_____

8.兒童是否正確使用至少八個「量」（如：一些、全
部、許多等）的語彙？例如：兒童有一大杯果汁時
會說：「好滿喔！」（B5）

請列出兒童能正確使用有關量的語彙：

_____　　　_____

_____　　　_____

_____　　　_____

_____　　　_____

_____　　　_____

9.兒童是否正確使用至少十二個空間關係（如：前
面、旁邊、中間、第一、在……下面）的語彙？例
如：兒童會說：「我的鞋子在門後面。」（B6）

請列出兒童能正確使用有關空間位置的語彙：

_____　　　_____

_____　　　_____

_____　　　_____

_____　　　_____

_____　　　_____

10.兒童是否正確使用至少七個時間關係（如：昨
天、早先、先……、之後、等一下……）的語彙？
例如：問兒童什麼時候要去公園玩，他會說：「等

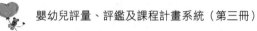

一下。」（B7）

請列出兒童能正確使用有關時間的語彙：

_____ _____

_____ _____

_____ _____

_____ _____

_____ _____

11.兒童是否會分類？例如：在清理玩具時兒童會把小汽車放在架子上，把飛機和船收進櫃子裡。（C1）

12.兒童是否能按部就班的完成你所交代的三個步驟、非常態性的指令？例如：依照你的指令去浴室拿一把牙刷放到臥房。（D1）

（註：如果此項評分為「S」或「N」，而兒童可以做到下列 a 項目則請在項目前打勾。）

_____a. 能執行你所交代含三個步驟的常態性指令？例如：兒童依照你的指令把書放好、關燈、睡覺。（D1.1）

13.兒童是否能將三件物品依照數量、長度、大小或顏色的順序排列？例如：給兒童三塊積木，他會將積木由小到大排列整齊。（D2）

14.兒童是否能依序重述某事件或故事？例如：問兒童帶回家的勞作成品怎麼做的，兒童會說：「先拿圖畫紙，塗上黏膠，再把豆豆排上去就行了。」（D3）

15.兒童是否能告訴你當天至少三十分鐘前發生的事？

例如：兒童可以告訴你他中餐吃了些什麼。（E1）

16. 兒童是否能背誦出以下至少兩項：（E2）

（註：請在兒童能說出的項目前打勾。）

_____ a. 家裡的電話號碼

_____ b. 二十六個英文字母或三十七個注音符號

_____ c. 從 1 數到 20

_____ d. 拼出英文名字

_____ e. 星期一到星期日

17. 兒童是否能說出以下至少兩項：（E2.1）

（註：請在兒童能說出的項目前打勾。）

_____ a. 自己的姓名

_____ b. 生日

_____ c. 年齡

_____ d. 兄弟姊妹的名字

_____ e. 父母的名字

18. 兒童是否能衡量解決問題的方法有沒有效？例如：兒童站在椅子上想在架子上拿書時會說：「這個椅子太矮了，我搆不到。」（F1）

19. 兒童能否採取以下三點反應來解釋論點或回答問題：（F2）

（註：如果此項評分為「S」或「N」，請在 a 至 c 兒童知道的項目前打勾。）

_____ a. 用適當的理由解釋論點——例如：兒童說：「她好傷心。」你問：「你怎麼知道那個女孩好傷心？」兒童會回答：「因為她在哭！」（F2.1）

_____ b. 會預測未來可能發生的或假設的事情——例

如：你講一個新的故事，講到一半停下來問
兒童：「你想後來怎麼樣？」兒童會告訴你
他認為可能發生的結果。（F2.2）

_____ c. 推測可能的原因——例如：「你為什麼覺得
她在哭？」兒童會說：「因為她跌倒了。」
（F2.3）

20. 兒童是否會出現以下三種玩想像遊戲的行為：
（G1）

（註：如果此項評分為「S」或「N」，請在 a 至
c 兒童會做的項目前打勾。）

_____ a. 會扮演別人。例如：兒童說：「我是公車司
機。」同時假裝開車。（G1.1）

_____ b. 能計畫並表演出某個假想事件。例如：兒童
說他要去釣魚，並假裝抓魚然後煮魚。
（G1.2）

_____ c. 運用假想的道具。例如：兒童假裝手上有把
梳子梳頭。（G1.3）

21. 兒童在玩規則遊戲時是否能表現出以下兩種行為：
（G2）

（註：如果此項評分為「S」或「N」，請在 a、b
兒童會做的項目前打勾。）

_____ a. 就算知道自己不會贏，也能依照遊戲的規則
一直堅持到遊戲結束。（G2.1）

_____ b. 能遵守遊戲的規則（如：輪流）。（G2.2）

22. 兒童是否可以由 1 數到 20？（H1）

（註：如果此項評分為「S」或「N」，請寫下兒
童可以數到的數目。）

兒童可以由 _____ 數到 _____ 。（H1.1-H1.3）

23. 兒童是否能點數一組十個物品？例如：數十個心愛的玩具熊。（H2）

（註：如果此項評分為「S」或「N」，請寫下兒童能數多少個物品。）

兒童可以數_____個物品。（H2.1-H2.2）

24. 兒童是否可以指認 1 到 10 的數字？例如：可指認書上、卡片或路標上的數字。（H3）

（註：如果此項評分為「S」或「N」，請圈選兒童認得的數字。）

1　　2　　3　　4　　5　　6　　7　　8　　9　　10

（H3.1-H3.3）

25. 兒童能否將數字卡 1 到 10 與物品配對？例如：數字卡 5 配對五片餅乾或數字卡 8 配對八輛小汽車。（H4）

（註：如果此項評分為「S」或「N」，請寫下兒童可與物品配對的數字。）

兒童可以將數字_____與正確的物品數量配對。（H4.1-H4.3）

26. 兒童在閱讀時是否可以表現以下 a 至 d 項其中的三種行為：（I1.1）

（註：請在兒童可以表達的項目前打勾。）

____a. 拿書的方向正確

____b. 將書由頭至尾逐一翻頁

____c. 發出聲音或念念有詞好似在讀書

____d. 試著架構並說故事

27. 兒童是否會看圖說故事？（I1.2）

28. 當你念書給兒童聽的時候，兒童是否可以表現以下 a 至 e 項其中的行為：（I1.3）

（註：請在兒童可以表達的項目前打勾。）

_____ a. 發表意見

_____ b. 手指圖片

_____ c. 補充漏掉的詞句

_____ d. 說故事的結尾

_____ e. 翻頁

29. 兒童能否做到以下兩點：（I2）

（註：如果此項評分為「S」或「N」，請在兒童會做的項目前打勾。）

_____ a. 拼音。例如：念兩個注音符號ㄇ、ㄚ給兒童聽時，兒童會說「ㄇㄚ」。（I2.1）

_____ b. 說出同韻字。例如：如果你說「貓」，兒童會說「包」、「刀」等字。（I2.2）

30. 兒童是否能看注音符號拼音，念出所代表的字？例如：看到「ㄕㄨ」會直接念出「書」的字音。（I3）

31. 兒童是否能念讀出五個常見的國字？例如：自己的名字或是「大」、「小」等簡單國字。（I4）

優先目標：＿＿＿＿＿＿＿＿＿＿＿＿＿＿＿＿＿＿＿＿＿＿＿

＿＿＿＿＿＿＿＿＿＿＿＿＿＿＿＿＿＿＿＿＿＿＿＿＿＿＿＿＿

＿＿＿＿＿＿＿＿＿＿＿＿＿＿＿＿＿＿＿＿＿＿＿＿＿＿＿＿＿

評分方法：Y＝是；S＝有時候；N＝尚未。

社會溝通領域

<table>
<tr><td></td><td></td><td></td><td></td><td>日期</td></tr>
<tr><td></td><td></td><td></td><td></td><td></td></tr>
</table>

1. 兒童是否能使用詞彙、片語或句子來表達預期的結果？例如：兒童能預期某故事的結果，或說：「今天晚上我要去游泳。」（A1.1）

2. 兒童是否能使用詞彙、片語或句子來描述假想的人、物或事件？例如：兒童說：「這是我的魔力太空船，我要坐它上月球。」（A1.2）

3. 兒童是否能使用詞彙、片語或句子來描述自己的想法和感覺？例如：兒童在玩布偶時會說：「我好開心喔。」（A1.3）

4. 兒童是否能使用詞彙、片語或句子來描述過去的事件？例如：兒童說：「我跌倒了。」或「我今天在學校有喝湯。」（A1.4）

5. 兒童是否能使用詞彙、片語或句子來命令或請求他人？例如：兒童說：「給我紅色的樂高。」（A1.5）

6. 兒童是否能使用詞彙、片語或句子來獲得訊息？例如：你在做飯時兒童會問：「你在煮什麼？」（A1.6）

7. 兒童是否能使用詞彙、片語或句子來告知別人自己所做、所見、所聞之事？例如：兒童會說：「我今天看到一隻貓。」或「我要去外面玩。」（A1.7）

8.兒童是否能開始、結束及改變一段話？例如：兒童
　會說：「我現在要去外面玩了。」來結束一段話。
　（A2.1）

9.當你改變話題時兒童能否給予適當的回應？例如：
　兒童說：「我還要在外面多玩一會兒。」而你說：
　「我們要進去吃點心了！」兒童也改變話題說：
　「吃什麼點心？」（A2.2）

10.兒童是否能持續一段對話？例如：當兒童不明白你
　在說什麼時，會問：「什麼？」（A2.3）

11.兒童是否會回應前後有關聯的話題？例如：兒童
　說：「我要那個。」你問：「你要哪一個？」兒童
　回答說：「我要那個紅的卡車。」（A2.4）

12.兒童是否會主動談起與情境有關的話題？例如：兒
　童看到你在切胡蘿蔔就向你要一塊。（A2.5）

13.兒童是否會回應你談起的話題？例如：你說：「你
　今天好漂亮。」兒童回答：「我穿了新毛衣。」
　（A2.6）

14.兒童是否會因人而異改變說話的方式？例如：兒童
　會對大人說：「要不要餅乾？」但對一歲小孩卻
　說：「吃餅乾？」（A3）

15.兒童會使用動介詞嗎？例如：「把果汁弄翻了」、
　「被球打到」。（B1.1）

16.兒童會使用動態助詞嗎？例如：「戴著」、「吃

過」。（B1.2）

17. 兒童會使用動詞補語嗎？例如：「站起來」、「走出去」。（B1.3）

18. 兒童會使用助動詞？例如：「會跌倒」、「我能去」。（B1.4）

19. 兒童會使用量詞嗎？例如：「五隻」、「三顆」。（B2.1）

20. 兒童會使用方位詞嗎？例如：「裡面」、「旁邊」。（B2.2）

21. 兒童會使用所有格「的」嗎（在名詞後加上「的」來表示物品屬於某人）？例如：「媽媽的」、「小華的」。（B2.3）

22. 兒童會使用「什麼時候」的疑問詞來問問題嗎？（B3.1）

23. 兒童會使用「是／非」問句來問問題嗎？例如：「你有沒有帶？」、「他會不會寫？」（B3.2）

24. 兒童會使用「為什麼」、「誰」、「怎麼」的疑問詞來問問題嗎？（B3.3）

25. 兒童會使用「語尾助詞」來問問題嗎？例如：「汽車呢？」、「好了嗎？」（B3.4）

26. 兒童會使用「什麼」、「哪裡」的疑問詞來問問題

附錄 D　評量、評鑑及課程計畫系統表格

嗎？（B3.5）

27. 兒童會提高句尾語調來問問題嗎？例如：「看到了？」（B3.6）

28. 兒童會在片語或句子中，使用六種不同的所有格人稱代名詞（如：我的、你的、他的、我們的、你們的、他們的）來表示所有權嗎？例如：「那是他的卡車」。（B4.1）

29. 兒童會使用人稱代名詞（如：我、你、他、我們、你們、他們），作為片語或句子的主詞及受詞嗎？例如：「他回家了」、「那個給我」。（B4.2）

30. 兒童會使用六種不同的不定代名詞（如：一些、任何、沒有、每個、所有、一些東西、任何人、沒有東西、每個東西、所有人），來指稱非特定的人或物嗎？例如：「我這裡有一些」、「沒有人想玩」。（B4.3）

31. 兒童會使用兩個指示代名詞（如：這個、那個、這些、那些），來挑出或確認物品嗎？例如：「我要那些」、「這個是我的」。（B4.4）

32. 兒童會使用連接詞嗎（如：和、可是、因為、如果、或）？例如：「我們可以玩玩具或睡午覺」。（B5.1）

33. 兒童會使用副詞來修飾動詞及形容詞嗎？例如：「我今天不舒服」、「我們走快一點」。（B5.2）

34.兒童會使用形容詞來修飾名詞及代名詞
　　嗎？例如「我的手很冷」、「我要那個紅
　　辣椒」。（B5.3）

優先目標：_____

_____

_____

_____

_____

評分方法：Y ＝是；S ＝有時候；N ＝尚未。

社會領域

				日期

1. 兒童是否會和別的小朋友玩？（A1）

2. 兒童是否會主動和玩伴開始合作性的活動並鼓勵玩伴參加？例如：兒童會對兩三個朋友說：「走，我們去蓋房子！」然後會分配工作給他們。（A2）

3. 兒童是否會使用下列三種策略來解決衝突：（A3.0）

（註：如果此項評分為「S」或「N」，請在下列 a 至 c 兒童能做的項目打勾。）

_____a. 會和人妥協來解決衝突？例如：兒童會對一個處得不好的朋友說：「我先玩球，然後換你玩。」（A3.1）

_____b. 和朋友產生問題時是否會告訴大人？（A3.2）

_____c. 會將屬於自己的東西拿回來或大聲聲明：「這是我的。」（A3.3）

4. 兒童是否會用下列三種策略來滿足生理方面的需求：（B1）

（註：如果此項評分為「S」或「N」，請在下列 a 至 c 兒童能做的項目打勾。）

_____a. 能在不舒服、生病、受傷或疲倦時滿足自己的生理需求？例如：受傷時會找大人幫忙，或在累的時候休息一下。（B1.1）

_____b. 能照料自己的生理需求？例如：手髒了會洗手，或是衣服濕了會脫掉。（B1.2）

_____c. 兒童餓和渴時會向大人要，或想辦法取得食物或飲料？（B1.3）

5. 兒童是否能遵守家裡和學校以外的社會規範？例如：兒童會照規矩坐在公車上，或遵守超市的規定不去摸食物。（B2）

6. 兒童是否會告訴你他喜歡什麼、不喜歡什麼？例如：兒童會說：「我愛巧克力蛋糕。」或「我不喜歡玩足球。」（C1）

7. 兒童是否知道下列有關自己和他人的基本資料：（C2）

（註：如果此項評分為「S」或「N」，請在下列a至f兒童能做的項目打勾。）

_____a. 自己的地址（包含城鎮、街道和門牌號碼）？（C2.1）

_____b. 自己家的電話號碼？（C2.2）

_____c. 生日（包含月份和日期）？（C2.3）

_____d. 自己的全名和兄弟姊妹的名字？（C2.4）

_____e. 自己和他人的性別？（C2.5）

_____f. 自己的名字和年齡？（C2.6）

8. 當兒童自己或看到他人快樂和傷心時，是否會告訴你？（C3）

優先目標：_____

_____

_____

評分方法：Y ＝是；S ＝有時候；N ＝尚未。

家庭報告摘要表

兒童姓名：_____

第一次施測

日期：_____ 家長：_____

領域	原始得分	最高總分	百分比
精細動作	_____	10	_____
粗大動作	_____	12	_____
生活適應	_____	16	_____
認　知	_____	62	_____
社會溝通	_____	68	_____
社　　會	_____	16	_____
總　　分	_____	184	_____

第二次施測

日期：_____ 家長：_____

領域	原始得分	最高總分	百分比
精細動作	_____	10	_____
粗大動作	_____	12	_____
生活適應	_____	16	_____
認　知	_____	62	_____
社會溝通	_____	68	_____
社　　會	_____	16	_____
總　　分	_____	184	_____

第三次施測

日期：_____ 家長：_____

領域	原始得分	最高總分	百分比
精細動作	_____	10	_____
粗大動作	_____	12	_____
生活適應	_____	16	_____
認　知	_____	62	_____
社會溝通	_____	68	_____
社　　會	_____	16	_____
總　　分	_____	184	_____

第四次施測

日期：_____ 家長：_____

領域	原始得分	最高總分	百分比
精細動作	_____	10	_____
粗大動作	_____	12	_____
生活適應	_____	16	_____
認　知	_____	62	_____
社會溝通	_____	68	_____
社　　會	_____	16	_____
總　　分	_____	184	_____

（本表使用法請參閱第十章）

☆ 評量、評鑑及課程計畫系統 ☆

家庭關切事項調查表

Juliann Cripe 及 Diane Bricker

合著

嬰幼兒評量、評鑑及課程計畫系統
（AEPS）

Diane Bricker, Ph.D.

編輯

兒童姓名：＿＿＿＿＿＿＿＿＿＿＿＿＿＿＿＿＿＿＿＿＿＿＿＿＿

出生日期：＿＿＿＿＿＿＿年＿＿＿＿＿＿＿月＿＿＿＿＿＿＿日

填 表 者：＿＿＿＿＿＿＿＿＿＿＿＿＿＿＿＿＿＿＿＿＿＿＿＿

填表日期：＿＿＿＿＿＿＿年＿＿＿＿＿＿＿月＿＿＿＿＿＿＿日

家庭住址：＿＿＿＿＿＿＿＿＿＿＿＿＿＿＿＿＿＿＿＿＿＿＿＿＿

＿＿＿＿＿＿＿＿＿＿＿＿＿＿＿＿＿＿＿＿＿＿＿＿＿

家庭關切事項調查表的目的，在於協助家庭成員與早療人員共同合作發展個別化教育計畫（IEP）或個別化家庭服務計畫（IFSP），並選擇所期待的早期療育成果。本調查表分為三大部分，第一部分強調針對兒童的關切事項，第二部分是針對家庭的關切事項，第三部分則是針對社區的關切事項。

⫸ 填表說明

　　在填寫此表時，請詳讀每一個項目，然後於「優先關切」、「關切但非優先」或「目前不關切」欄內打勾。本表的設計可使用兩次，第一次用於協助擬訂初步 IEP/IFSP 的會議，其次是用於 IEP/IFSP 檢討會議。本表為這兩次會議均設有日期欄。

每次填寫時，請於每行中勾選其中一格。

針對兒童的關切事項 我關切……	日期：＿＿＿＿			日期：＿＿＿＿		
	優先 關切	關切但 非優先	目前 不關切	優先 關切	關切但 非優先	目前 不關切
了解更多兒童目前的優勢與需求						
了解提供給兒童的相關服務及課程						
了解更多兒童的狀況與障礙						
為將來的相關服務與課程做計畫						
了解兒童如何成長與學習（如：社交、動作、自我照顧方面）						
學習如何照顧和幫助兒童的方法（如：擺位、飲食、健康）						
學習相關法令，我的權利及如何為兒童爭取權益						
教導兒童						
處理兒童的行為問題						
學習如何與兒童交談和遊戲						
與老師和專業人員談論兒童的課程						

針對家庭的關切事項 我關切……	日期：＿＿＿＿			日期：＿＿＿＿		
	優先 關切	關切但 非優先	目前 不關切	優先 關切	關切但 非優先	目前 不關切
向手足、祖父母及朋友解釋兒童的特殊需求						
獲得兒童兄弟姊妹的支持						
將家人和朋友納入兒童的照顧或自由活動時間內						
為我的家庭諮商						

（下頁續）

（續上頁）

學習自己解決家庭問題						
為自己（從朋友、配偶、鄰居、教會）得到更多的支持						
為配偶（從朋友、配偶、鄰居、教會）得到更多的支持						
擁有自己的時間						
與家人一同休閒娛樂						

針對社區的關切事項 我關切……	日期：_____			日期：_____		
	優先關切	關切但非優先	目前不關切	優先關切	關切但非優先	目前不關切
會見其他家庭						
加入家長團體或有特殊需求兒童的組織（如：腦性麻痺協會）						
認識可以提供下列幫助的資源或機構：						
醫療照顧						
牙科照顧						
經濟協助						
食物						
居住						
家具、衣物、日常補給						
交通						
法律協助						
健康保險						
就業服務						
職業訓練						

（下頁續）

（續上頁）

危機介入						
玩具、輔具						
找尋托育機構或幼托園所						
找尋臨時保母或臨托服務						
了解政府的補助和兒童的資格						
尋求依兒童需要改裝家庭設備的協助						
與專業人員和介入單位有效談論兒童和家庭的需求						
帶兒童參與活動（如：教堂、寺廟、休閒、露營）						
擔任其他家庭或專案的義工						

其他關切的事項或需求

_____

_____

_____

_____

☆ 評量、評鑑及課程計畫系統 ☆

兒童進展紀錄

嬰幼兒評量、評鑑及課程計畫系統
（AEPS）

針對三至六歲的測量

Diane Bricker, Ph.D.及 Kristie Pretti-Frontczak, Ph.D.
編輯

兒童姓名：＿＿＿＿＿＿＿＿＿＿＿＿＿＿＿＿＿＿＿＿＿＿＿

出生日期：＿＿＿＿＿＿＿年＿＿＿＿＿＿＿月＿＿＿＿＿＿＿日

填 表 者：＿＿＿＿＿＿＿＿＿＿＿＿＿＿＿＿＿＿＿＿＿＿＿

填表日期：＿＿＿＿＿＿＿年＿＿＿＿＿＿＿月＿＿＿＿＿＿＿日

家庭住址：＿＿＿＿＿＿＿＿＿＿＿＿＿＿＿＿＿＿＿＿＿＿＿

＿＿＿＿＿＿＿＿＿＿＿＿＿＿＿＿＿＿＿＿＿＿＿

評量、評鑑及課程計畫系統兒童進展紀錄之設計，係為了幫助照顧者和介入人員，透過視覺一目了然的方式，呈現兒童現有能力、療育目標及其進展，並藉此監控兒童表現的變化。與評量、評鑑及課程計畫系統測驗一樣，兒童進展紀錄共分為六個領域，每個領域之下列有綱目及其相關的長短期目標，每個長期目標和短期目標直接對應評量、評鑑及課程計畫系統測驗中的一個項目。

　　於每個綱目下，相關的長期目標顯示於最右側的方格內，左側則列有一個或一個以上的箭頭，將其中的短期目標依序排列至右側特定的長期目標方格，最容易的短期目標列在左邊第一個箭頭，隨後為愈來愈困難的短期目標。

▶ 使用說明

　　兒童進展紀錄可以與評量、評鑑及課程計畫系統測驗並用，將兒童已達成的長期目標與短期目標做記號並註明日期，同時用星號來標明兒童 IEP/IFSP 中所選擇的長短期目標。當兒童每達成一個長期目標和短期目標時，就將箭頭和箭頭所指向的方格做記號並註明日期。這樣的程序能將兒童的進展隨著時間在視覺上一目了然。

精細動作領域

綱目 A：操弄物品

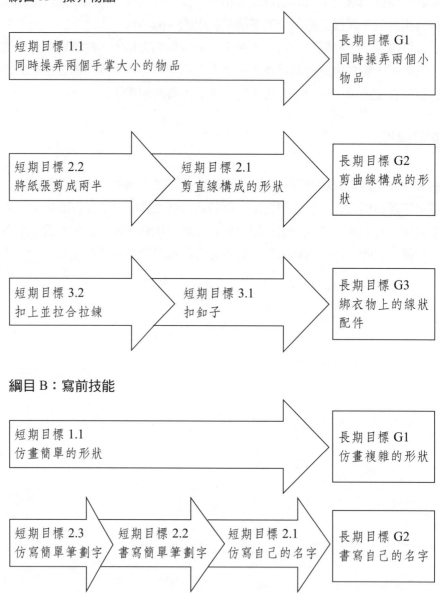

短期目標 1.1
同時操弄兩個手掌大小的物品

長期目標 G1
同時操弄兩個小物品

短期目標 2.2
將紙張剪成兩半

短期目標 2.1
剪直線構成的形狀

長期目標 G2
剪曲線構成的形狀

短期目標 3.2
扣上並拉合拉鍊

短期目標 3.1
扣釦子

長期目標 G3
綁衣物上的線狀配件

綱目 B：寫前技能

短期目標 1.1
仿畫簡單的形狀

長期目標 G1
仿畫複雜的形狀

短期目標 2.3
仿寫簡單筆劃字

短期目標 2.2
書寫簡單筆劃字

短期目標 2.1
仿寫自己的名字

長期目標 G2
書寫自己的名字

粗大動作領域

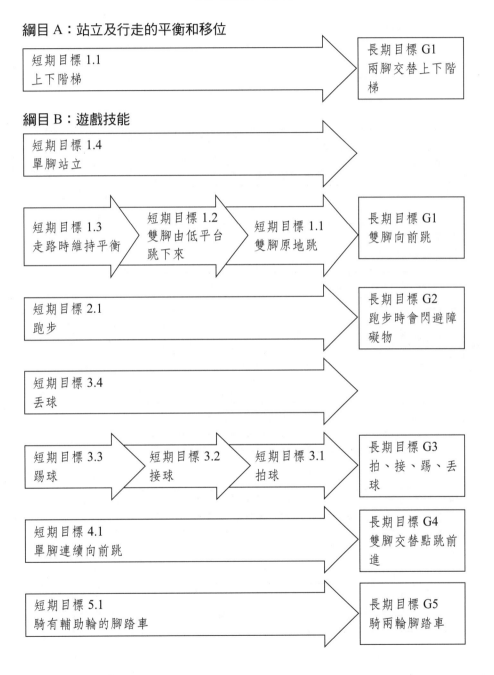

綱目 A：站立及行走的平衡和移位

短期目標 1.1
上下階梯 → 長期目標 G1
兩腳交替上下階梯

綱目 B：遊戲技能

短期目標 1.4
單腳站立 →

短期目標 1.3
走路時維持平衡 → 短期目標 1.2
雙腳由低平台跳下來 → 短期目標 1.1
雙腳原地跳 → 長期目標 G1
雙腳向前跳

短期目標 2.1
跑步 → 長期目標 G2
跑步時會閃避障礙物

短期目標 3.4
丟球 →

短期目標 3.3
踢球 → 短期目標 3.2
接球 → 短期目標 3.1
拍球 → 長期目標 G3
拍、接、踢、丟球

短期目標 4.1
單腳連續向前跳 → 長期目標 G4
雙腳交替點跳前進

短期目標 5.1
騎有輔助輪的腳踏車 → 長期目標 G5
騎兩輪腳踏車

生活適應領域

綱目 A：飲食

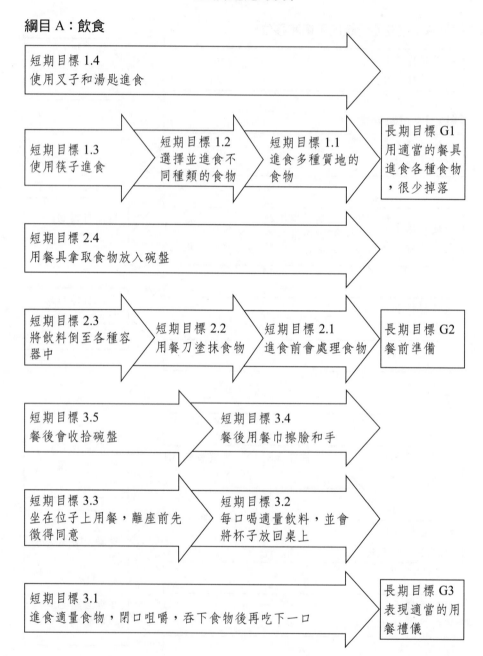

短期目標 1.4
使用叉子和湯匙進食

短期目標 1.3
使用筷子進食

短期目標 1.2
選擇並進食不同種類的食物

短期目標 1.1
進食多種質地的食物

長期目標 G1
用適當的餐具進食各種食物，很少掉落

短期目標 2.4
用餐具拿取食物放入碗盤

短期目標 2.3
將飲料倒至各種容器中

短期目標 2.2
用餐刀塗抹食物

短期目標 2.1
進食前會處理食物

長期目標 G2
餐前準備

短期目標 3.5
餐後會收拾碗盤

短期目標 3.4
餐後用餐巾擦臉和手

短期目標 3.3
坐在位子上用餐，離座前先徵得同意

短期目標 3.2
每口喝適量飲料，並會將杯子放回桌上

短期目標 3.1
進食適量食物，閉口咀嚼，吞下食物後再吃下一口

長期目標 G3
表現適當的用餐禮儀

綱目 B：個人衛生

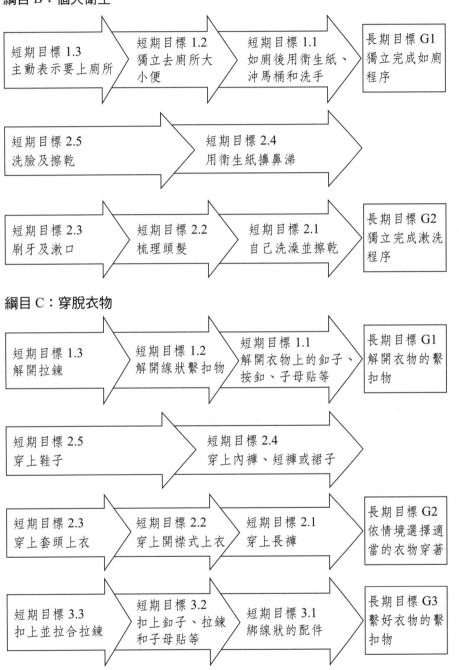

短期目標 1.3
主動表示要上廁所

短期目標 1.2
獨立去廁所大小便

短期目標 1.1
如廁後用衛生紙、沖馬桶和洗手

長期目標 G1
獨立完成如廁程序

短期目標 2.5
洗臉及擦乾

短期目標 2.4
用衛生紙擤鼻涕

短期目標 2.3
刷牙及漱口

短期目標 2.2
梳理頭髮

短期目標 2.1
自己洗澡並擦乾

長期目標 G2
獨立完成漱洗程序

綱目 C：穿脫衣物

短期目標 1.3
解開拉鍊

短期目標 1.2
解開線狀繫扣物

短期目標 1.1
解開衣物上的釦子、按釦、子母貼等

長期目標 G1
解開衣物的繫扣物

短期目標 2.5
穿上鞋子

短期目標 2.4
穿上內褲、短褲或裙子

短期目標 2.3
穿上套頭上衣

短期目標 2.2
穿上開襟式上衣

短期目標 2.1
穿上長褲

長期目標 G2
依情境選擇適當的衣物穿著

短期目標 3.3
扣上並拉合拉鍊

短期目標 3.2
扣上釦子、拉鍊和子母貼等

短期目標 3.1
綁線狀的配件

長期目標 G3
繫好衣物的繫扣物

認知領域

綱目 A：參與

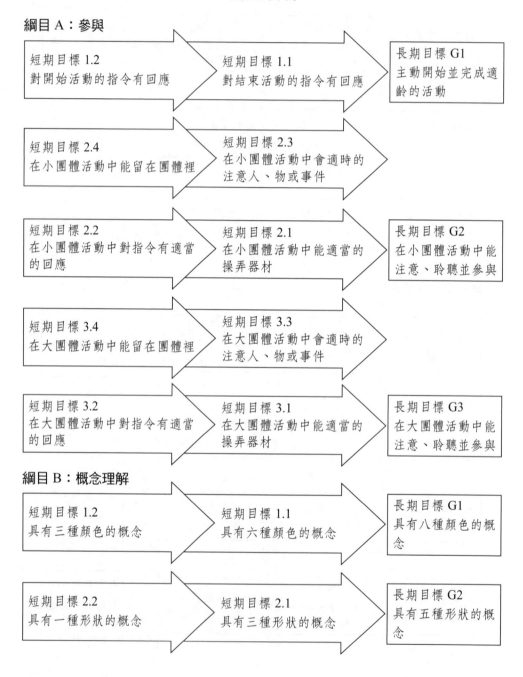

短期目標 1.2
對開始活動的指令有回應

短期目標 1.1
對結束活動的指令有回應

長期目標 G1
主動開始並完成適齡的活動

短期目標 2.4
在小團體活動中能留在團體裡

短期目標 2.3
在小團體活動中會適時的注意人、物或事件

短期目標 2.2
在小團體活動中對指令有適當的回應

短期目標 2.1
在小團體活動中能適當的操弄器材

長期目標 G2
在小團體活動中能注意、聆聽並參與

短期目標 3.4
在大團體活動中能留在團體裡

短期目標 3.3
在大團體活動中會適時的注意人、物或事件

短期目標 3.2
在大團體活動中對指令有適當的回應

短期目標 3.1
在大團體活動中能適當的操弄器材

長期目標 G3
在大團體活動中能注意、聆聽並參與

綱目 B：概念理解

短期目標 1.2
具有三種顏色的概念

短期目標 1.1
具有六種顏色的概念

長期目標 G1
具有八種顏色的概念

短期目標 2.2
具有一種形狀的概念

短期目標 2.1
具有三種形狀的概念

長期目標 G2
具有五種形狀的概念

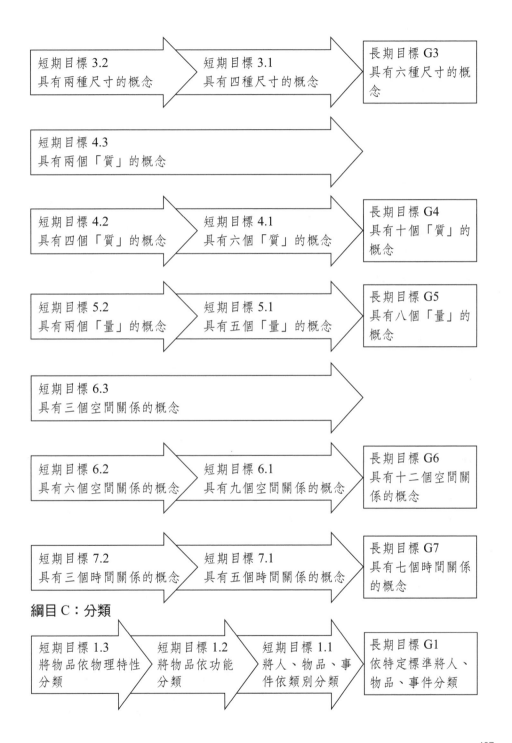

| 短期目標 3.2
具有兩種尺寸的概念 | 短期目標 3.1
具有四種尺寸的概念 | 長期目標 G3
具有六種尺寸的概念 |

短期目標 4.3
具有兩個「質」的概念

| 短期目標 4.2
具有四個「質」的概念 | 短期目標 4.1
具有六個「質」的概念 | 長期目標 G4
具有十個「質」的概念 |

| 短期目標 5.2
具有兩個「量」的概念 | 短期目標 5.1
具有五個「量」的概念 | 長期目標 G5
具有八個「量」的概念 |

短期目標 6.3
具有三個空間關係的概念

| 短期目標 6.2
具有六個空間關係的概念 | 短期目標 6.1
具有九個空間關係的概念 | 長期目標 G6
具有十二個空間關係的概念 |

| 短期目標 7.2
具有三個時間關係的概念 | 短期目標 7.1
具有五個時間關係的概念 | 長期目標 G7
具有七個時間關係的概念 |

綱目 C：分類

| 短期目標 1.3
將物品依物理特性分類 | 短期目標 1.2
將物品依功能分類 | 短期目標 1.1
將人、物品、事件依類別分類 | 長期目標 G1
依特定標準將人、物品、事件分類 |

綱目 D：序列

短期目標 1.1
依序執行含三個以上步驟、常態性的指令

長期目標 G1
依序執行含三個以上步驟、非常態性的指令

短期目標 2.1
將兩組物品依尺寸配對

長期目標 G2
依物品的尺寸依序放置

短期目標 3.1
依序完成熟悉的故事或事件

長期目標 G3
依序重述事件

綱目 E：回憶事件

短期目標 1.2
立即回憶剛才發生的事情

短期目標 1.1
有情境線索下能回憶當天發生的事情

長期目標 G1
無情境線索下能回憶當天發生的事情

短期目標 2.1
背誦出自己的基本資料

長期目標 G2
背誦出順序性語言

綱目 F：問題解決能力

短期目標 1.2
找到達成目標的方法

短期目標 1.1
建議可行的問題解決方法

長期目標 G1
衡量解決問題方法的成效

短期目標 2.3
推測事件可能的原因

短期目標 2.2
預測未來或假設的事情

短期目標 2.1
用適當的理由解釋論點

長期目標 G2
對有關人、物和情境的問題能合理的解釋

綱目 G：遊戲

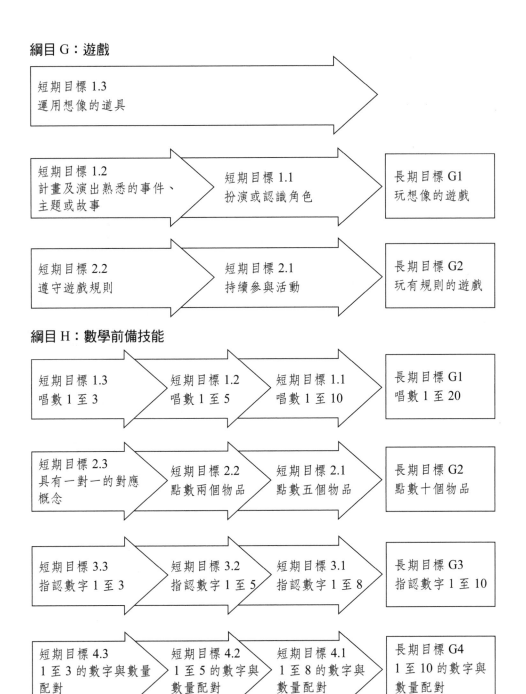

綱目 H：數學前備技能

綱目 I：閱讀前備技能

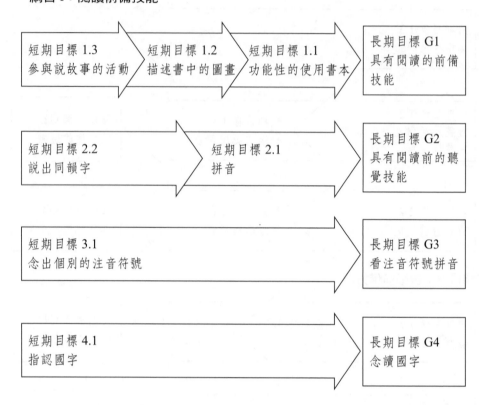

社會溝通領域

綱目 A：社會互動性溝通

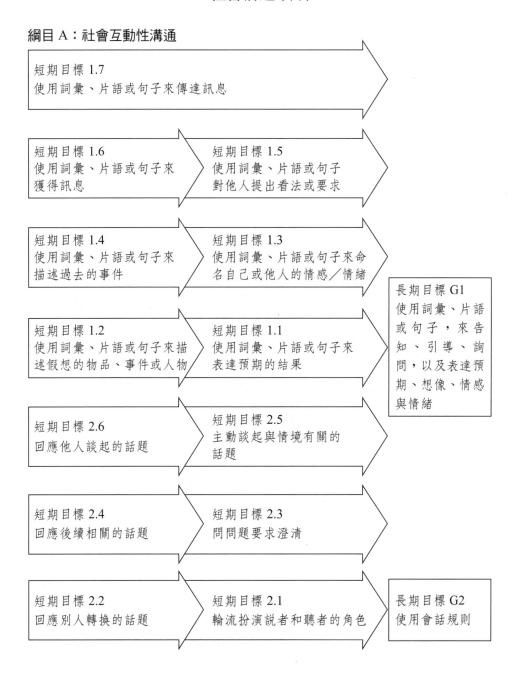

短期目標 1.7
使用詞彙、片語或句子來傳達訊息

短期目標 1.6
使用詞彙、片語或句子來獲得訊息

短期目標 1.5
使用詞彙、片語或句子對他人提出看法或要求

短期目標 1.4
使用詞彙、片語或句子來描述過去的事件

短期目標 1.3
使用詞彙、片語或句子來命名自己或他人的情感／情緒

長期目標 G1
使用詞彙、片語或句子，來告知、引導、詢問，以及表達預期、想像、情感與情緒

短期目標 1.2
使用詞彙、片語或句子來描述假想的物品、事件或人物

短期目標 1.1
使用詞彙、片語或句子來表達預期的結果

短期目標 2.6
回應他人談起的話題

短期目標 2.5
主動談起與情境有關的話題

短期目標 2.4
回應後續相關的話題

短期目標 2.3
問問題要求澄清

短期目標 2.2
回應別人轉換的話題

短期目標 2.1
輪流扮演說者和聽者的角色

長期目標 G2
使用會話規則

嬰幼兒評量、評鑑及課程計畫系統（第三冊）

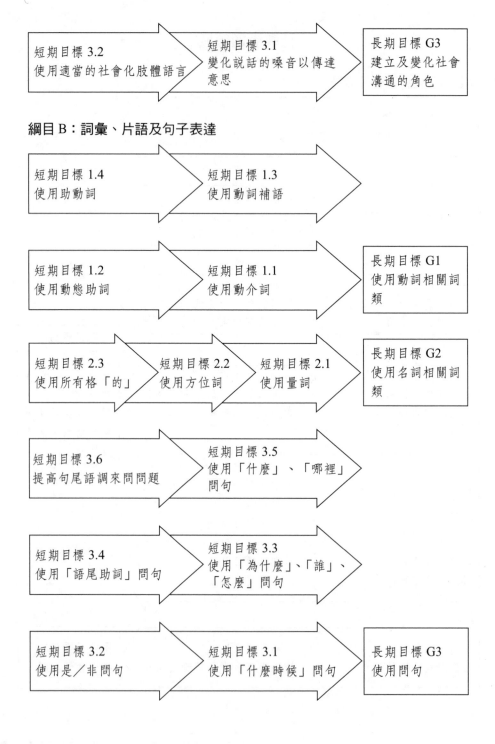

短期目標 3.2
使用適當的社會化肢體語言

短期目標 3.1
變化說話的嗓音以傳達意思

長期目標 G3
建立及變化社會溝通的角色

綱目 B：詞彙、片語及句子表達

短期目標 1.4
使用助動詞

短期目標 1.3
使用動詞補語

短期目標 1.2
使用動態助詞

短期目標 1.1
使用動介詞

長期目標 G1
使用動詞相關詞類

短期目標 2.3
使用所有格「的」

短期目標 2.2
使用方位詞

短期目標 2.1
使用量詞

長期目標 G2
使用名詞相關詞類

短期目標 3.6
提高句尾語調來問問題

短期目標 3.5
使用「什麼」、「哪裡」問句

短期目標 3.4
使用「語尾助詞」問句

短期目標 3.3
使用「為什麼」、「誰」、「怎麼」問句

短期目標 3.2
使用是／非問句

短期目標 3.1
使用「什麼時候」問句

長期目標 G3
使用問句

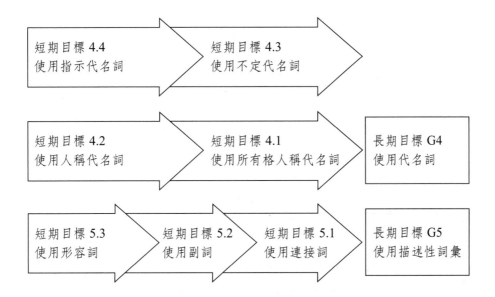

附錄 D　評量、評鑑及課程計畫系統表格

社會領域

綱目 A：與他人互動

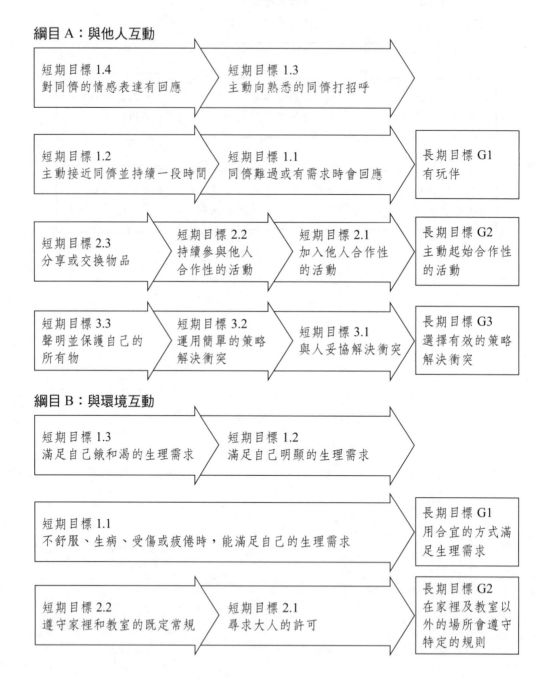

短期目標 1.4	短期目標 1.3	
對同儕的情感表達有回應	主動向熟悉的同儕打招呼	

短期目標 1.2	短期目標 1.1	長期目標 G1
主動接近同儕並持續一段時間	同儕難過或有需求時會回應	有玩伴

短期目標 2.3	短期目標 2.2	短期目標 2.1	長期目標 G2
分享或交換物品	持續參與他人合作性的活動	加入他人合作性的活動	主動起始合作性的活動

短期目標 3.3	短期目標 3.2	短期目標 3.1	長期目標 G3
聲明並保護自己的所有物	運用簡單的策略解決衝突	與人妥協解決衝突	選擇有效的策略解決衝突

綱目 B：與環境互動

短期目標 1.3	短期目標 1.2	
滿足自己餓和渴的生理需求	滿足自己明顯的生理需求	

短期目標 1.1	長期目標 G1
不舒服、生病、受傷或疲倦時，能滿足自己的生理需求	用合宜的方式滿足生理需求

短期目標 2.2	短期目標 2.1	長期目標 G2
遵守家裡和教室的既定常規	尋求大人的許可	在家裡及教室以外的場所會遵守特定的規則

綱目 C：認識自我和他人

| 短期目標 1.2
選擇活動和／或物品 | 短期目標 1.1
主動進行自己喜愛的活動 | 長期目標 G1
表達自己的好惡 |

| 短期目標 2.6
知道自己的名字和年齡 | 短期目標 2.5
知道自己和他人的性別 |

| 短期目標 2.4
說出自己的全名和兄弟姊妹的名字 | 短期目標 2.3
知道自己的生日 |

| 短期目標 2.2
說出自己的電話號碼 | 短期目標 2.1
說出自己家的地址 | 長期目標 G2
說出自己和他人的身分資料 |

| 短期目標 3.2
正確辨識自己的情感／情緒 | 短期目標 3.1
正確辨識他人的情感／情緒 | 長期目標 G3
由自己和他人的行為表現正確辨識出其情感／情緒 |

國家圖書館出版品預行編目（CIP）資料

嬰幼兒評量、評鑑及課程計畫系統 III ——3 歲至 6 歲的 AEPS 測量
／Diane Bricker, Kristie Pretti-Frontczak 編著；
第一社會福利基金會譯 .--初版 .--
臺北市：心理，2005（民 94）
　　面；　　公分 .--（障礙教育；56）
譯自：Assessment, evaluation, and programming system for infants
and children volume 3: AEPS measurement for three to six years

ISBN 978-957-702-815-0（平裝）

1.兒童發展－評鑑　　　2.問題兒童－診斷

523.12　　　　　　　　　　　　　　　94013953

障礙教育系列 63056

嬰幼兒評量、評鑑及課程計畫系統 III
——3 歲至 6 歲的 AEPS 測量

作　　者：Diane Bricker & Kristie Pretti-Frontczak
校 閱 者：盧　明
譯　　者：第一社會福利基金會
責任編輯：林嘉瑛
執行編輯：李　晶
總 編 輯：林敬堯
發 行 人：洪有義
出 版 者：心理出版社股份有限公司
地　　址：231026 新北市新店區光明街 288 號 7 樓
電　　話：(02) 29150566
傳　　真：(02) 29152928
郵撥帳號：19293172　心理出版社股份有限公司
網　　址：https://www.psy.com.tw
電子信箱：psychoco@ms15.hinet.net
排 版 者：鄭珮瑩
印 刷 者：昕皇企業有限公司
初版一刷：2005 年 10 月
初版三刷：2021 年 10 月
I S B N：978-957-702-815-0
定　　價：新台幣 500 元